ACCESO GRATIS *a la Lectura en la Nube*

Para visualizar el libro electrónico en la nube de lectura envíe junto a su nombre y apellidos una fotografía del código de barras situado en la contraportada del libro y otra del ticket de compra a la dirección:

ebooktirant@tirant.com

En un máximo de 72 horas laborales le enviaremos el código de acceso con sus instrucciones.

LAS MIGRACIONES DE RETORNO Y DESARROLLO REGIONAL

Entre la desigualdad y el mejoramiento social

LAS MIGRACIONES DE RETORNO Y DESARROLLO REGIONAL

Entre la desigualdad y el mejoramiento social

Coordinadores:

José Dionicio Vázquez Vázquez
Jaime Lara Lara

UDEM | UNIVERSIDAD DE MONTERREY

tirant lo blanch
Ciudad de México, 2024

En caso de erratas y actualizaciones, la Editorial Tirant Humanidades publicará la pertinente corrección en la página web www.tirant.com/mex/

Este libro será publicado y distribuido internacionalmente en todos los países donde la Editorial Tirant lo Blanch esté presente.

© EDITA: TIRANT LO BLANCH
DISTRIBUYE: TIRANT LO BLANCH MÉXICO
Av. Tamaulipas 150, Oficina 502
Hipódromo, Cuauhtémoc, 06100 Ciudad de México
Telf: +52 1 55 65502317
infomex@tirant.com
www.tirant.com/mex/
www.tirant.es
ISBN: 978-84-1071-221-8

Si tiene alguna queja o sugerencia, envíenos un mail a: *atencioncliente@tirant.com*. En caso de no ser atendida su sugerencia, por favor, lea en *www.tirant.net/index.php/empresa/politicas-de-empresa* nuestro procedimiento de quejas.

Responsabilidad Social Corporativa: *http://www.tirant.net/Docs/RSCTirant.pdf*

Índice

Presentación 9

José Dionicio Vázquez Vázquez

Jaime Lara Lara

I.MIGRACIÓN DE RETORNO Y DESARROLLO REGIONAL

La migración de retorno: entre el desarrollo regional y la desigualdad social 15

José Dionicio Vázquez Vázquez

Los migrantes de retorno en los contextos de desarrollo regional en Jalisco: retos y posibilidades en sus procesos de (re) integración 35

Ofelia Woo Morales

Alma Leticia Flores Ávila

Migración, reproducción social y "retorno": trabajadores no-libres antes, durante y más allá de la pandemia del COVID-19 65

J. Antonio Morfin Liñan

Migración de retorno de adultos mayores: características, motivos y calidad de los servicios públicos 99

Jaime Lara Lara

Abigail Vanessa Rojas Huerta

Vulnerabilidad, retorno y sufrimiento social de la Generación 1.5 en México 121

Paula Alethia González Arellano

II. FORMACIONES TRANSNACIONALES Y DE RETORNO

Migración escolar transnacional y formación docente: por un futuro incluyente 149

Juan Sánchez García

"Debemos tener muy claro a qué nos vamos". Migración y desarrollo regional 171
Martha Josefina Franco García
Luz Inés Pérez Santacruz

Emprendedurismo y empoderamiento entre mujeres poblanas migrantes de retorno 201
Cristina Cruz Carvajal

Política pública laboral y migración de retorno en México. El caso de la seguridad social, 2019-2023 227
Josefina Pedraza López
Ricardo Nava Olivares

Los otros retornos en la migración internacional: experiencias de estudiantes universitarios México-americanos en México 249
Emilio Maceda Rodríguez
Eduardo Abedel Galindo Meneses

Semblanzas curriculares 277

Presentación

JOSÉ DIONICIO VÁZQUEZ VÁZQUEZ
(UPN 291)
JAIME LARA LARA
(UDEM)

Las diversas formas en las cuales cristaliza la migración y la reemigración —interna, internacional, en tránsito y de retorno— en las regiones y los territorios, se suman a las dificultades de los fenómenos sociales que históricamente preexisten en los lugares de origen como de destino, llámense pobreza y desigualdades sociales. Si bien en México se reconocen avances en ciertas políticas sociales con enfoques territoriales para mitigar la pobreza e incentivar las economías locales para mejorar la calidad de vida de la población (Delgadillo, 2021: 398-491), prevalecen los enfoques sectoriales y la desarticulación entre la instrumentación de los diversos ordenamientos sociales, ambientales, entre otros.

Específicamente en el estudio de la migración de retorno hay esfuerzos académicos que destacan por mostrar a la luz las problemáticas que ya se encuentran presentes, como las desventajas que presenta el retornado de Estados Unidos a México al regresar sobre calificado a los lugares de origen, o desplazarse hacia los centros más dinámicos económicamente, sin coincidir su especialización con los empleos que ofrece el mercado laboral local, o llegar a vivir con la familia extensa, pero con edades y enfermedades avanzadas que incentivan la desigualdad y la informalidad en México (Masferrer, 2021), provocando un incremento en los gastos domésticos y los problemas familiares.

En un documento de Gobernación (2024) se enuncia una Nueva Política Migratoria del Gobierno de México, 2018-2024, donde se nombran los *qué* (problemas) y *quiénes* (instituciones responsables, sociedad civil, academia, el poder legislativo) pero no *cómo* se van a resolver los retos enunciados para la política migratoria (de los diversos tipos de migración, además de los refugiados) (Gobernación, 2024). Derivado de ello, señala el documento <<se integrará e implementará el Programa Especial de Política Migratoria para nuestro país>>. Al no ser el escrito de carácter vinculante, carece de efectividad en realidades que trascienden las intenciones institucionales, y más bien pareciera que el objetivo es minimizar el fenómeno de la migración en México.

A nivel subnacional existen diferencias importantes en el diseño e implementación de políticas hacia la migración de retorno. Un ejemplo que podría representar los retos sobre la migración de retorno y reinserción es el estado de Nuevo León, por ser 1) el eje más importante de flujos migratorios en el noreste, y 2) zona metropolitana de Monterrey con migración de retorno en tránsito y refugiados. Arzaluz y Zamora (2021: 16-23) presentan para Monterrey un trato de la migración de retorno en esos años que sólo fue de acciones asistenciales, lo que implicaba una atención de forma parcial y coyuntural, donde los planes, programas e iniciativas no consideraban todavía legislar las políticas sobre la migración de retorno por la percepción de que no se trataba de un problema público importante. Sin embargo, en otras entidades sí existían políticas públicas de atención a la población retornada con mejor diseño institucional, como podría ser el caso de Puebla, Tamaulipas y Michoacán.

El presente libro intenta sumarse al análisis de los retos conceptuales, empíricos y de política pública que muestra la migración de retorno. En el primer apartado José Dionicio Vazquez presenta una discusión conceptual de la relación entre el desarrollo y la desigualdad social. Posteriormente, Ofelia Woo Morales y Alma Leticia Flores estudian la relación del retorno con las políticas públicas locales de desarrollo en Jalisco. Desde una perspectiva crítica, Antonio Morfin Liñan discute la desechabilidad del trabajo migrante y su conexión con el retorno en el contexto del

COVID-19. Finalmente, los estudios de Jaime Lara y Abigail Rojas Huerta sobre retornantes envejecidos y el de Paula Alethia González Arellano acerca del retorno de quienes migraron siendo menores de edad nos dan cuenta de problemáticas emergentes para el estudio de la relación entre migración y desarrollo.

El segundo apartado del libro se articula por la importancia de las formaciones transnacionales. Juan Sánchez García discute la necesidad de la inclusión de aspectos transnacionales en la formación docente para mejorar la atención de niños migrantes de retorno en el sistema escolar mexicano. Martha Josefina Franco García y Luz Inés Pérez Santacruz nos muestran como la construcción de la comunidad transnacional incluye a los emprendedores en comunidades indígenas. Cristina Cruz Carvajal nos muestra cómo el ir y venir puede tener un impacto favorable en el empoderamiento de las mujeres y promover el cambio social en este aspecto. Josefina Pedraza López y Ricardo Nava dan cuenta, en contraste, de los problemas que los migrantes de retorno tienen para el acceso a la seguridad social y discuten los intentos de política pública para resolver esta carencia. Mientras que Emilio Maceda Rodríguez y José Abedel Galindo Meneses nos muestran la realidad y problemáticas de un migrante poco conocido y producto de la conformación transnacional: los estudiantes mexicoamericanos en instituciones universitarias en México.

En suma, este volumen presenta un acercamiento a la realidad compleja de la migración de retorno, sus problemáticas, los distintos abordajes teóricos y conceptuales, así como las discusiones sobre políticas públicas y el desarrollo en la heterogénea realidad regional de México.

Fuentes

Arzaluz Solano, M. S., y Zamora Carmona, G. (2021). Migración de retorno y reinserción en la zona metropolitana de Monterrey. Región y sociedad, e1403. doi: 10.22198/rys2021/33/1403.

Delgadillo Macías, Javier (2021) "Desarrollo regional y ordenamiento territorial. Dimensiones de política pública con incidencia subnacional en México". En: Delgadillo Macías, Javier, Hildenbrand Scheid, Andreas, Garrido Yserte, Rubén (coords.) Planificación regional y ordenación territorial. Visiones contemporáneas desde España y México, Fondo de Cultura Económica, México. *https://portales.segob.gob.mx/es/Politica-Migratoria/Nueva_Politica_Migratoria*, consulta del 16 de enero de 2024.

Masferrer Claudia (coordinadora) (2021) Migración y desigualdades ante la pandemia COVID-19 en México y Estados Unidos, El Colegio de México.

I.
MIGRACIÓN DE RETORNO Y DESARROLLO REGIONAL

La migración de retorno: entre el desarrollo regional y la desigualdad social

JOSÉ DIONICIO VÁZQUEZ VÁZQUEZ
(UPN 291)

INTRODUCCIÓN

Todo trabajo de desarrollo regional debe contener un enfoque teórico desde la desigualdad (relaciones asimétricas, desequilibrios, inequidades, etc.), para que se precie de coadyuvar de alguna manera a mejorar la calidad de vida de las personas; de ahí la pertinencia de abordar ciertos enfoques de la desigualdad que integren la temática migratoria en sus múltiples formas. Vista como inequidad en la distribución de los recursos, deviene como injusticia hacia las personas en condiciones de mayor vulnerabilidad, inhibiendo las oportunidades para desarrollarse; además, puede adquirir formas que hemos denominado como socioculturales, al incluir aspectos existenciales que afectan por su desigual distribución de atributos de las personas. La migración de retorno analizada y vinculada con la desigualdad en una determinada región, atiende el imperativo de abordarse con un enfoque multidisciplinario pues se entiende como un reciente desafío, dada la heterogeneidad del retorno, el cual posibilita, determina y materializa en la esfera laboral empleos y salarios precarios (Flamand y Altamirano, 2021: 335), no siendo el único elemento a la que se enfrenta el migrante de retorno como parte de la desigualdad, pues existen aspectos educativos, de emprendimiento, salud, entre otros. ¿Por qué la persistencia en migrar y retornar aun cuando las condiciones le son adversas a las personas? Porque están predispuestas a hacerlo desde una decisión combinando la razón con el deseo de intentar hacer algo, sobre todo en momentos de incertidumbre. Tal es la propuesta incipiente —para profundizar en ella— que se comenta desde la categoría del <<*conatus*>>. De lo expuesto tratan los siguientes apartados.

DESARROLLO REGIONAL Y DESIGUALDAD SOCIAL

Se pueden ubicar a los conceptos de desigualdad, asimetrías, inequidades, desequilibrios, disparidades, etc., desde los años 50, cuando los estudiosos se preocuparon por analizar las características de los países denominados <<subdesarrollados>>, <<periféricos>>, <<dependientes>> o <<pobres>>, los cuales presentaban desigualdades o asimetrías estructurales a nivel social y económico, sobre todo en países latinoamericanos, desde un enfoque llamado heterogeneidad estructural, con auge en los años 60. La estructura económica determina una cierta desigualdad en los países, considerando a las zonas industriales, sistemas de comunicación, educación y tecnología, producción, comercio, ingresos etcétera; en tanto no sean suficientes tales elementos para que <<despeguen>> y se desarrollen económicamente. A nivel social, los desfases históricos podrían provocar que ciertas formaciones sociales se profundizaran, reproduciendo tal estructura (Sturm y Dieter, 1982: 45-46).

Vista la desigualdad desde un clásico del desarrollo regional como lo es Myrdal (1979: 38) para quien el juego de las fuerzas del mercado propicia la desigualdad en todo campo de las relaciones sociales —atendiendo su principio dada la existencia de una interdependencia circular, en un proceso en el que la causas provocan ciertos efectos acumulativos en forma de <<círculo vicioso>>—, los cambios que se pueden generar en cada caso, ascendente o descendente, en las relaciones de intercambio entre una comunidad o una región o de cualquier otro, provocan que se incremente o reduzcan ciertas variables económicas que se encuentran interrelacionadas; se tiene que las fuerzas del mercado tienden a aumentar, más que disminuir las desigualdades entre las regiones (de un territorio, región o municipio, etc.). Considerando también que en este caso no interviniera algún ente político, los sectores económicos tenderían a una concentración en ciertas localidades y regiones, dejando a demás regiones de un país en el atraso o estancamiento. Las regiones y localidades favorecidas lo fueron debido a las condiciones naturales para las actividades económicas, obteniendo ventajas competitivas según la geografía y localización de sus actividades. Los orígenes de algunos centros de atracción se debieron a que inicialmente tuvo éxito alguna actividad, y del crecimiento de economías internas y externas, incluyendo a la población trabajadora, sobre todo en la industria, de esa forma se fortalecieron y crecieron unos centros y otros que dependieron de ellos quedaron rezagados (ibídem, 38-39).

Existe una dualidad en el enfoque propuesto por Myrdal (1979), pero no por ello menos vigente en la actualidad[1], al apuntar que cuando una localidad tiende hacia su expansión, casi irremediablemente se estancarán las demás; es decir, que los factores tales como la mano de obra, el capital y los bienes y servicios, no

---

1 En la academia se dan casos donde se postula que tal o cual clásico de cualquier disciplina social ya es anacrónica —basándose sólo en la fecha—, desconociendo el trayecto que debe cubrirse para hacer una afirmación tan delicada como irresponsable; es decir, a) primero se deben destacar los elementos débiles del discurso teórico abordado, para luego, b) desentrañar todos los trabajos empíricos vinculados a tal o cual teoría y señalar puntualmente qué conceptos o categorías han sido rebasados por la realidad. Lo que se conoce comúnmente como <<estado del arte>>. A partir de esta llegada a la <<frontera del conocimiento>>, se pueden atrever los académicos a señalar la caducidad o anacronía de una teoría, no antes, de lo contrario, es mejor actualizarse al respecto.

ayudan a inhibir las desigualdades regionales, sin embargo, los factores intermediarios que por sí mismos arrastran a las regiones a ascender o descender, son la migración, los movimientos de capital y el comercio, los cuales hacen evolucionar al proceso acumulativo en las regiones que ganan o que pierden (Myrdal, 1979: 39).

Y lo anterior es así debido a que las regiones con tendencia a expandirse económicamente provocan la atracción de inmigrantes de otros lados, internos o externos, además de migrar personas de ciertas edades (migración selectiva), incentivando a las localidades en crecimiento. Aun cuando se da difusión del control natal en las localidades socioeconómicas bajas, respecto a los países ricos, las regiones pobres contarán con una tasa de natalidad alta en forma relativa. La alta tasa de natalidad y la distribución por edades a largo plazo, podría provocar una relación desfavorable entre la población trabajadora y los recursos disponibles. Es una característica de dichas regiones rurales pobres, entre otros aspectos, a causa de la migración y por la alta tasa de fertilidad que no es favorable a la distribución por edades (Myrdal, 1979: 40).

Los movimientos de capital no se quedan atrás en el incremento de la desigualdad en su proceso de expansión, al incrementarse la inversión, el ahorro, y rezagándose con respecto a la inversión, debido a que la oferta de capital debe enfrentar una fuerte demanda. En el comercio ocurre algo similar, pues crece en las regiones en expansión y perjudicando al resto. En las regiones donde no hay una expansión económica, habrá una demanda de capital baja, así como el ahorro, con una tendencia a disminuir los ingresos. En este contexto de tomar a la industrialización como la fuerza dinámica del desarrollo, y a su constante perfeccionamiento, desalentará los esfuerzos del sector agrícola pobre al intentar una cierta diversificación.

Cuando Myrdal (1979) comenta los llamados <<factores no económicos>> se refiere a los efectos que se presentan —primero en las regiones provocados por hechos económicos—, en las regiones que han sido abandonadas, aún no han sido favorecidas por la expansión económica, y por ello no contarán con una mejora en su infraestructura o se tomarán decisiones de obras que atiendan a una cierta demanda, pero omitiendo las necesidades de la población, disminuyendo sus ventajas competitivas y la calidad de los servicios públicos como la atención médica de baja calidad, disminuyendo la población saludable presentándose como no eficientes para ser productivos. Además, no habrá disponibles sistemas escolares para atender a los estudiantes con buena calidad en la enseñanza, creciendo paralelamente ciertas creencias y costumbres que no abonarán a cimentar la racionalidad, decreciendo la actitud aspiracional o de ambiciones personales, creando frustraciones <<no económicas>>, pero que están ligados e interrelacionados a la causación circular de los factores ligados unos con otros, como las tendencias referidas a la migración, el proceso del capital y el comercio; que también son algunos de los <<efectos retardadores>> de la expansión económica. Tal concepto de la causación circular se refiere a todos los efectos acumulados que resultan de dicho proceso entre todos los factores <<no económicos y económicos>>. El papel fundamental que juega la mano de obra en la expansión o no de las regiones, tiene que ver con la demanda que contienen las localidades y de las formas en cómo se ajusta la población productiva en las sociedades en expansión (Myrdal, 1979: 42-44). En este contexto es donde se localiza la migración la cual mantiene un rol importante en las regiones que se vayan a expandir económicamente.

Atendiendo al enfoque de Myrdal (1979) de no sólo considerar los elementos económicos, sino también los no económicos en el enfoque de la causación circular, donde los efectos se acumulan a través del tiempo en contextos de desigualdad, ocasionada por el capital, para el caso que nos ocupa, se hace necesario abordar la desigualdad social vinculada a la migración de retorno con un tratamiento metodológico y visión multidisciplinar, como herramienta metodológica del desarrollo regional, porque permite elucidar en los fenómenos y hechos sociales la ubicación de las problemáticas de forma ecléctica, entendiendo que, de forma similar a la migración, en el desarrollo regional, no hay un enfoque único para abordarlos, sino diversidad de ellos, como se sugiere líneas adelante en este trabajo.

LAS DESIGUALDADES COMO INEQUIDAD EN LA DISTRIBUCIÓN DE RECURSOS

La migración en general y la migración de retorno en particular, contienen, de forma similar como cualquier problemática social, asimetrías y desequilibrios (oferta y demanda laborales), desventajas (entre oportunidades en las generaciones), desigualdades (vitales, existenciales y de recursos). Sobre esta última idea, algunas autoras (Flamand y Altamirano, 2021: 21-22) comprenden a las desigualdades en un sentido amplio, como la inequidad que existe en la distribución de resultados y en el acceso a oportunidades a las personas, a niveles individual y grupal. En este sentido, argumentan que tales desigualdades —evitables— obedecen a una injusticia que afecta la vida de las personas que se encuentran en desventaja, y sobre todo a minorías en condiciones de vulnerabilidad y respecto a la posición social que tienen. También mencionan tres perspectivas que existen en las ciencias sociales para abordar las desigualdades, como la de oportunidades, desde donde los individuos pueden desarrollar su potencial, siempre cuando haya condiciones parejas que tiendan hacia la igualdad. La segunda perspectiva se refiere a los resultados obtenidos por los individuos cuando han realizado esfuerzos similares, con diferencias en las recompensas, en tanto que la tercera señala que las diferencias y características de origen de grupos sociales, corresponden afectaciones en sus resultados y oportunidades distintas.

EL ÉNFASIS SOCIOCULTURAL DE LA DESIGUALDAD

Al re interrogarse Therborn (2016) junto con Nussbaum a quien cita (2011) respecto a <<¿Qué requiere una vida merecedora de dignidad humana?>> responden señalando: más que capacidades centrales, consideran vitales algunas dimensiones que consideran básicas de la vida humana, como los siguientes: a) que los seres humanos son *organismos* y mentes, que padecen dolor, pueden sufrir y mueren; b) que son *personas*, cada cual con su Yo, y donde viven rodeados de contextos sociales de sentido y emoción; c) son *actores*, con la capacidad de actuar de acuerdo a objetivos y metas (Therborn, 2016: 53-54). Es decir, que hay otra forma de analizar las desigualdades que atiende no sólo la parte económica (objetiva) sino otros elementos de los seres humanos, quienes actúan de acuerdo con la consecución de objetivos o metas (subjetivas). En este sentido, el autor plantea tres tipos de desigualdad que se entrecruzan e interactúan con ciertas raíces y dinámicas del ser humano y su entorno.

El primer tipo tiene que ver con *<<la desigualdad vital>>*, que hace referencia a la desigualdad socialmente construida entre las oportunidades de vida a que tienen derecho los organismos humanos (como efectos ambientales en la salud, la enfermedad y la muerte de la población humana). Empíricamente, este tipo de desigualdad se puede analizar en la evaluación de las tasas de mortalidad, la esperanza de vida o de salud, inmigración y migración, o sobre los temas del hambre como la mal nutrición. Las raíces y dinámicas se vinculan con los procesos de la especie (organismo humano), los sistemas de estatus (ascenso o descenso social) y del conocimiento médico (salud). Las interacciones tienen que ver con el impacto en la desigualdad de recursos (que emite), donde puede recibir un impacto fuerte proveniente de la desigualdad existencial y la desigualdad de recursos. El segundo tipo, *<<la desigualdad existencial>>*, alude a la desigual asignación de atributos que constituyen a la persona, como son la autonomía, la dignidad, los grados de libertad, los derechos al respeto y al desarrollo personal. Sus raíces y dinámicas se relacionan con el sistema de familia, de sexo y género, así como con las relaciones interraciales (de minorías raciales), como ocurre con la migración, dentro de un sistema de estatus social humano. La interacción que emite es también de gran impacto en la desigualdad vital y la de recursos, y con posibilidad de recibir impactos o efectos en la desigualdad de recursos. El tercer tipo, <<*la desigualdad de recursos*>>, asigna recursos desiguales a los actores humanos para actuar y vivir, como es el (primer) ingreso recibido, que tiene contacto directo con los otros primeros recursos que son los padres y la riqueza con la que cuentan, conocimiento (herencia cultural), inculcación y el apoyo que otorgan a los hijos, como parte de la movilidad social. Tal tipo de desigualdad depende de un sistema o sistemas económicos, políticos (que alude a una cierta desigualdad de poder, como desigualdad política) y cognitivo, de ecología y rendimiento. En conjunto, interactúa y emite un impacto en la desigualdad vital y existencial y recibe a la vez el impacto de la desigualdad existencial y vital (Therborn, 2016: 54-57).

Tales relaciones se producen y reproducen en conjunción con los mecanismos de desigualdad, acumulables —como lo señala también Myrdal líneas arriba— como el <<*distanciamiento*>> que provoca la dinámica sistémica en su estructuración normativa en la que los más aventajados (ganadores con mejor formación escolar y laboral) son privilegiados tanto en sus rendimientos como en el acceso a la información y a las oportunidades, que se reproducen por generaciones, desplazando a los desaventajados de la competencia. Supongamos el caso de una región o territorio con tradición migratoria, donde los primeros migrantes acceden a la primera información para migrar, respecto a los que migran después. Estos hechos muestran una clara obstaculización o en el acaparamiento de oportunidades que pueden dar pie a la <<*exclusión*>> de miembros (de una organización o club de migrantes) o la estigmatización (de quienes migran o retornan) de ganadores y/o perdedores. La desigualdad por <<explotación>> va más allá de la económica, pues las personas superiores extraen los valores que tiene las inferiores, haciendo que no sólo exista ausencia de libertad sino de carencia de propiedad. Las primeras pueden aprovechar sus ventajas sobre las demás a niveles de amistad, sumando a la desigualdad existencial de las segundas personas. Las distancias en las escalas de autoridad formal abonan a la subordinación y pueden estar ancladas en un sistema de valores desde los tradicionales como las castas de y entre intelectuales, guerreros, comerciantes, artesanos y agricultores, y posteriormente escalando a niveles de valores estéticos, de acuerdo con el consumo de gustos privilegiados (alta cultura), como del consumo cultural popular (baja cultura). Abarca este mecanismo de desigualdad el de las relaciones familiares en sus roles (decisiones para migrar y retornar) y en las jerarquías étnicas, raciales y de género (Therborn, 2016: 58-65). Contrarrestar estos cuatro mecanismos de la desigualdad apoyan los mecanismos de la igualdad, que por razones de espacio no se abundará aquí.

Al afirmar que el enfoque descrito puede caber dentro de uno con énfasis sociocultural, es porque el autor considera, además del ámbito económico, respecto a la consecución de ingresos y su justa distribución, los elementos existenciales y etno-raciales de los humanos que se relacionan con el resto de los ámbitos, generando múltiples desigualdades.

Los anteriores son algunos de los enfoques generales o particulares en donde pueden caber ciertas formas de abordar a la migración de retorno, ya sea atendiendo a enfoques con énfasis en cuestiones objetivas desde la desigualdad social (económicas) o subjetivas (socioculturales).

LA MIGRACIÓN DE RETORNO Y LAS CONDICIONES QUE LE ESPERAN EN MÉXICO

Estudiar el fenómeno de la migración de retorno es difícil, debido a la complejidad de los hechos (a nivel micro), y fenómenos sociales (nivel macro) desde las dimensiones objetivas y subjetivas en cualquier escala y niveles: municipales, estatales, nacionales, internacionales y supranacionales. Con distintos enfoques y metodologías: regionales, espaciales, territoriales o locales; diversas vertientes señalan que la migración de retorno contiene variadas formas de reintegrarse a la tierra nativa: ocasional, temporal, definitiva. Dentro de la migración transnacional se dan formas multifacéticas, donde no sólo se manifiestan la inmigración y migración de retorno definitivo, sino que incluye varios momentos de movilidad previos a concluir el proceso, pues se dan casos en los que el retorno de una persona puede generar de otras, como en el desplazamiento de amigos y familiares (Hirai, 2013: 104).

En la migración internacional de México a Estados Unidos hay cifras que señalan una estimación de la existencia de "11.2 millones de mexicanos que viven en Estados Unidos. En tanto que el Pew Research Center estima que alrededor del 80% de los 5.4 millones de mexicanos indocumentados llevan en Estados Unidos más de diez años. Únicamente 7% de los mexicanos en situación indocumentada llegó en los últimos cinco años, además que la mitad de la población adulta en esas condiciones ha vivido 15 años en el país vecino" (Masferrer, 2021: 15).

El número de niños nacidos en Estados Unidos, pero residiendo en México, creció de 2000 (261 mil) a 2010 (570 mil), para el año 2015 casi se mantuvo igual el número (542 mil). En tanto que el número de menores estadounidenses, pero residiendo en México, que son migrantes recientes en el 2000 fueron 149 mil, incrementando en el 2010, que fueron 316 mil, mientras que en el 2015 llegaron a ser 185 mil (Masferrer, 2021: 33). Específicamente sobre datos de la migración de retorno de Estados Unidos a México, del 2005 y 2010, el número se triplicó, de 267 mil a 824 mil, mientras en el 2015 el número descendió a 440 mil. En este documento, los autores destacan también los retos laborales a los que se enfrentan los retornados, reconociendo que ha cambiado el fenómeno: pues ahora es menos circular, más involuntario y heterogéneo, aunque participan más en la fuerza laboral que los no migrantes, una proporción lo hace por cuenta propia, en promedio ganan menos que aquéllos y existen diferencias de género en la tasa de participación (Masferrer, et al., 2017: 1).

Es muy importante el análisis que se realiza de la salida de las familias que son impelidas a migrar y retornar, sin embargo, es reciente el interés de explicar las problemáticas de las diversas formas que adopta el retorno a los lugares de origen, o a otros donde consiguen algún empleo así sea precario, que no considera las capacidades adquiridas en su migración o los efectos adversos en su movilidad social; lo cual hace que el regreso sea incierto en el territorio que ya ha sido trastocado en su ausencia en los ámbitos familiares, económicos e incluso culturales, sumándose las carencias de los gobiernos locales para atenderlos que han sido rebasados por la migración, sobre todo, que va de sur a norte, pasando por México.

El retorno de las personas no sólo se asocia al fracaso, reunificación familiar, términos o fines de ciclos, sino también al regreso que ha alcanzado a ciertas edades maduras, como lo son los adultos mayores, con secuelas del trabajo que provocaron ciertas enfermedades crónico-degenerativas y discapacitantes, mermando la salud en su estancia por los Estados Unidos (Rodríguez y Salguero, 2023: 54).

Las condiciones de las familias de migrantes e hijos que han retornado a México de los Estados Unidos tiene sus causas en la disminución de la migración hacia este país desde el año 2009, siendo los principales motivos de retorno, económicos, y el incremento en la migración de retorno por motivos reunificación familiar, impelidos a hacerlo de forma involuntaria en su mayoría, debido al endurecimiento de las medidas migratorias de los Estado Unidos, y a la falta de empleo en general.

Sobre los tipos de la migración de retornados como la forzada (deportación), involuntaria o voluntaria, el Instituto Nacional de Migración regularmente permite contabilizarlos y se refiere al regreso por motivos familiares, por enfermedad, situación económica, etcétera (Jacobo y Cárdenas, 2018: 6). En tanto, quienes fueron beneficiados con el Programa Somos México al 2016, son los repatriados, siguiendo los canales oficiales, para obtener ciertos beneficios para reintegrarse laboralmente a México, sin embargo, quienes siguieron siendo deportados o llegaron desde otros puntos diferentes al Instituto Nacional de Migración, no pudieron ser apoyados. Quedan pendientes acciones a su regreso, tales como otorgarles credenciales oficiales como el del Instituto Nacional Electoral (INE), atención psicológica y programas de reintegración educativa. Acompañando ésta con protocolos de bienvenida, pautas administrativas, educativas, lingüísticas, sociales y culturales; que incentiven la participación de estudiantes retornados (Zúñiga y Román, 2022: 278)

Además de ampliar la definición de población retornada (repatriados), que incluya a quienes fueron forzados regresar. Dotar de presupuestos y objetivos a los programas planteados; colaboración entre la federación y los estados y organizaciones civiles; informar a la ciudadanía de tal hecho social y evaluar a los programas existentes (ibídem, 16-17).

Varios de los migrantes retornados, seguramente serán emprendedores, considerando los años escolares cursados, la experiencia migratoria obtenida en sus trabajos antes de su regreso a México, los ahorros en su lugar de residencia y la virtual inversión en los lugares de origen; elementos básicos para emprender en sus localidades nativas, además de su situación económica solvente, al momento de decidir regresar. Lo señalado no convierte a los retornados en potenciales emprendedores en los lugares de origen, en el entendido de que el hecho migratorio no convierte automáticamente a los retornados en emprendedores y por ello requerirán del apoyo del Estado quien deberá implementar ciertas políticas públicas para mejorar su calidad de vida (Cruz et al., 2019: 58-59).

En el caso de la migración de niños y niñas retornados, lo relevante es apuntar que se da por supuesta su situación —cualquiera que ésta sea—, pues recurrentemente se olvida que la mayoría de ellos dependen de las decisiones y sobre todo de las circunstancias de sus padres, que se debe en parte a que desde su estancia en Estados Unidos ha tenido antecedentes de ser problemática: los han detenido separado y enviado con la familia extensa, o incluso los padres han negado conocer a parte de su familia para que a sus hijo/as no los deporten, provocando que su manutención y alimentación sean de mala calidad (Capps, et al., 2012: 101-137).

También, es exigua la investigación que hable, por ejemplo, sobre el capital cultural en estado incorporado que traen consigo los niños de las familias retornadas, las condiciones de la reinserción de niños al sistema escolar y los efectos en el docente considerando de forma homóloga su capital cultural. En este sentido, al momento no hay antecedentes que aborden en conjunto la inculcación familiar del alumno transnacional, el docente que lo atiende y el familiar que se encuentra a cargo del niño migrante, sobre todo en condiciones de retorno.

De forma complementaria, desde nuestro punto de vista, se debe ubicar el papel de algunos aspectos de su movilidad social, tales como la intervención temprana universal (guarderías de calidad y educación para padres), obtener educación básica, media y superior, de calidad (mayores competencias cognitivas y de personalidad); protección social focalizada en los más pobres (salud, seguro de vida e invalidez, pensión universal), y aplicar políticas de discriminación positiva (favorecer el ingreso de más mujeres al mercado laboral y eliminar barreras culturales) (Centro de Estudios Espinosa Yglesias, 2013).

Lo anterior permitiría que tanto los niños retornados y no migrantes obtengan un contexto favorable para continuar transmitiendo desde sus hogares el capital cultural hacia el sistema escolar, inhibiendo las desigualdades, al menos en la educación pública básica elevando su calidad de vida. Un supuesto inicial es que una movilidad social ascendente de la unidad familiar, en los padres en cuanto a su movilidad ocupacional y de riqueza (Martínez, 2017: 1-42), su influencia y repercusiones en la movilidad educativa de los hijos (Centro de Estudios Espinosa Yglesias, 2019: 25-26), aumentaría la calidad de vida de los estudiantes retornados y los tipos de capitales culturales, pero sobre todo el del capital cultural en estado incorporado, del cual dependen, el objetivado e institucionalizado.

Es en la escuela donde pasan los niños por procesos de selección (exámenes) que no consideran todo su álbum biográfico (nivel socioeconómico, niveles de instrucción de los padres), su proceso de aculturación (a una lengua académica), existiendo desigualdad que experimentan en las aulas, provocando efectos en su rendimiento escolar y en sus éxitos, haciendo que en conjunto existan ciertos desequilibrios, es decir, entre el éxito y las características escolares. Tales pueden atribuirse a factores como el origen social, tipos de estudios y hasta el reciente pasado escolar, siendo diferente los casos de los hijos de familias acomodadas quienes aprovechan sus ventajas culturales para invertir su capital cultural en disciplinas o materias que les permiten asegurar su estabilidad y rentabilidad escolar (cfr, Bourdieu y Passeron, 2003: 115-139; Heckman, 2008: 289-324).

Pese a los reportes anteriores, actualmente no hay suficiente información sobre las condiciones socioeconómicas de las familias retornadas, sobre todo a partir de las medidas en contra de los inmigrantes por parte del gobierno estadounidense, aunado a la crisis que permanece en los Estados Unidos (Castillo, et al., 2012: 258-287). Para algunos expertos, paradójicamente con aquellas medidas se ha incrementado la migración y frenado un poco el retorno de mexicanos de los Estados Unidos (Canales y Meza, 2016).

Aunado a los procesos analizados, existe un vacío sobre las causas que hacen que las personas migren, en especial en los momentos de incertidumbre, o por qué pese a ello insisten en permanecer o retornar, padeciendo los mismos efectos que cuando llegaron a un territorio distinto al del origen, incluso regresando al mismo o a regiones distintas.

LA CATEGORÍA DE *CONATUS* COMO PROPUESTA PARA ABORDAR LA MIGRACIÓN

A la pregunta de ¿cuáles son las razones profundas que tienen los migrantes —sobre todo, los de origen centroamericano— para continuar su camino, a pesar de conocer las asechanzas y limitaciones en su tránsito por México, dirigiéndose hacia los Estados Unidos como destino? Regularmente no se encuentran fundamentos más allá de los que la literatura actual nos brinda, quedando el énfasis en los obstáculos y penurias que padecen en el trayecto, o en los efectos socio-territoriales a los que se enfrentarán a los lugares de destino o distintos a éste. Por ello, para hallar alguna explicación a tales comportamientos, recurrimos al concepto de *conatus*, palabra en latín y participio pasado del verbo latino *conari* que significa <<intentar (hacer algo)>>. Literalmente significa <<haber intentado>>, sin ninguna implicación de éxito. En las traducciones al inglés se tradujo como <<esfuerzo>>, aunque desde hace dos milenios con los estoicos ya se hacía alusión de forma indistinta al movimiento inercial de los cuerpos físicos y a la tendencia general de la vida hacia la auto-preservación (Grenfell, 2012). Si se hace una alusión conjunta de los significados se puede decir que el *conatus* hace referencia al intento o intentar hacer algo como una acción de autopreservación, que finalmente —y particularmente— es lo que hacen los migrantes en tránsito; práctica que debieron hacer y padecer los primeros migrantes mexicanos hacia los Estados Unidos.

Quien se ha encargado de reflexionar sobre el *conatus* es Baruch, Spinoza, retomando las ideas tanto de los estoicos como de los seguidores de Séneca, de los cuales extrae aspectos como el comportamiento, persistencia y esencia de animales y plantas (*oikeiosis*) y de todos los seres que intentan hacer algo (*conatus*), así como el impulso de autoconservación y la naturaleza del progreso moral (López, 2020: 42).

Parafraseando las ideas de Spinoza, —y que abarcan a la práctica del *conatus*—, se puede decir que los migrantes son conscientes en momentos de incertidumbre de lo que pueden o no hacer; es decir, lo que intentan hacer de forma positiva se dice que son acciones ecuánimes al soportar los fracasos, pues cuentan con una potencia inexplorada cuando saben que han hecho todo lo posible de forma consciente. Esto hace que trasciendan sus fracasos a nivel interno y frente a las cuestiones externas en el lugar donde se lleva a cabo la migración. Este reconocimiento hará que siga perseverando con mejores ánimos. La explicación puede verse a que todo ser viviente se esfuerza por conservar (se) en la búsqueda por contribuir a ese tipo de acciones; el sentimiento de haber ganado como instinto primitivo de forma espontánea (anterior a la acción de la razón) (Matheron, 2014: 170-172). El paso que le sigue a este tipo de comportamiento es hacer que dicho <<esfuerzo>> por conservar la posición en la que se encuentra el migrante, sea guiado por la pasión, pero al mismo tiempo con la razón, que hace esforzarse por comprender las situaciones y la utilidad de aquélla, aun cuando se fracase (Matheron, 2014: 172).

El migrante se guía por el deseo (búsqueda de una mejor calidad de vida) más que por la razón (obstáculos dramáticos en su tránsito). Por ello se puede decir que sus acciones se derivan de la potencia por la cual lo empujan sus deseos. Tal como lo señala la corriente inmanentista cuando afirma que el ser mantiene en su interior el fin realizado por sus acciones: "el cuerpo tiene razones que la racionalidad desconoce [...] este aspecto pasional y afectivo, que desde la tradición griega es deplorado, se constituye en Spinoza en una poderosa fuerza que lleva al hombre en erigirse en el despliegue fáctico de sus posibilidades, entendido como potencia" (Carrión, 2016: 78-79).

La fuerza hecha deseo, que impulsa al ser humano a llevar a efecto grandes empresas y realizar emprendimientos de cualquier tipo, como la migración, está vinculada fuertemente con los afectos, que pueden incentivar o limitar los logros de las personas. Este deseo contiene dos formas: una activa y una pasiva. Ésta segunda detiene y paraliza. La primera es la que impulsa al ser humano, por lo tanto, Spinoza entiende al *conatus* como la fuerza del afecto o deseo que potencien las posibilidades humanas (Carrión, 2016: 80).

En resumen, para que los seres humanos sean impulsados a migrar (además de las razones objetivas) necesitan <<intentar hacer algo>>, <<esforzarse>>, <<desearlo>>, <<perseverar>>, de forma tal que quien más lo desee, se le considerará como un ser mayormente complejo, porque requiere de mayor potencia para perdurar y perseverar en sus intentos de cruzar fronteras, para afirmar la idea que mantiene de hacer lo que hace y cómo lo hace, diferenciándose de quien persevera menos.

Esta realidad subjetiva con capacidad de acción y potencia la denomina Spinoza como la razón práctica, que Bourdieu (1997) desarrollará en una de sus obras, como parte de las dimensiones del espacio social del campo y de la teoría de la acción (como habitus). En ésta última teoría, Bourdieu, aborda el conatus como parte de las estrategias de reproducción familiar (ibid., 179).

CONCLUSIONES

La predisposición para migrar y retornar a nivel regional tiene como fondo tanto el contexto de las desigualdades socioeconómicas y culturales (con diversos enfoques), como el de ámbitos o dimensiones que contienen las acciones de las personas, y a veces como efecto de la desigualdad existencial que impele o inhibe el deseo de migrar, retornar o volver a migrar. La posición que tiene cada región a nivel socioeconómico detendrá o incentivará las desigualdades y afectará a la migración o inmigración, acumulando los efectos de los procesos que también desencadenan efectos no económicos en las personas, como sus aspiraciones frustradas de no lograr una mejora económica esperada en su migración, regresar al lugar de origen sin poder ejercer las capacidades técnicas laborales aprendidas. O, si se es migrante en tránsito del sur, buscar por todos los medios llegar a los Estados Unidos, sin que aparentemente no haya otra motivación, más que la mejoría económica. De ahí que se plantee una alternativa de análisis desde la encarnación e incorporación de predisposiciones del deseo de persistir, intentar hacer algo, esforzarse en sobrevivir, aun cuando parezca un sinsentido padecer situaciones similares o peores a sus lugares de origen, en el trayecto de territorios inhóspitos y violentos, donde los residentes los perciben como perjudiciales para las familias y para la economía del país como una muestra de prejuicios y falta de empatía (Cruces, et al., 2023: 59).

Referencias

Bourdieu Pierre y Jean-Claude Passeron (2003) Los herederos. Los estudiantes y la cultura, Siglo XXI, Argentina.

Bourdieu, Pierre. (1997). Razones prácticas. Sobre la teoría de la acción. Editorial Anagrama, Barcelona.

Canales Alejandro I. y Sofía Meza (2016) Fin del colapso y nuevo escenario migratorio México-Estados Unidos, *Migración y Desarrollo*, Vol. 14(27), número 27, pp.: 65-107, Segundo semestre, México.

Capps Randy, Ajay Chaudry y Juan M. Pedroza (2012) Padres migrantes bajo arresto: efectos de las medidas de fortalecimiento y control migratorio en los hijos y en los padres en Estados Unidos. En: Berumen Sandoval, Salvador y Jorge A. López Arévalo (Coords.) Pobreza y migración. Enfoques y evidencias a partir de estudios regionales en México, SEGOB/INM, Tilde Editores/E.Q.C., México, pp.101-137.

Carrión Alarcón, Álvaro (2016) Razón y deseo (*conatus*) en la filosofía de Spinoza, Tesis de Magíster en Filosofía, Pontificia Universidad de Ecuador, Quito.

Castillo Fernández Dídimo (2012) "Estados Unidos: crisis económica, reestructuración productiva y nueva precariedad laboral". En: *Castillo Fernández Dídimo y Marco A. Gandásegui (Coords.) Estados Unidos. Más allá de la crisis,* Siglo XXI Editores, Consejo Latinoamericano de Ciencias Sociales (CLACSO), Facultad de Ciencias Políticas y Sociales de la UAEM, México.

Centro de Estudios Espinosa Yglesias (2013) Informe de Movilidad Social 2013, Imagina el Futuro. Centro de Estudios Espinosa Yglesias, pp. 23

Centro de Estudios Espinosa Yglesias (2019) Informe de Movilidad Social 2019, Hacia la igualdad regional de oportunidades. Centro de Estudios Espinosa Yglesias, pp. 83

Cruces Guillermo, Johanna Fajardo-Gonzalez, Pablo Hernández, Ana María Ibáñez, Marta Luzes, Marcela Meléndez, Felipe Muñoz Gómez, Lucina Rodríguez Guillén, Laura Tenjo (2023). Un mundo mejor para la población migrante en América Latina y el Caribe, BID/PNUD.

Cruz Vásquez Miguel, Renato Salas Alfaro, Beatriz Pico González (2019) Emprendimiento de los migrantes retornados, el papel de las características de los migrantes y las particularidades de la experiencia migratoria. El caso del Estado de México, REVISTA DE ECONOMÍA, Vol. XXXVI, Núm. 92, enero-junio.

Flamand Laura y Melina Altamirano (2021) "Entrecruzamientos y acumulación de desigualdades en México". En: Melina Altamirano y Laura Flamand (Edts.) Desigualdades sociales en México. Legados y desafíos desde una perspectiva multidisciplinaria. COLMEX, México.

____________________ (2021 "IX. Las desigualdades sociales en México. Legados y nuevos desafíos". En: Melina Altamirano y Laura Flamand (Edts.) Desigualdades sociales en México. Legados y desafíos desde una perspectiva multidisciplinaria. COLMEX, México.

Grenfell Michael (editor) (2012) Pierre Bourdieu Key Concepts Publisher: Acumen, Part IV, conatus (169-178) *https://www.cambridge.org/core/books/abs/pierre-bourdieu/conatus/9AD182FE5C0E56EC7CF4583FED1D499D#access-block*, fecha de consulta: 15 de julio de 2023.

Heckman, James J. (2008) Escuelas, habilidades y sinapsis, Economic Inquiry, ISSN 0095-2583, Vol. 46, No. 3, July 2008, 289–324, Western Economic Association International, doi:10.1111/j.1465-7295.2008.00163.x

Hirai, Shinji (2013) Formas de regresar al terruño en el transnacionalismo. Apuntes teóricos sobre la migración de retorno, ALTERIDADES, 23 (45): Págs. 95-105.

Jacobo Mónica y Nuty Cárdenas Alaminos (2018) Los retornados: ¿cómo responder a la diversidad de migrantes mexicanos que regresan de Estados Unidos?. Centro de Investigación y Docencia Económicas (CIDE)-Programa Interdisciplinario en Estudios Migratorios (CIDE-MIG), México.

López, Alberto Luis (2020) La influencia de Séneca en la filosofía de Spinoza: una aproximación, Signos Filosóficos, Vol. XXI, núm. 43, enero-junio: 34-57.

Martínez López, Cornelio. (2017). "Panorama general y alternativas legislativas para fomentar la movilidad social en México", (fecha de consulta 10 de julio de 2017) Mirada Legislativa, No. 130. Ciudad de México, Instituto Belisario Domínguez, Senado de la República, Disponible en *http://bibliodigitalibd.sena-do.gob.mx/handle/123456789/3660*

Masferrer, Claudia (2021) Atlas de migración y retorno de Estados Unidos a México, El Colegio de México, Centro de Estudios Demográficos, Urbanos y Ambientales.

Masferrer León, Claudia, Landy Sánchez Peña, Mauricio Rodríguez Abreu (2017) Condiciones laborales de los migrantes de retorno de Estados Unidos, Red de estudios sobre desigualdades de El Colegio de México.

Matheron, Alexandre (2014) El momento estoico en la Ética de Spinoza, Mutatis Mutandis: Revista Internacional de Filosofía, Traducción, Paulo Cárdenas M. Núm. 3, diciembre, pp. 163-173.

Myrdal, Gunnar (1979) Teoría económica y regiones subdesarrolladas, FCE, México.

Rodríguez Abad, Angélica y María Alejandra Salguero Velázquez (2023) Espirales de desventajas en las trayectorias de salud-enfermedad en hombres adultos mayores de retorno migratorio, Revista latinoamericana OGMIOS, Vol. 3 Núm. 8 p. 43-56.

Sturm Roland y Dieter, Nohlen (1982) La heterogeneidad estructural como concepto básico en la teoría del desarrollo, Revista de estudios políticos, número 28, julio-agosto, pp. 45-74.

Therborn, Goran (2016) Los campos de exterminio de la desigualdad, FCE, México.

Zúñiga Víctor y Betsabé Román (2022) Maestros de las escuelas de México: competencias docentes necesarias para atender a alumnas y alumnos procedentes de Estados Unidos, *http//researchgate.net/publication/365003592.*

Los migrantes de retorno en los contextos de desarrollo regional en Jalisco: retos y posibilidades en sus procesos de (re) integración

OFELIA WOO MORALES
(Universidad de Guadalajara)
ALMA LETICIA FLORES ÁVILA
(Universidad de Guadalajara)

INTRODUCCIÓN

La relación de migración y desarrollo se ha presentado desde una perspectiva reduccionista, a partir de las reformas al sistema económico centrado en el enfoque neoliberal,[1] que privilegia la importancia de las remesas para impulsar el desarrollo en los países y localidades de origen. Existen posiciones críticas a la sobredimensión que se les ha otorgado (Castles y Delgado-Wise, 2007), para Canterbury el enfoque neoliberal "considera la migración como un componente integral de un proceso de desarrollo capitalista" (2010, p. 5).

---

1 "La ideología y política neoliberales construyen un modelo de desarrollo centrado en los intereses de los grandes capitales: el mercado total, el desmantelamiento del Estado social, la flexibilización de la fuerza de trabajo y el sometimiento de la naturaleza (Márquez, 2010a, p. 67)

El modelo económico conocido como neoliberalismo establece en su fundamento principal la reinvención del capital para obtener y maximizar las ganancias empresariales; lo que resultó en la desregulación de las empresas estatales y la flexibilización del trabajo. Después de ese proceso implementado, siguió la precarización laboral, que provocó un incremento en los índices de pobreza y marginación, que llevó a muchas personas a considerar como una opción favorable la migración, en especial hacia Estados Unidos, a fin de alcanzar mejores condiciones de bienestar y desarrollo para sus comunidades de origen (Márquez, 2010b).

Un gran ausente en esta relación de migración y desarrollo, es la participación o el papel del migrante de retorno "contemporáneo"[2], para que sea parte del mismo, beneficiándose y/o reconociendo su contribución, por lo que nos hemos propuesto reflexionar si existe una propuesta de desarrollo, (o al menos condiciones) que facilite la (re) integración del migrante de retorno contemporáneo en el estado de Jalisco y que sea parte de las acciones que permitan alcanzar el desarrollo en los diversos contextos de arribo.

Podríamos decir que tanto la inserción e integración deberían de ser parte de la vida del migrante de retorno, cuando se establecen en su comunidad o localidad de llegada. Nosotros retomamos la propuesta de París, Hualde y Woo (2019): la inserción consiste en reconocer y brindar al migrante un lugar en la economía, en el cuadro social, político y cultural. La integración está ligada a la construcción de la cohesión social, o en términos durkheimianos, de la solidaridad y la conciencia colectiva (París, Hualde y Woo, 2019 p.35).

---

2 Como señala Rivera es importante reconocer que existen diversos migrantes retornados "con trayectorias migratorias, laborales y educativas variadas, y que su presencia podría tener efectos y/o desencadenar transformaciones dependiendo de las características de estos sujetos, sus trayectorias y capitales, pero también de los contextos de retorno y las estrategias individuales y familiares de reinserción social y laboral" (Rivera, 2011 p. 307)

En el caso de Jalisco, el desarrollo regional y las políticas que se han implementado para ello, gravitan entre la consideración de los pesos poblacionales y actividades económicas en los lugares (Ruiz, 2000; Woo G, 2010). Pero al surgir otros factores externos, convierten el desarrollo en la entidad en asunto complejo para lograrlo y que existan formas equitativas de las relaciones sociales, políticas y económicas en los territorios (Ruíz, 2000; Arias, 2021).[3]

El predominio de una ciudad central, -Guadalajara en este caso-, ha influido en la dinámica demográfica no solo de la entidad, sino de la región occidente del país;[4] centralizando y concentrando acciones que reflejan las desigualdades del desarrollo de la entidad (Ruiz, 2000). Si bien, las políticas públicas de los gobiernos en turno, han intentado revertir las tendencias de centralización y concentración de esa ciudad dominante, con acciones en las regiones administrativas para el impulso de desarrollo regional, así como el empuje de ciudades en los territorios, éstas no han sido suficientes, ni en planeación ni recursos. Porque siguen presentándose dificultades y retos importantes para lograr los diversos desarrollos locales en la entidad (Ruiz, 2000; Sánchez, Casado y Bocco, 2013).[5]

---

3 Ausencia de políticas de desarrollo regional, o bien, éstas reducidas a acciones aisladas en programas sin continuidad, seguimiento y evaluación. Donde el componente territorial se utiliza sólo con un sentido de localización geográfica y no como un soporte esencial de los procesos económicos o sociales; privilegiando grupos de poder económico nacional y local, excluyendo agentes y sectores que a la postre se expresan en abandono, tensión y descontento social (Delgadillo, Torres y Gasca, 2001:17).

4 Su predominio que se intensificó con la urbanización e industrialización del país a mediados del siglo XX; las migraciones del campo a la ciudad en la segunda mitad del siglo la consolidaron como metrópoli y los procesos de globalización a finales del siglo XX y principios del XXI la encaminan hacia ser una ciudad global.

5 Por el contrario, parece reforzarse la centralidad y concentración en una ciudad, aunque algunas ciudades y localidades comienzan

Lo anterior es resultado de la falta de correspondencia de una organización del territorio que lo visualice como un "sistema complejo en el cual interactúan entre sí y a diferentes escalas componentes naturales, socio-culturales, económicos, urbano-regionales y políticos, cuyas relaciones no son estáticas, sino que cambian a través del tiempo" (Sánchez, Casado y Bocco, 2013: p. 19). Es decir, hace falta que se considere de manera articulada y multidimensional usos de suelo, historia local, actividad humana, y sobre todo la participación de la comunidad, esta última es el principal cimiento para construir un proceso de desarrollo democrático (Delgadillo y Torres, 2001), o propuestas de desarrollo alternativo con un planteamiento crítico del desarrollo (Canterburry, 2010; Márquez, 2010).

Conocer cuáles son los escenarios regionales de Jalisco donde arriban las personas en condición migrante es interés de este capítulo. Contextos en los que enfrentan retos y desafíos que han predominado desde el siglo XX, extendidos al siglo XXI (Delgadillo y Torres, 2009; Madera, Guzmán, Garrafa y Salas, 2017), entre los que destacan en áreas rurales: retrocesos en el reparto y uso de tierras, degradación y abuso de químicos en las producciones agrarias, con consecuencias en la salud y calidad de alimentos, envejecimiento de la población, inequidad de género, desigualdad social; a los que se suman precarización y fragmentación de los mercados de trabajo, disputas por territorios y recursos naturales, fragmentación de comunidades y ampliación de la violencia e inseguridad, entre otras situaciones (Madera, Guzmán, Garrafa y Salas, 2017). Que se siguen presentando, conforme a lo revisado en el Plan Estatal de Desarrollo, así como en sus Planes de Desarrollo de las Regiones para el periodo 2015-2025.

Las preguntas que nos evocan estos escenarios son las siguientes: ¿A qué se enfrentan las personas en condición migrante y

---

a destacar. A estos procesos se suman la globalización y economía neoliberal, que intensifica y genera desequilibrios en los territorios.

sus familias al retornar a algún lugar de Jalisco? ¿Existen condiciones, programas o incentivos que faciliten su (re) integración social y económica en las regiones? ¿Qué papel tienen los migrantes en condición de retorno en los desarrollos regionales y locales de Jalisco? ¿Qué acciones de la política pública del estado están dirigidas a quienes fueron migrantes en Estados Unidos y ahora están en Jalisco? Ciertamente no podremos responder todas, de manera amplia dichas cuestiones, pero consideramos su pertinencia para empezar la reflexión de dichos asuntos.

En el documento se establece la relación entre la migración y el desarrollo en el contexto de la implementación de un modelo de economía neoliberal, su ideología, los debates de la misma y la exposición de los recientes aportes sobre la crítica a esa perspectiva de desarrollo, en el que se plantea la necesidad de incluir un enfoque que considere al migrante como parte del desarrollo en las comunidades y/o localidades de origen que nosotros consideramos necesarias para su (re) integración. También hacemos la revisión de propuestas de políticas públicas del gobierno del estado de Jalisco, particularmente en algunas regiones con importante presencia de migrantes de retorno. Finalmente, se hacen algunas reflexiones sobre los retos que se enfrentan los diversos actores para lograr la (re) integración efectiva de migrantes de retorno en contextos de la migración.

El análisis sobre migración de retorno se hace a partir del Microdato del Censo de Población y Vivienda del 2020; también se revisan documentos oficiales de planeación estatal, regional y local, a fin de entender la propuesta de desarrollo en Jalisco; los portales oficiales del gobierno estatal y gobiernos municipales, a fin de conocer las estrategias, programas y recursos enfocados a las poblaciones migrantes en Jalisco particularmente de retorno.

EL DESARROLLO DESDE EL ENFOQUE NEOLIBERAL Y LAS RECIENTES APORTACIONES DE UNA PERSPECTIVA ALTERNATIVA DEL DESARROLLO

La relación entre migración y desarrollo empezamos a identificarla en la agenda internacional a finales del siglo pasado, en la Conferencia Internacional sobre la población y el desarrollo de El Cairo 1994, se propusieron varios elementos 1) Fomentar la entrada de remesas y emplearlas productivamente para el desarrollo. 2) Considerar la posibilidad de utilizar ciertas formas de migración temporal. 3) Se invita a ratificar la Convención Internacional sobre la protección de los derechos de todos los trabajadores migratorios y de sus familiares. 4) Fortalecer el papel de las organizaciones internacionales con mandatos en la esfera de la migración, a fin de que puedan proporcionar apoyo técnico adecuado a los países en desarrollo[6].

Autores como Castles y Delgado Wise (2007), Cantebury (2010), y Márquez (2010a, 2010b), exponen la existencia de un modelo de migración y desarrollo presentado desde las organizaciones internacionales y retomado por los países desarrollados con un planteamiento neoliberal, que significa el beneficio del

---

6 Después de la Conferencia Internacional del Cairo de 1994, otros foros han presentado o centralizado la relación migración y desarrollo, como El Diálogo de Alto Nivel de las Naciones Unidas sobre la Migración Internacional y el Desarrollo (2006), cuyo objetivo era encontrar formas de maximizar los beneficios del desarrollo de la migración internacional y reducir sus impactos negativos. Con la creación del primer Foro Mundial sobre Migración y Desarrollo (2007), el cual se reconoce como un proceso voluntario, oficioso, no vinculante y dirigido por los gobiernos, en el que pueden participar todos los Estados miembros y observadores de las Naciones Unidas, así como determinadas organizaciones observadoras. El Pacto Mundial sobre la Migración Ordenada, Segura y Regular aprobado en Marraquech en 2018 y los Objetivos de Desarrollo Sustentable 2015-2030 en donde también se reconoce la relación entre migración y desarrollo.

capital transnacional con el interés de conservar el proceso de acumulación de capital desde una ideología neoliberal, que no reconoce el contexto histórico de las migraciones, ni las causas y condiciones estructurales que llevan a un desarrollo desigual o al subdesarrollo de los países de origen de los migrantes.

Ante este posicionamiento, coincidimos con Márquez (2010) cuando plantea la necesidad de rescatar los estudios críticos del desarrollo y los estudios críticos de la migración. Respecto al primero, los autores citados párrafos arriba —entre otros— coinciden que el desarrollo se ha planteado desde una perspectiva de crecimiento económico, en el que predomina la perspectiva y necesidades del capital de países desarrollados en detrimento de los países considerados subdesarrollados.

El modelo neoliberal[7] está relacionado a una propuesta de desarrollo desde una perspectiva economicista que privilegia los capitales, nacionales o extranjeros, dejando la autoregulación a la eficiencia de los mercados, sin la participación del Estado no solo en el sector económico y productivo, sino también, en las funciones sociales y de bienestar a la población. Este modelo inicia con la aplicación de diversos programas de reajuste estructural propuestos por el Banco Mundial y el Fondo Monetario Internacional a lo que se conoció como el consenso de Washington,[8] provocando el desmantelamiento del Estado de Bienestar, de tal

---

7 Señalamos el modelo neoliberal por la nueva dinámica de la migración mexicana como nos plantea Delgado-Wise y Márquez (2012) éste responde a una expansión capitalista extensiva, con la exportación de la fuerza de trabajo y contradictoria, ya que la concentración de capital ha aumentado la desigualdad social.

8 Como señala Cordera (2014 p.14), "el consenso de Washington pretendió redefinir el perfil del mundo y asegurar la implantación de un nuevo orden global. Sustenta su propuesta la visión de una economía de mercado irrestricta —que se pretende universal y racional— que reduce al Estado a su mínima expresión, hasta volverlo una entidad puramente instrumental".

manera el crecimiento de unos países (del norte) generarían desarrollo por goteo a los países del sur (Bifani, 2007).

Como consecuencia, para Canterbury, la dirección y flujos de migración están definidos por los flujos globales de capital, apoyados por arreglos superestructurales a los que considera entre estos al Banco Mundial, el Fondo Monetario Internacional y la Organización Internacional de las Migraciones entre otros actores, que sirven a los intereses del capital neoliberal (2010, p. 7). Podríamos destacar que las críticas centrales de este modelo neoliberal han sido la concentración de capital y la desigualdad social, para Cordera (2014, p. 11):[9] "La crisis de la igualdad es un hecho social total y no solo de ingresos, accesos u oportunidades".

Respecto a los estudios críticos de la migración en su relación con el desarrollo, critican que se ponga el acento como elemento importante a las remesas, circulación de cerebros y programa de trabajadores temporales (Delgado-Wise y Márquez, 2012).

Una de las principales críticas establecidas en la academia, ha sido la sobredimensión que han tenido las remesas, que se vislumbran en este modelo neoliberal como un factor importante para impulsar el desarrollo en los países de origen a través de inversiones. Castles y Delgado-Wise (2007) señalan que "los trabajadores más explotados del mundo pueden compensar los fracasos de las políticas del desarrollo dominante", lo que compensa en gran medida la desigualdad generada por el modelo económico impuesto. (2007, p. 11). De tal manera que, autores como y Delgado-Wise y Márquez (2012), Márquez (2010a) Canales (2006) nos dan cuenta que las remesas son recursos dirigidos a las familias como contribución al ingreso familiar,

---

9 Como parte de este pensamiento crítico del Desarrollo, desde la Economía Política Cordera (2014) plantea repensar el desarrollo a partir de varias coordenadas: la cohesión social; el desarrollo entendido como creación y expansión de derechos; el "derecho al desarrollo y la reforma social del Estado de Bienestar (Cordera, 2014 pp. 15-16).

ya sea un fondo salarial o bien como transferencia familiar entre hogares, Inclusive las remesas consideradas productivas y colectivas, tienen poco impacto a nivel local (Arroyo y García, 2000; Papail 2002). Aun así, las Organizaciones Internacionales (O.I:) las siguen considerando un factor central en materia de política de migración y desarrollo, para Pécoud (2015, p. 55) "las remesas no representan ninguna novedad, pero poniéndolas bajo la luz de los proyectores, otorgándoles una función en las políticas de desarrollo, y reuniendo los datos que permiten justificar su importancia, los O.I. transforman completamente su índole. Y las remesas pasan de ser un viejo fenómeno ampliamente ignorado y percibido como marginal, a ser el objeto de políticas públicas y un factor del desarrollo".

Ante estos planteamientos para considerar la migración y desarrollo desde visiones supranacionales, la propuesta del modelo alternativo al desarrollo del modelo neoliberal, se plantea reformar las relaciones de poder (Canterbury 2010, p. 9), considerar las causas estructurales, históricas y dependencia, de la migración (Márquez 2010a, 2010b; Castles y Delgado-Wise, 2007; Delgado-Wise y Márquez, 2012; Canterbury 2010). Para Márquez (2010) el modelo alternativo desde un pensamiento crítico está "abocado a promover opciones de desarrollo centradas en el mejoramiento sustancial de las condiciones de vida y de trabajo de la mayoría de la población" (2010b, p. 100).

Respecto a la perspectiva desde el sur en relación de la Migración y Desarrollo, Castles y Delgado-Wise (2007, pp. 13-15) proponen realizar un análisis integral, desde las relaciones y dinámicas del norte y sur, desde local, regional, transnacional, en las diferentes áreas sociales. En ese sentido, existe correspondencia entre la propuesta de Castles y Delgado-Wise (2007) y la de Márquez (2010b) éste último plantea que "la economía política propone hacer el estudio crítico del contexto, los procesos clave, los agentes principales y los problemas jerarquizados" (Márquez, 2010b p. 69); si bien el autor hace referencia a la articulación de procesos de migración y desarrollo multinivel, por extensión de este documento y por ubicarnos en una entidad federativa como Jalisco nosotros proponemos abocarnos al nivel regional de esta entidad tratando de precisar el análisis en algunas localidades de migrantes de retorno "contemporáneo", considerando las condiciones estructurales impulsadas por políticas públicas del gobierno del estado en algunas regiones de Jalisco.

Jalisco tierra de migrantes, su (re) integración y planes de desarrollo

Jalisco es una de las entidades federativas consideradas como parte de la región histórica de migración, la entidad federativa tiene una historia de larga data, más de un siglo con evidencias de emigración internacional; hombres, mujeres, familias han emigrado hacia Estados Unidos, pero también, con historias de retorno. En la actualidad Jalisco se encuentra en el primer lugar de migración de retorno según el Diagnóstico de la Movilidad Humana en Jalisco, realizado en 2022[10]. Varios autores atribuyen que la migración de retorno que vivió no sólo Jalisco sino también a nivel nacional fue resultado de las crisis económicas en la primera década del nuevo siglo (2000 y 2008) así como, las políticas antiimigrantes y deportaciones que han aumentado en este nuevo siglo (García y Gaspar, 2019; Canales y Meza, 2019).

Esta población que retornaba a México era muy diferente a la identificada en el patrón migratorio circular, eran migrantes con estancias prolongadas en Estados Unidos, algunos migrantes nunca habían regresado, eran originarios de áreas rurales, pero también urbanas, casados, solteros, así como familias regresando a México con hijos nacidos aquí y en Estados Unidos (Gandini, Lozano y Gaspar, 2015; Canales y Meza, 2019) (García

---

10 Realizado por la Unidad de Política Migratoria, Registro e Identidad de Personas, Secretaría de Gobernación y Centros de Estudios Migratorios.

y Gaspar, 2019).[11] Es la población migrante de retorno conocida como "Contemporánea" planteada por Rivera (2011) la que llega a México y particularmente a Jalisco con un perfil heterogéneo e historias migratorias de larga estancia en el vecino país.

De acuerdo a Martínez y Morán (2021 p.144), con datos de los Censos Generales de Población, la población retornada para Jalisco era 34,294 en 2000; 72,378 en 2010; 40,330 en 2015 y 26, 220 en 2020 (2021:144) siendo la entidad federativa con los registros más elevados en el país como se mencionó previamente.

Si bien, son muy reciente estos cambios en el perfil del migrante de retorno contemporáneo, existe una vasta literatura que expone las condiciones de (re)inserción y/ o (re) integración al lugar de origen o lugar de asentamiento al regresar a México,[12] pero que se presenta de forma diferente en el ámbito rural o urbano (Canales, Gutiérrez y Vargas, 2019).

A pesar del reciente reconocimiento de este migrante (retornado), existe una vasta literatura que nos da cuenta de su perfil socio demográfico, a dónde llega, en donde trabajan, los retos y

---

11 Es importante mencionar que estos autores entre otros dan cuenta de la migración de retorno registrada por el Censo de Población y Vivienda, pero también consideran registros sobre la población deportada, que se ha considerado como una migración forzada. En nuestro documento no nos referimos a esta población, las particularidades y Cacomplejidad de la misma no podríamos plantearla en la extensión del mismo.

12 Se reconoce en diversos estudios que existe una concentración tanto en la emigración como en la migración de retorno, no necesariamente con esa correspondencia, que significa, que la población que retorna puede regresar a su lugar de origen, pero algunos deciden establecerse en otras localidades (Terán, Giourguli y Sánchez 2015; Gandini, Lozano, Gaspar 2015; Canales y Meza, 2019). Rivera (2011), García y Gaspar (2019),Martínez, (2019) Durán y Schiavón (2022), entre más dan cuenta del retorno a nivel nacional o regional, no podría detallarse en este documento por extensión del mismo.

dificultades para incorporarse al sistema educativo, al empleo, e inclusive el acceso a la identidad. se identifican asuntos importantes sin abordar. Hay un déficit en la atención de las instituciones públicas, carencia de programas de información y apoyo para la incorporación de la población que retorna de forma voluntaria o forzada de Estados Unidos a México, particularmente a la población que retorno después de la crisis de 2008.

Un foco de interés ha estado en explicar la (re) inserción o (re) integración a las comunidades y/o localidades en donde se asienta la población de retorno, existen avances significativos y recientes de los autores referidos, pero recientemente se expone la necesidad de considerar la migración de retorno y su (re) inserción o (re) integración con un enfoque de derechos como se demuestra en la obra de Giorguli y Bautista (2022) quienes señalan que el acceso a los derechos sociales es fragmentado y a pesar de los avances en la normatividad faltan todavía legislaciones estatales y formar una entidad coordinadora a nivel federal con competencia intersectorial como lo expone el Informe especial "Políticas multinivel para el retorno y la (re)inserción de migrantes mexicanos y sus familias" (Colef, 2019). Podríamos decir que tanto la inserción e integración deberían de ser parte de la vida del migrante de retorno, cuando se establecen en su comunidad o localidad de llegada, sin embargo se enfrentan a diferentes retos que ha sido necesario establecer políticas públicas y programas de atención a esta población, que todavía no se han consolidado.

La inserción e integración de la población migrante de retorno en las localidades de arribo tiene singular relevancia en políticas públicas. En el 2018 la CNDH editó un Directorio de Programas para la Repatriación en México de Instituciones Públicas Federales de la Ciudad de México, así como de Organizaciones de la Sociedad Civil. Podríamos decir que existe un avance en cuanto a norma y enunciación de programas de atención, que en ocasiones son coyunturales como lo señala la Organización

Internacional de las Migraciones[13], pero no existe una política integral como parte de un programa de Desarrollo, por lo que podríamos adelantar un poco que esta situación se replica en las entidades federativas como expondremos en el caso de Jalisco.

Debido a la relevancia de la migración en el estado, llama la atención que no se considere de forma explícita a esta población, al migrante de retorno, en el Plan estatal de gobernanza y desarrollo de Jalisco 2018-2024 en la versión actualizada "visión 2030" particularmente en los ejes que podrían especificar las formas de (re) inserción y (re) integración del migrante de retorno y/o su participación en proyectos de desarrollo como podrían ser: el Eje 2 relacionado al Desarrollo Social y al Eje 3 Desarrollo y Crecimiento Económico. En este Plan Estatal definen el concepto de desarrollo como: "un proceso multidimensional que tiene como finalidad la satisfacción de las necesidades y el incremento del bienestar de las personas, regido por los principios de equidad, derechos, justicia, cultura de la paz e igualdad de oportunidades (Gobierno de Jalisco, 2018-2024 p.18). Cabe señalar que existe un reconocimiento a las dinámicas regionales[14] para establecer programas y lo que se de-

---

13 Organización Internacional para las Migraciones. Estudio sobre reintegración: migración y ciudades. Informe Regional Mayo 2019. "la OIM propone el concepto de reintegración sostenible, la que considera como tal, "cuando las personas migrantes retornadas han alcanzado niveles de autosuficiencia económica, estabilidad social dentro de sus comunidades y bienestar psicosocial que les permite enfrentar las causas principales de la (re) migración" (páginas 20-21)

14 Delimitación territorial por regiones "El territorio de Jalisco se organiza en doce regiones administrativas, según el Acuerdo de modificación de la regionalización administrativa el estado de Jalisco, publicado el 22 de noviembre de 2014 en el periódico oficial El Estado de Jalisco" (Gobierno de Jalisco, 2014 p.313).

nominan proyectos estratégicos[15] en el que se menciona que: "las dinámicas socioeconómicas inter, intra y transregionales requieren de un abordaje estratégico del territorio, sentado en la identificación de problemáticas y potencialidades determinadas en polígonos diferenciados, pero complementarios a las regiones administrativas" (Gobierno de Jalisco, 2018-2024 313), de acuerdo a lo expuesto en El Plan la estrategia que se desarrolló para elaborarla fue a través de una propuesta de Gobernanza considerada como "una orientación hacia los principios básicos de cultura de paz, igualdad de oportunidades e igualdad de género, con el fin de lograr la garantía universal y constitucional de Derechos Humanos y el desarrollo integral de la comunidad", (pág. 18). Lo expuesto en el Plan Estatal de Jalisco refiere a un proceso de consulta a diversos sectores de la sociedad respecto a sus necesidades que fueron recuperadas en el mismo, de ahí el interés de exponer en este documento cuáles fueron los contextos de arribo de la población migrante retornada la que explícitamente no se refiere en dicho Plan.

TERRITORIOS Y CONTEXTOS DE ARRIBO

Una de las dimensiones que han estado menos consideradas en los estudios de migración de retorno es la espacial, aportes como lo expuesto por Terán, Giourguli, Sánchez (2015)[16]

---

15 En el Plan estatal de gobernanza y desarrollo de Jalisco 2018-2024 en la versión actualizada "visión 2030 se consideran como Proyectos estratégicos:1 Ordenamiento territorial para el desarrollo sustentable. 2 Paisaje Agavero; 3 Costalegre; 4 Sierra de Tapalpa; 5 Ribera de Chapala; 6 Sierra Occidental; 7 Sierra de Mazamitla y 8 Zona Norte(Gobierno de Jalisco, 2018-2024 p. 207).

16 En su estudio concluyen que "Los resultados de nuestra investigación apuntan a tres aspectos principales: (1) el aumento generalizado del retorno a lo largo del país; (2) la diferencia en la intensidad del incremento y la concentración del retorno en ciertas regiones, lo

nos demuestran que considerar el territorio es muy importante para comprender las transformaciones de lo que han llamado la reconfiguración de la geografía del retorno ya que puede ayudar a la formulación de políticas públicas de acuerdo al contexto, por lo que consideramos importante conocer el contexto de arribo de migrantes en algunas regiones y localidades en Jalisco. Cabe señalar, que un avance considerable, es la reciente publicación coordinada por Jorge Durand y Jorge Schiavón (2021) "Jalisco Tierra de Migrantes" sin duda con aportes significativos como la radiografía de la migración del Estado y propuestas de políticas públicas que retomamos posteriormente.

Con el propósito de avanzar en el entendimiento de la migración de retorno, es que nos enfocamos en la la propuesta de desarrollo del gobierno de Jalisco, a nivel regional y estatal para conocer cuál es el contexto al que arriba esta población, ya que está ausente una propuesta de re inserción o re integración del migrante de retorno en el Plan estatal y los planes regionales.

Derivadas de las acciones implementadas por la política estatal de descentralización y el desarrollo productivo estratégico, se observaron transformaciones regionales, la más significativa en Jalisco fue que la atracción migratoria interna a la metrópoli comenzó a declinar; fenómeno acompañado por el crecimiento de las ciudades de tamaño intermedio y las especializaciones productivas regionales (Ferraro y Rojo, 2018).[17]

---

que se perfila a dinámicas y experiencias diferentes en la reinserción de los mexicanos que regresan a territorio mexicano; y (3) un debilitamiento en el vínculo entre los patrones geográficos de la emigración y el retorno". Terán, Giourguli, Sánchez (2015:. 301-302)

17 En la estructura productiva especializada de Jalisco destacan actividades manufactureras (22% del PIB de Jalisco, mientras en el promedio de México son el 17%) y en actividades agrícolas y ganaderas (6% del PIB de Jalisco, duplicando la media nacional 3%), de acuerdo con lo señalado por Carlo Ferraro y Sofía Rojo (2018).

Desde antes de la implementación de esas políticas destacaban Lagos de Moreno, Ciudad Guzmán y Puerto Vallarta; a las cuales se sumó Colotlán, Ocotlán, Ameca, Autlán de Navarro, como ciudades importantes en sus regiones administrativas.

Con las políticas de restructuración urbana y desarrollo regional, impulsadas en las primeras décadas del siglo XXI, bajo el control del Mercado y la desregulación de la política habitacional, elementos propios de la economía neoliberal que persisten en nuestro país, se está llevando a una desarticulación en la definición de las estructuras de las ciudades. En los territorios, la desregulación del suelo ejidal y su posterior anexión a las reservas urbanas para vivienda, industria y servicios, fueron motor de crecimiento expansivo de las localidades. En el caso del área metropolitana de Guadalajara las reservas se concentran principalmente en los municipios de Zapopan, Tlajomulco, El Salto y Zapotlanejo, conformando por decreto en 2015 los nueve municipios metropolitanos, y con ello extendiendo la cota de reservas urbanas disponibles para el futuro crecimiento de la ciudad (Lara, 2020). Pero está lógica se extendió en las ciudades pequeñas y medias y con ello, se habilitó nuevas condiciones para la recepción de flujos migratorios, originarios (de retorno) o nuevos (internos o internacionales). De esta manera, los migrantes de retorno, dependiendo de sus regiones, han ido encontrando nuevas condiciones sociales, económicas y territoriales en sus localidades de arribo.

Alejandro Canales, Edith Gutiérrez y Patricia Vargas (2019) destacan la importancia de considerar las tasas de retorno en Jalisco, a partir de las regiones de la entidad, diferenciadas tanto en personas que arriban, sus perfiles y características. Coincidimos al respecto, porque las condiciones de atención y las diferencias socio-territoriales, impactan tanto a quienes arriban a las comunidades por primera vez o los que se reintegran; de igual forma, los procesos migratorios, en cualquiera de su tipo, pueden incidir e impactar las comunidades donde están presentes.

La distribución de los migrantes para 2020 en condición de retorno por región y municipio de residencia, está presente en todas las regiones de Jalisco. Los resultados muestran que, para ese año, 25,991 personas estaban en esa condición en la entidad; ocho de los municipios de Jalisco concentraban en números absolutos, 11,876 de esas personas, ubicados principalmente en Zapopan, Guadalajara, Tlajomulco de Zúñiga y Tonalá (ver tabla 1). Que coincide con los principales centros urbanos del estado.

Tabla 1. Migrantes de retorno principales municipios en Jalisco, 2020

Municipios	Frecuencia	Porcentaje
Zapopan	3,399	13.1
Guadalajara	3,188	12.3
Tlajomulco de Zúñiga	1,378	5.3
Tonalá	1,261	4.9
Puerto Vallarta	913	3.5
Tepatitlán de Morelos	630	2.4
Lagos de Moreno	570	2.2
Tlaquepaque	537	2.1
Otros municipios de Jalisco	14,115	54.2
Total	25,991	100

Con base a Microdatos del Censo de Población y Vivienda 2020 del INEGI

A pesar de esos números absolutos que ubican a las personas en condición de migración de retorno mayormente en los contextos urbanos, la concentración del retorno[18] se refleja en mayor porcentaje los municipios de menor tamaño poblacional, cuya presencia puede ir de las 11 personas hasta las 409 (esos otros municipios agrupados en la tabla 2); en conjunto, 78 por ciento de los municipios presentaron intensidades de retorno migratorio muy

---

18 Considerando las variables poblacionales y de migración de retorno, estatal y municipal.

altas, altas y medias. En ese sentido, destacan las regiones Costa Sierra Occidental y Sierra de Amula, así como Sureste (ver tabla 2). Éstas se reconocen con el menor nivel de ingreso y desarrollo, lo cual da una idea del contexto de vulnerabilidad que enfrentan las personas en condición de migrante de retorno, de manera coincidente con Canales, Gutiérrez y Vargas (2019).

Tabla 2. Municipios con Muy Alta concentración de migrantes de retorno en 2020

Núm. Mpio.	Municipio	Población	Concentración migratoria de retorno		Región
			Grado	Nivel	
72	San Diego de Alejandría	7,607	3,19	Muy alta	Altos Norte
116	Villa Hidalgo	20,076	3,15	Muy alta	
117	Cañadas de Obregón	4,388	4,36	Muy alta	Altos Sur
48	Jesús María	18,930	4,37	Muy alta	
74	**San Julián**	16,724	**5,49**	Muy alta	
33	**Degollado**	21,199	**5,60**	Muy alta	Ciénega
96	Tizapán el Alto	22,642	3,54	Muy alta	
41	**Huejúcar**	5,919	**6,36**	Muy alta	Norte
81	Santa María de los Ángeles	3,515	3,90	Muy alta	
28	**Cuautla**	2,166	**5,45**	Muy alta	
34	**Ejutla**	1,955	**5,06**	Muy alta	Sierra de Amula
54	**El Limón**	5,353	**5,25**	Muy alta	
90	**Tenamaxtlán**	7,283	**5,43**	Muy alta	
110	Unión de Tula	13,786	4,63	Muy alta	
12	Atenguillo	4,176	3,82	Muy alta	Sierra Occidental
58	Mascota	14,404	3,06	Muy alta	
62	Mixtlán	3,639	4,38	Muy alta	
26	Concepción de Buenos Aires	6,325	3,18	Muy alta	

57	La Manzanilla de la Paz	4,096	4,83	Muy alta	Sureste
87	Tecalitlán	16,556	3,18	Muy alta	
112	Valle de Juárez	6,50	3,11	Muy alta	

Elaboración con base a Microdatos del Censo de Población y Vivienda 2020 del INEGI y Regiones Administrativas del Gobierno del Estado de Jalisco

Se revisan la Región de Sierra de Amula y Región Altos Sur, para tratar de hacer un acercamiento a los contextos de arribo de las poblaciones en retorno migratorio. Se eligen por presentar muy alta concentración de retorno en varios municipios, de acuerdo al indicador calculado. En ambas regiones existen vocacionamientos y prioridades de atención identificados en los Planes Regionales de Desarrollo 2015-2025 de la Región Sierra de Amula y Altos Sur respectivamente, así como el Plan Municipal de Cuautla y Plan Municipal de San Julián.

En los aspectos que queremos destacar de los planes referidos a las regiones, está el reconocimiento de los vocacionamientos agroindustriales y los retos ligados a la reducción de los niveles de contaminación del agua. En ambas regiones se plantea aumentar los niveles de producción, industrialización y comercialización de sus respectivas industrias predominantes.

En Sierra de Amula sobresale la caña de azúcar y sus derivados, así como la producción sustentable y comercialización de la madera y sus derivados. En Altos Sur, en cambio es la producción y la comercialización de la industria textil y del vestido, el cultivo de agave e industrialización de derivados del mismo (tequila, mezcal, fibras, miel de agave, entre otros), así como la producción, industrialización y comercialización de huevo, leche y carne. Además, en ésta también se plantea como reto incrementar la afluencia turística y la derrama económica proveniente del ecoturismo y el turismo religioso.

Con relación a las condiciones sociales, ambas regiones observan una PEA ocupada igual o superior al 96 por ciento. No obstante, el porcentaje de población por ingreso por trabajo si observa algunas variaciones a considerar. Mientras que en Altos Sur, más del 55 por ciento de la población gana más de 2 salarios mínimos (smm), en Sierra de Amula ese porcentaje es de 54 por ciento; y quienes ganan de 1 a 2 smm son 19.7 por ciento de la población en Sierra de Amula, mientras que en Altos Sur son 20 por ciento de la población. Y quienes ganan hasta 1 smm, en Sierra de Amula son 19.8, en Altos Sur, son 18.7 por ciento. No obstante, al desagregar estas medias y promedios, observamos que en Sierra de Amula hay más municipios donde son altos los porcentajes de quienes ganan hasta 1 salario mínimo, a diferencia de Altos Sur, donde los porcentajes son menores en sus municipios. Por lo que nos interesa exponer brevemente el municipio de Cuautla (Gobierno Municipal de Cuautla 2021-2024) de la Región Sierra Amula y el municipio de San Julián de la Región Altos Sur (Gobierno Municipal de San Julián, 2021-2024).

Como se reconoce en el Plan Municipal de Cuautla tiene un grado de intensidad migratoria muy alto, señala que, en el cálculo previo en el 2000, el porcentaje de hogares que recibieron remesas fue de 41.11 por ciento con emigrantes en Estados Unidos, se reconoce una migración circular del 2.59 y 5,7 migrantes de retorno respectivamente (Gobierno Municipal de Cuautla, 2021-2024 p. 16). También es importante mencionar que la información reportada en este Plan Municipal sobre pobreza es de 34.9 por ciento de acuerdo a CONEVAL 2015 y el 58 por ciento de la población es vulnerable por carencia social (ibidem), identificando como uno de los problemas principales el empleo formal (Gobierno Municipal de Cuautla, 2021-2024 p.63). Como se mencionaba con anterioridad es una población con bajos salarios, el 29 por ciento gana entre 1 y 2 smm y el 16 por ciento; más de 2 smm; las principales actividades productivas son: la agricultura, la ganadería, explotación forestal, comercial y la construcción; se señala que una actividad que se puede potenciar en Cuautla es el turismo, pero se reconoce los problemas de contaminación y la falta de infraestructura en los servicios de salud (Gobierno Municipal de Cuautla 2021-2024).

En San Julián en la Región Altos Sur, el grado de intensidad migratoria es alto, se reporta que para 2010, 2.74 migrantes circulares, y 8.25 migrantes de retorno, el 15.4 por ciento viviendas cuenta con remesas (Gobierno Municipal de San Julián, 2021-2024 p.21). Se menciona en el Plan Municipal que el 34.5 de la problación se encuentra en pobreza, y que la población vulnerable en carencia social es del 54.0 por ciento de acuerdo a CONEVAL, con un grado de marginación muy bajo, tiene 3 subsectores importantes como: industria alimentaria, la fabricación de industria de cuero y el autotransporte de carga. Se consideran como grupos vulnerables los migrantes, en la Estrategia Transversal de "Igualdad Equidad Género e Inclusión" (Gobierno Municipal de San Julián, 2021-2024). A diferencia del Plan Municipal de Cuautla, el Plan de San Julián tiene la estructura y metodología de diseño expuesta en el Plan Estatal, con visión 2030, con ejes de desarrollo, programas estratégicos, estrategias transversales. En ninguno se alude a programas de integración o reinserción de las personas en condición de retorno.

¿Qué implica para las poblaciones en condición de retorno o alguna condición de inmigración internacional arribar a esas regiones y municipios? Por un lado, la posibilidad de ocuparse en las actividades productivas desarrolladas o impulsadas desde las estrategias de desarrollo estatal y regional; teniendo en la región Altos Sur más opciones posibles en las ocupaciones al igual que mejores salarios. A diferencia de quienes arriben a la Región Sierra de Amula, con opciones reducidas, y menos salario a cambio del trabajo realizado.

Las condiciones regionales, a las que se adhiere la falta de visiones más amplias e integrales, reflejadas con políticas públicas, programas y proyectos enfocados solo en aspectos productivos y económicos; obviando u olvidando aspectos que resultan claves en los municipios, como lo es el asunto migratorio, presente en la realidad, ausente en el diseño de acciones para su comprensión, atención y aprovechamiento. Lo que puede significar ante una falta de condiciones de desarrollo, o bien las que sean predominantes, sumadas a la ausencia de políticas que faciliten la (re) integración social y productiva del migrante, en cualquiera de las condiciones que observe, serán las estrategias personales y redes sociales, lo que apoyará o no su (re) integración.

La heterogeneidad del migrante de retorno es amplia, más allá de las motivaciones de regresar, está también su condición de género, edad, contexto rural o urbano del que viene o al que arriba, perfil social, habilidades, visión de la vida.

Woo (2017) destaca la importancia de considerar que la experiencia de retornar es diferente para cada persona, "algunos acumularon recursos (financieros, humanos, sociales), mantuvieron las redes sociales y familiares en su lugar de origen, en cambio otros, no pudieron acumular recursos y por diversas razones, se distanciaron de sus relaciones familiares y sociales" (Woo, 2017, p. 171); a esas condiciones personales y/ o familiares, se agregan las dificultades y retos que enfrentan al incorporarse a los mercados laborales, sistemas educativos, servicios de salud, burocracia administrativa en sistemas del gobierno, como se ha encontrado en otros contextos, en otras localidades y estados como lo demuestra Rivera (2011), García y Gaspar (2019) y Martínez (2019), Martínez y Morán (2021).

Al revisar las condiciones del desarrollo local y regional de los contextos de arribo, se vislumbra escenarios complejos para la integración social y económica. Si bien, existen estrategias gubernamentales en las distintas regiones, éstas no han contribuido al desarrollo en formas articulada, y mucho menos pensando en la integración de personas en condición de retorno. No obstante, a nivel local existen actores capaces de configurar procesos productivos y de gestión que dinamicen o puedan impulsar en contextos regionales y locales, como es la población que ha retornado y regresa con diversos capitales, no solo económicos, que permitan generar una cohesión social con la comunidad que les recibe, reconociendo las capacidades, habilidades y recursos de la población local y regional para que puedan avanzar en el proceso de (re)integración y participación en modelos de desarrollo de acuerdo a las necesidades y participación desde la población[19].

REFLEXIONES FINALES: ENTRE AGENDAS Y ACCIONES PENDIENTES

Cabe señalar que existe un tema pendiente en la agenda internacional, nacional y en la academia; es la participación de migrantes de retorno en el desarrollo. Si bien pareciera que el trabajador temporal y/o la circulación de cerebros podrían tener alguna relación con la migración de retorno, no necesariamente responde al migrante retornado "contemporáneo" al que hace referencia Rivera (2011).

En México existe un avance significativo, pero no suficiente en el reconocimiento de los derechos de los migrantes en sus diversas categorías, en el caso del migrante de retorno[20].

---

19 Serna, 2008; Gerritsen, Rosales, Moreno y Martínez, 2011; Lozano, Méndez y González, 2018; Gutiérrez, Wilhelmus y Chávez, 2022.

20 En el Diario Oficial de la Federación publicado el 01/07/2021, hace referencia al "Acuerdo por el que se establece la Estrategia Interinstitucional de Atención Integral a Familias Mexicanas Repatriadas y en Retorno, "como parte de la política migratoria y compromisos asumidos en el Pacto Mundial para una Migración Ordenada, Segura y Regular" (página 2). Señala que en el artículo 2 de la Ley de Migración se deberá, "facilitar el retorno…y la reinserción social…a través de programas institucionales y reforzar vínculos en comunidades… en provecho del bienestar familiar y del desarrollo regional y nacional…" especificando quién se considera población objetivo y el ciclo de retorno (página 2) en el que se hace una diferencia entre repatriados y retornados voluntariamente y explicando qué se entiende por ciclo

Podríamos decir que existe un avance en cuanto a norma y enuncia programas de atención que en ocasiones son coyunturales como lo señala la OIM (2024), pero no existe una política integral como parte de un programa de desarrollo, por lo que podríamos adelantar un poco que esta situación se replica en las entidades federativas como expusimos en el caso de Jalisco.

Las personas en condición migrante y sus familias al retornar a algún lugar de Jalisco, se enfrentan con el reto de visibilizarse ante las políticas de desarrollo. En la propuesta del Desarrollo para el Estado de Jalisco en el periodo 2015-2025; en el Plan estatal de gobernanza y desarrollo de Jalisco 2018-2024 en la versión actualizada "visión 2030", así como en los planes regionales y municipales, no se presentan programas o incentivos que faciliten la (re) integración social y económica de las personas en condición migrante en Jalisco como parte de un programa de desarrollo. Se reconoce su presencia, pero no su aporte en términos sociales, culturales y económicos, más allá de indicadores de población en migración y de remesas en los planes municipales. Comprender el papel que tienen los migrantes en condición de retorno en los desarrollos regionales y locales de Jalisco implicará acercamientos dirigidos a entender sus perfiles y condiciones sociales como en el caso de la región Altos Sur, Martínez y Moran encontraron que en el quinquenio de 2010 y 2015 "hay un decrecimiento en los retornos tanto de hombres como de mujeres de 45 y 59 años y un aumento en los hombres de 60 a 74 años que va por encima de la media estatal" (Martínez y Morán, 2021 p.157), tendencia muy similar en la

---

de retorno. Esta política migratoria se difunde a través del portal de la Unidad de Política Migratoria, Registro e Identidad de Personas a través del Programa "¡Bienvenidas a casa! Personas migrantes repatriadas y retornadas", en el que se presentan "servicios y programas sociales" relacionadas con diferentes rubros: Identidad, Salud, Educación, Trabajo e Inclusión Financiera. Se remite a la página que menciona los servicios e instituciones que atenderán estos servicios y programas.

región Sierra Amula, en el aumento de población mayor de 60 años en el retorno. Lo anterior, plantea un reto de política pública para atender a esta población con servicios de bienestar, como salud, vivienda, acceso a empleos que le permitan seguir productivos y/o activos en actividades que puedan aportar con su experiencia migratoria en su proceso de (re) integración a la localidad y/o comunidad en un proyecto de desarrollo para la misma. Sin duda, otro aporte significativo por Martínez y Morán (2021) son las recomendaciones en relación a salud psicológica, empleo, apoyo a retornados mayores de 70 años que dan cuenta de la diversidad de población que recibe Jalisco y de ahí los diversos retos que enfrenta en políticas públicas. (2021: pp. 181-182), por su parte Durand y Schiavón (2021), además de considerar las recomendaciones anteriores destacan la migración de retorno por deportaciones y la posibilidad de su aumento en relación a los retornos voluntarios; se recomienda centros de atención, así como la generación de empleos en que se aprovechen las habilidades y conocimientos adquiridos en Estados Unidos, atender la necesidades y acceso para niños y jóvenes se incorporen al sistema escolar (2021: pp. 340-342). De tal manera que se pueda entender de manera situada las acciones de la política pública que el Estado dirige o le falta enfocar para los diferentes perfiles de migrantes retornados y diversas movilidades humanas que se observan en la entidad.

Lo expuesto pretende poner el acento en que el retorno tiene impactos e implicaciones diferenciadas según lo contextos de arribo de las personas en condición de retorno. Particularmente en aquellos contextos con mayores retos para el desarrollo local y con arribo intenso de personas en alguna condición de movilidad, requerirán una atención particular con el diseño de políticas públicas, con programas que atiendan las necesidades de la población migrante considerando la heterogeneidad de la misma y las comunidades receptoras en conjunto.

La implementación de ventanillas de atención a poblaciones migrantes en algunos gobiernos municipales, podría ser un esfuerzo inicial para identificar las necesidades y retos que están enfrentando las personas que retornan, así como sus familiares. Soportados en estructuras administrativas y de organización con recursos y fondos económicos para ejecutar acciones de atención e impulso al desarrollo de las personas y sus grupos sociales.

Acompañar y fortalecer los esfuerzos de gestión individual y/o en grupo que logran hacer las personas en condición de retorno, ya que muchos construyen sus propias alternativas de inserción social y productiva, ante la ausencia de políticas públicas claras que atiendan su condición de movilidad.

Será un reto para los gobiernos estatales y municipales construir políticas públicas multinivel que deriven en apoyos integrales a las personas que se (re) insertan y (re) integran, inercias que conduzcan a la fundamentación de políticas públicas con perspectivas de derechos en la movilidad humana.

Referencias

Arias, P. (2021). Introducción: Diversificación, especialización y espacialización en Patricia Arias y Katia Magdalena Lozano Uvario (Coords.). *De la Agricultura a la Especialización. Debates y caso de estudio en* México. Guadalajara, México: Universidad de Guadalajara.

Arroyo J y García R. (2000). Remesas y crecimiento económico regional: propuestas para la formulación de políticas públicas. Ciudad de México: CONAPO.

Bifani, P. (2007). *El desarrollo sustentable.* Medio Ambiente y Desarrollo 2da edición. Guadalajara, México: Universidad de Guadalajara.

Canales A. (2006). Remesas y desarrollo en México. Una visión crítica desde la macroeconomía. *Papeles de Población,* 12(50), pp. 171-196. Recuperado de *https://n9.cl/7otto*

Canales, A. y Meza, S. (2019). El retorno en la migración México-Estados Unidos. Volúmenes, tendencias y perfiles, en María Dolores París Pombo, Alfredo Hualde Alfaro y Ofelia Woo Morales (Coords.), *Experiencias de retorno de migrantes mexicanos en contextos urbanos, pp. 87-120.* Tijuana, México.: El Colegio de la Frontera Norte.

Canales A. Gutiérrez E. y Vargas P. (2019). La vulnerabilidad sociodemográfica, en *Jalisco a Futuro, 2018-2030, Vol 1*, pp. 460-512. Guadalajara, México: Centro de Estudios Estratégicos para el desarrollo, Universidad de Guadalajara.

Canterbury, D. (2010). "Repensando el debate sobre migración y desarrollo bajo el capitalismo neoliberal". *Migración y Desarrollo*, 8(15), pp. 5-48.

Castles S. y Delgado Wise, R. (2007). Introducción. Migración y desarrollo: perspectivas desde el sur, en Stephen Castles y Delgado Wise (Coords.) *Migración y desarrollo: perspectivas desde el sur.* México, D.F.: UAZ, SEGOB, INM, CONAPO, Miguel Ángel Porrúa, pp. 5-20.

Cordera, R. (2014). El desarrollo ayer y hoy: idea y utopía. *Ensayo basado en la Conferencia magistral realizada en la Comisión Económica para América Latina y el Caribe.* Santiago de Chile: CEPAL, Trigésimo Tercera Cátedra Raúl Prebisch, pp. 7-21.Recuperado de *https://n9.cl/m82wh*

Delgadillo, J. Torres, F. Gasca, J. (2001). *El desarrollo regional de México en el vértice de dos milenios.* México, D.F.: Universidad Nacional Autónoma de México. Instituto de Investigaciones Económicas.

Delgado, R., Márquez, H. (2012). *Desarrollo Desigual y Migración Forzada. Una Mirada desde el Sur Global.* México, D.F.: UAZ, UNESCO, Miguel Ángel Porrúa.

Durand J. y Shiavón, J. (2021). Conclusiones y recomendaciones de política pública. En Jorge Durán y Jorge Shiavón (Eds.), *Jalisco Tierra de Migrantes.* Ciudad de México, pp. 332-350. Guadalajara, México: Cátedra Jorge Durán, CIDE, Konrad Adenauer Siftung, Gobierno de Jalisco.

Comisión Nacional de los Derechos Humanos y El Colegio de la Frontera Norte (2019). *Informe Especial: Políticas multinivel para el retorno y la (re)inserción de migrantes mexicanos y sus familias.* Tijuana, México: Colef/CNDH. Recuperado de *https://acortar.link/6NkM0J*

Ferraro C. y Rojo S (2018). *Políticas de Desarrollo Productivo en el Estado de Jalisco, México. Lima, Perú: OIT / Oficina Regional para América Latina y el Caribe.*

Gandini, L., Lozano, F. y Gaspar, S. (2015). El retorno en el nuevo escenario de la migración entre México y Estados Unidos. Ciudad de México: Consejo Nacional de Población. Recuperado de *https://n9.cl/vya2l*

García, R. y Gaspar, S. (2019). Legislación, deportación y retorno, 1986-2016. En María Dolores París Pombo, Alfredo Hualde Alfaro y Ofelia Woo Morales (Coords.) *Experiencias de retorno de migrantes mexicanos en contextos urbanos, pp. 53-86.* Tijuana, México: El Colegio de la Frontera Norte.

Gerritsen, P., Rosales, J. Moreno, A. y Martínez, L. (2011). Agave azul y el desarrollo sustentable en la cuenca baja del río Ayuquila, Costa Sur de Jalisco (1994-2004). Región y sociedad, 23(51), pp. 161-192.

Giorguli, S. y Bautista, A. (2022). *Derechos fragmentados. Acceso a derechos sociales y migración de retorno a México.* Ciudad de México: El Colegio de México. Recuperado de *https://n9.cl/ol7w4*

Gobierno de Jalisco (2018-2024). Plan estatal de gobernanza y desarrollo de Jalisco 2018-2024 en la versión actualizada "visión 2030. Recuperado de *https://n9.cl/ivo5pc*

Gobierno de Jalisco (2023). Regiones de Jalisco. Recuperado de *https://www.jalisco.gob.mx/es/jalisco/regiones*

Gobierno de Jalisco (2023a). Plan de Desarrollo de la Región Altos Sur. Recuperado de *https://n9.cl/za2ysr*

Gobierno de Jalisco (2023b). Plan de Desarrollo de la Región Sierra de Amula, Recuperado de *https://n9.cl/0q1gi8*

Gobierno Municipal Cuautla (2021-2024). Plan Municipal de Desarrollo y Gobernanza de Cuautla Jalisco 2021-2024, Recuperado de *https://n9.cl/40otk*

Gobierno Municipal de San Julián (2021-2025). Plan Municipal de San Julián 2021-2025, Recuperado de *https://n9.cl/908eu*

Gutiérrez M., Wilhelmus P. y Chávez R. (2022). Gobernanza turística y desarrollo regional en la Costa Sur de Jalisco, México. *Turismo y Patrimonio Cultural,* 20(3) pp. 699-714. Recuperado de *https://n9.cl/j42qx*

INEGI (2023). Censo de Población y Vivienda, 2020. Base de Microdatos, *https://www.inegi.org.mx/siscon/*

Lara, J. (2020). Contradicciones y paradojas del modelo de gestión urbana en el área metropolitana de Guadalajara Jalisco, México. *Cadernos Metrópole* 22(47) pp. 41-60, Recuperado de *https://n9.cl/t3gzf*

Lozano K, Méndez P,y González L. (2018). La economía naranja en el espacio rural: análisis desde el desarrollo local en la Región de las Vías Verdes de los Valles Jalisco. *Revista Iberoamericana de Viticultura, Agroindustria y Ruralidad,* 5(14) pp. 88-105, Recuperado de *https://n9.cl/ur3zm*

Madera, J. Guzmán, N. Garrafa, O y Salas, H. (2017). Presentación. México rural ante los retos del siglo XXI. En Jesús Antonio Madera Pacheco, Nohora Beatriz Guzmán Ramírez, Olivia María Garrafa Torres y Hernán Salas Quintanal, *México rural ante los retos del siglo XXI, Tomo I Estrategias e identidades productivas campesinas,* pp. 1-5. Ciudad de México: Asociación Mexicana de Estudios Rurales, A.C. Instituto de Investigaciones Sociales de la UNAM, Universidad Autónoma de Nayarit, Universidad Autónoma Chapingo, Universidad Autónoma Metropolitana.

Márquez, H. (2010 a). Desarrollo y migración: una lectura desde la economía política crítica. *Migración y Desarrollo,* núm. 14, 2010, pp. 59-87, Recuperado de *https://n9.cl/mhiob*

Márquez, H. (2010 b). Responsabilizar a los migrantes del desarrollo: lecciones del laboratorio social zacatecano. *Economía, Sociedad y Territorio,* 10(32), pp.99-141. Recuperado de *https://n9.cl/9pqx5*

Martínez, E. y Moran L. R. (2021). Retornados en las regiones de Jalisco. En Jorge Durán y Jorge Shiavón (Eds), *Jalisco Tierra de Migrantes,* pp.140-187. Guadalajara, México: Cátedra Jorge Durán, CIDE, Konrad Adenauer Siftung, Gobierno de Jalisco.

Martínez, S. (2019). "Mojado en mi propia tierra": Integración y exclusión de personas migrantes de retorno en dos contextos de recepción; San Gabriel y Guadalajara (Jalisco)." Tesis Doctorado en Ciencias Sociales, Centro de Investigaciones y Estudios Superiores.

Organización Internacional de las Migracions (2024). El retorno y la reintegración. Ginebra: OIM Recuperado de *https://www.iom.int/es/el-retorno-y-la-reintegracion*

Papail J. (2002). De asalariado a empresario: la reinserción laboral de los migrantes internacionales en la región centro occidente de México. Revista Migraciones Internacionales, 1(3) pp. 79–102. *https://doi.org/10.17428/rmi.v1i3.1284*

París, M. Hualde, A. Woo, O. (2019). Debates teóricos: retorno y (re) inserción social de los migrantes y sus familias en México. En María Dolores París Pombo, Alfredo Hualde Alfaro, Ofelia Woo Morales (Coords.) *Experiencias de retorno de migrantes mexicanos en contextos urbanos,* pp. 23-52. Tijuana, México: El Colegio de la Frontera Norte.

Pécod, A. (2015). "Remesas desde la perspectiva de los organismos internacionales: construcción de un desafío y elaboración de una agenda política internacional" Revista *Migración y Desarrollo* No. 25, 2015, pp 33-59 recuperado *https://www.redalyc.org/articulo.oa?id=66046497002*

Rivera, L. (2011). ¿Quiénes son los retornados? Apuntes sobre el migrante retornado en el México contemporáneo. En Vela Feldman-Bianco, Liliana Rivera Sánchez, Carolina Stefoni, Carolina y Marta Inés Villa Martínez, Marta Inés (Comps), *La construcción social del sujeto migrante en América Latina: prácticas, representaciones y categorías,* pp.309-338. Quito, Ecuador: CLACSO y Universidad Alberto Hurtado.

Ruiz, C. (2000). Esquema de regionalización y desarrollo local en Jalisco, México: el paradigma de una descentralización fundamentada en el fortalecimiento productivo. Proyecto CEPAL/GTZ de Desarrollo Económico Local y Descentralización de la División de Desarrollo Económico. Santiago de Chile: CEPAL.

Sánchez, M.T., Casado, J.M. y Bocco, G. (2013). La política de ordenamiento territorial en México: Reflexiones sobre sus avances y retos a futuro. En María Teresa Sánchez Salazar, Gerardo Bocco Verdinelli, José María Casado Izquierdo (Coords.), *La Política de Ordenamiento Territorial en* México: De la *Teoría a la Práctica,* pp.19-44. Ciudad de México: Instituto Nacional de Ecología.

Secretaría de Gobernación (2022). Diagnóstico de la Movilidad Humana en Jalisco. Recuperado de *https://n9.cl/1b9qd*

Serna, T. (2008). Migración y selectividad. Estudio comparativo de dos zonas metropolitanas de gran atracción migratoria: Puerto Vallarta y Tijuana. Tesis de maestría en estudios de población, FLACSO, México.

Terán D., Giorguli S. y Sánchez, L. (2015). Reconfiguración de la geografía del retorno de Estados Unidos a México, 2000-2010: un reto para las políticas públicas. La situación demográfi ca de México 2015. Ciudad de Mexico: CONAPO, pp.285-304. Recuperado de *https://n9.cl/bl32v*

Woo, G. (2010). Las políticas de regionalización: una visión retrospectiva. En Víctor Manuel González Romero, Carlos Eduardo Anguiano Gómez, Humberto Gutiérrez Pulido (Coords.), *Dos Décadas en el Desarrollo de Jalisco 1990-2010,* pp. 361-380. Guadalajara, México: Gobierno de Jalisco.

Woo, O. (2017). La vulnerabilidad de la población migrante de retorno en la zona metropolitana de Guadalajara. En Olga Aikin y Adriana González (Coords.), *Procesos Migratorios en Occidente de México,* pp. 171-202. Guadalajara, México: ITESO.

Migración, reproducción social y "retorno": trabajadores no-libres antes, durante y más allá de la pandemia del COVID-19

J. ANTONIO MORFIN LIÑAN

INTRODUCCIÓN

Los trabajadores migrantes en Estados Unidos han adquirido una condición de excepcionalidad que facilita su articulación intermitente al trabajo precario y flexible. No obstante, esta articulación los excluye de la protección del Estado (incluida la atención a la salud) y los coloca en una situación de desechabiliadad provocada por la posibilidad, siempre latente, de su deportación. Recientemente ante la contingencia sanitaria provocada por la pandemia del COVID-19 ha sido evidenciada la esencialidad de su trabajo para el mantenimiento de las sociedades en su conjunto, dado que se encargan de actividades tan elementales como la producción, procesamiento y reparto de alimentos y servicios de mantenimiento, limpieza y cuidados, sólo entre las más visibles e inmediatas tareas requeridas para el funcionamiento del día a día principalmente en las ciudades y otros centros urbanos en los que la autosubsistencia (alimentaria y de servicios) no es viable sin la llegada de mano de obra de otras latitudes. No obstante, esta dependencia del trabajo de los migrantes en el mundo, poco se ha reflexionado sobre el estatuto epistemológico de su articulación laboral y la reproducción social de estos trabajadores y si esta especificidad al "encontrarse con el capital" es una anomalía o una *nueva* forma de una vieja relación (capital-trabajo). En este artículo reflexiono sobre la condición de esencialidad del trabajo de los migrantes, el estatuto epistemológico de su relación con el capital en tanto trabajadores no-libres, la reproducción social y el "retorno" como un eufemismo de su desechabilidad. Finalmente, reflexiono sobre la necesidad (teórica y política) de situar las luchas de los trabajadores migrantes como una lucha por derechos que deriven de su condición de trabajadores y no de su estatus migratorio o condición de ciudadanía.

La pandemia del COVID-19 nos ofreció la oportunidad de contrastar hipótesis de trabajo sobre la precariedad laboral de los migrantes en Estados Unidos, la negación de la protección del Estado por su condición de trabajadores "indocumentados" y su exclusión de la atención a la salud, no obstante que se les considera "esenciales" para la economía y la sociedad. Las condiciones en las que viven los trabajadores migrantes hacen imposible el distanciamiento social o el confinamiento, su necesidad de trabajar -la mayoría en la informalidad por su condición de indocumentados- los expuso a un mayor riesgo de contagio de la enfermedad. La constatación de la desechabilidad de los trabajadores indocumentados se hace palpable considerando que los que fallecieron por el virus, un gran número en sus casas, no tuvieron acceso a los respiradores artificiales en los hospitales, al carecer de la atención a la salud que garantiza el estado, a sus ciudadanos. Estos trabajadores estuvieron activos en los servicios, la agricultura y el procesamiento de alimentos hasta enfermar y morir en el país vecino. Los restos de algunos fueron repatriados mediante procedimientos consulares y ceremonias de reconocimiento (*post mortem*) en las que se ha puesto el acento en su vulnerabilidad ante la pandemia y la importancia de su trabajo para la sociedad. Habrá que analizar a detalle los datos durante la pandemia respecto a los contagios y muertes de los trabajadores, su origen y estatus migratorio. Espero contribuir con este trabajo abriendo una discusión académica, pero también política —necesaria y urgente— sobre el estatus y desechabilidad de los trabajadores que producen valor en sociedades y países que no les reconocen sus derechos políticos, sociales y, en el extremo, humanos.

HEGEMONÍA, CIUDADANÍA SELECTIVA Y TRABAJADORES NO-LIBRES

De entrada, hablar de ciudadanía selectiva parece reiterativo, la ciudadanía nunca ha sido para todos. Para los griegos *la polis* (de donde viene el término ciudad y ciudadano) era el centro neurálgico de la vida política y *ciudadano* era "el que tiene derecho de participar en el poder deliberativo o judicial de la ciudad" (Aristóteles, 2000, p. 68). Esta participación política la ejercían los hombres libres, aquellos varones propietarios que no eran esclavos de sus pasiones o de la reproducción de su unidad doméstica (*oikos*) y que habían sido liberados de esas cargas porque existían esclavos que les pertenecían y que realizaban las labores reproductivas materiales de la sociedad. Ser esclavo u hombre libre era una condición por naturaleza, es decir, dependía de donde se naciera geográfica y socialmente. Sin embargo, existían esclavos en cuerpos de hombres libres y viceversa (Aristóteles, 2000). Las formas de gobierno se correspondían al número de personas que tomaba las decisiones y a la orientación en el ejercicio del poder, siendo la *demokratía-isonomía* la que prevaleció en ese periodo: las decisiones relevantes para la colectividad las tomaban todos los ciudadanos atenienses en asamblea y la repartición de los cargos y magistraturas era por sorteo. Existían formas de gobierno buenas, cuando el poder se ejercía en beneficio del bien común y formas perversas cuando este poder se ejercía en beneficio de un individuo o una facción. En general el pensamiento político en la Grecia antigua floreció en época de "decadencia política" (400-300 a.c.) provocada por lo que algunos han denominado la *mercantilización de la polis*: "...la transformación de la ciudad -la *polis*- del lugar de ejercicio de los derechos políticos de ciudadanía, de reconocimiento colectivo de una pertenencia política común, a lugar caracterizado preferentemente por la economía y el intercambio". No habiendo surgido aún el concepto de soberanía y Estado en este periodo, sólo podemos hablar de formas de gobierno como "sistema de organización y control" (Fioravanti, 2001, pp. 15-17), no obstante que el pensamiento político contemporáneo nos llama a pensar en la democracia ateniense como una forma de ejercicio de la soberanía del pueblo en el Estado griego.

Siguiendo la historia de las formas políticas de organización de la vida pública, ya en la revolución francesa (1789), heredera de la Ilustración, se establecía en la *Declaración de los derechos del hombre y del ciudadano* la primacía de la condición de ciudadanía en el ejercicio de derechos políticos inalienables: *la libertad, la propiedad, la seguridad y la resistencia a la opresión*; pero, apuntalada con un "escalonamiento complejo de los derechos políticos de acuerdo con las tarifas fiscales, que restablecen el arbitraje de la riqueza" (Bergeron, 1982, p. 34). No obstante, y a pesar de que la ciudadanía y los derechos de representación política nunca han sido para todos, en el siglo XIX se fijó el consenso liberal-contractual y se estableció así el proyecto de las clases dominantes como un proceso hegemónico que establecía la necesidad de liberar a mujeres y hombres de los "esclavizantes" medios de (re)producción de sus vidas; se cercaron sus tierras y se les obligó a vender "libremente" el único medio de producción que poseían para subsistir, transformado en mercancía: su fuerza de trabajo.

La democracia liberal-contractual moderna, como la forma que tienen los *ciudadanos* de participar en la política, elegir a sus representantes y ejercer la soberanía del pueblo, había sido el cemento social que unía a los diferentes (capitalistas y trabajadores) en los Estados Nacionales. Este "consenso" se mantuvo desde finales del siglo XIX y hasta el último cuarto del XX. Con el surgimiento del neoliberalismo y la aplicación de una serie de políticas económicas tendientes a desregular los mercados se dañó el "espíritu" de la democracia liberal y se legitimó la explotación capitalista sin ciudadanía, sin que el Estado se hiciera cargo de los damnificados del proceso.

Lo que mantenía unidos a los trabajadores y sus empleadores en la sociedad, a pesar de la explotación, era su igualdad jurídica ante el Estado como vendedores y compradores de fuerza de trabajo. Los Estados habían regulado los antagonismos de clase, inherentes a la forma de producción específicamente capitalista y dotaban a los trabajadores de una estructura de protección jurídica y política que les permitía negociar con sus empleadores los términos del uso de su fuerza de trabajo. Los trabajadores eran, antes que productores de valor, ciudadanos con derechos y garantías fundamentales que debían ser respetadas. La organización de los trabajadores cristalizó en los sindicatos como formas de organización política y de lucha gremial organizada que atenuaba el antagonismo que florecía automáticamente en el capitalismo como una lucha de facciones por el poder de los medios de producción y el control del Estado. Esto no significaba que el Estado no fuera un Estado de clase, o que se velará por los intereses de los trabajadores antes que por las ganancias de los capitalistas; simplemente se regulaba la lucha de clases y se le ponían límites sustentables al deseo siempre incrementado de extracción del máximo de plusvalor de la masa de los trabajadores.

> ...el neoliberalismo ha modificado el nexo social entre los individuos en modalidades que suelen ser descritas con conceptos tales como capital humano, deuda y riesgo, la propia ciudadanía ha atravesado profundas transformaciones. Desde este punto de vista, la migración constituye un lugar fundamental de investigación. El concepto de inclusión diferencial intenta captar el sentido de la crisis de la figura unitaria del ciudadano y la correspondiente producción de múltiples condiciones de "ciudadanía parcial" o "semi-ciudadanía". (Mezzadra y Nielson, 2017, p. 288)

En los albores del siglo XXI, a pesar de que la ideología liberal democrática (multicultural) capitalista sigue siendo dominante, observamos un desplazamiento hacia la legitimación de la exclusión de ciudadanía en el caso de los migrantes que, no obstante que participan de la vida económica en los países de destino, no participan de la vida política institucional. El extranjero que desde *La Grecia Antigua* había representado un peligro para la *polis* y que con las revoluciones liberales había adquirido un estatuto menos amenazante, vuelve como figura terrorífica poniendo en entredicho la seguridad nacional y la integridad de las ciudades que se ven asediadas por la "invasión" de migrantes. No obstante, la cara perversa de este proceso consiste en la articulación de estas masas de trabajadores, que cruzan las fronteras subrepticiamente, a la producción de valor y ganancias para sus empleadores gracias a su condición de indocumentados.

> La descalificación de los migrantes ilegalizados [por procesos legislativos] de su capacidad para autodeterminación implica, además, que son incompetentes para el autogobierno y la ciudadanía democrática. Este encuadre reduce efectivamente la explotación de las migraciones "ilegales" a poco más que una verificación de su explotabilidad: su subyugación simplemente parece demostrar su servilismo esencial. Esto transpone la política de la ciudadanía y las desigualdades de la inmigración en una política esencialista de la "diferencia" que parece surgir de la "extranjería" de los migrantes". (De Génova, 2018, p. 33)

Los migrantes sin ciudadanía, articulados al trabajo y la producción de valor son diferentes, en "esencia", a los ciudadanos con quienes el Estado sí tiene una responsabilidad social y política. Son muchas veces excluidos de la seguridad social, la atención a la salud y la protección del Estado en general, pero las ganancias que producen a sus empleadores son útiles para la reestructuración económica de las sociedades que les niegan su existencia política y la protección de sus derechos fundamentales.

> La política desigual de ciudadanía, la cual está institucionalizada en la ley de inmigración, produce la "ilegalidad" en una deficiencia casi inherente a los migrantes. Este desplazamiento

> de las desigualdades jurídicas e injusticias fronterizas hacia los mismos migrantes ilegalizados -incluyendo los discursos paternalistas que presentan a los migrantes como "víctimas" puramente pasivas- inevitablemente contribuye a la racialización de los migrantes". (De Génova, 2018, p. 33)

Esta victimización, racialización e ilegalización de los inmigrantes que cruzan la frontera subrepticiamente niega a *priori* su acceso a la ciudadanía, así como permite su extrema *explotabilidad* ante procesos de recesión o crisis económica en los países en los que se insertan a trabajar en tanto mano de obra ilegalizada pero funcional a la producción de plusvalor, incluso esencial, en momentos de contingencia sanitaria como ocurrió durante la pandemia del COVID-19. Con la declaratoria de contingencia sanitaria y las restricciones de movilidad establecidas por los gobiernos en el mundo, fue necesario que se (sobre) activara la fuerza de trabajo que mantiene los servicios y la provisión de alimentos de la sociedad mientras los ciudadanos y trabajadores formales pueden parar y mantenerse en sus casas. Los trabajadores más expuestos al contagio de la enfermedad fueron los no-ciudadanos, inmigrantes en su mayoría indocumentados, que se emplean en los servicios, los cuidados, la agricultura, el cultivo, procesamiento y reparto de alimentos y demás enseres que hicieron posible el confinamiento social.

Algunos han denominado a estos inmigrantes sin ciudadanía "trabajadores no-libres" (Boutang, 2006; Binford, 2019) porque no tienen la libertad garantista de sus derechos consagrados en la constitución del país en el que se insertan y porque no pueden decidir a quién vender libremente su capacidad para el trabajo. Parafraseando a Hannah Arendt en *Los orígenes del totalitarismo,* ocurre hoy con los migrantes lo mismo que con los judíos en el exilio, no tienen derecho a tener derechos (Arendt, 1998). No obstante, estos análisis de los trabajadores no-libres no ahondan epistemológicamente en la forma de articulación al trabajo de los migrantes en las sociedades que les niegan sus derechos políticos y sociales. Retomando a Tom Brass (1994),

Jenifer Smith (2014) habla del trabajo no-libre (*unfree*) para referirse a la manera en que poblaciones desempleadas migran a los centros urbanos para acercarse al trabajo, aunque no siempre lo consiguen. Brass (1994) se refiere a esta condición como la incapacidad de los trabajadores para mercantilizar su fuerza de trabajo de forma estable o continua. Esta dificultad para mercantilizar su fuerza de trabajo y ante la incapacidad de persistir en sociedades con alto costos de vida (cuidados y reproducción social) y bajos salarios, desemboca en el "retorno" o deportación de estos trabajadores a sus localidades de origen.

Hagamos un alto aquí para establecer epistemológicamente las cualidades de articulación en el capitalismo contemporáneo del trabajo no-libre y cuáles serían sus potencialidades explicativas para dar cuenta de los fenómenos migratorios en el contexto de las nuevas formas de dominación sobre el trabajo. Para seguir con nuestro análisis desmenuzamos la categorización que hace Tom Brass a propósito de la coexistencia del trabajo no-libre (*unfree*) en el capitalismo contemporáneo. Diremos, primero que para hablar de trabajo no-libre debemos identificar qué estamos entendiendo por libertad respecto al trabajo en el capitalismo. Quien mejor ha sistematizado este análisis ha sido Karl Marx (2008) al plantear que en el desarrollo del capitalismo se ha necesitado liberar al trabajador de los medios de producción para su subsistencia y al mismo tiempo este trabajador "liberado" necesita tener la capacidad para poder comercializar la única mercancía que posee para subsistir y reproducirse: su fuerza de trabajo. Es decir, libre de los medios de producción y con la libertad de realizar en el mercado su mercancía fuerza de trabajo para la subsistencia y su reproducción (como clase trabajadora).

El proceso por el que este trabajador dependiente de la venta de su fuerza de trabajo para subsistir logra comercializarla ha sido identificado como proletarización (Marx, 2008; Brass, 1994; Smith, 2014) y aunque algunos lo identifican con el trabajo asalariado (Ricardo, 1981) y con un proceso de migración de entorno rurales a urbanos (Lefebvre, 1971; Althusser,

1970) algunos otros han problematizado este tránsito y han identificado un espectro de formas no-asalariadas (Brass, 1994; Smith, 2014;), no-formales, dependiente (Fraser, 2020; Federici, 2020) de venta de fuerza de trabajo y transferencia de plusvalor (Morfin, 2020); y estas formas como parte del motor de la historia: de la lucha de clases (Brass, 1994; Holloway, 1980; Marx, 2008). Derrotas de la clase trabajadora frente al capital que han desembocado en una serie de reformas neoliberales que han desmantelado el estado social y los derechos de los trabajadores (Harvey, 1998; Mezzadra y Nielson, 2017).

Aunque hay matices en sus planteamientos, en lo que todos estos análisis marxistas coinciden es en que es el trabajador el que produce valor en el uso de su fuerza de trabajo y que estamos, cada vez más, ante formas en las que este no puede realizar esta mercancía de forma continuada que requiere la reproducción social de la clase trabajadora. Son estas formas intermitentes, precarias y flexibles de trabajo la fuente de riqueza para unos pocos y de pobreza y miseria para la mayoría. Es decir, el capitalismo como forma social de producción de desigualdad, en detrimento de la clase trabajadora desborda sus límites de definición y mina sus formas de organización política.

Distintas etnografías han documentado cómo las clases trabajadoras "se encuentran" con el capital y se forman como clase (Tompson, 1979; Sider, 2006; Smith, 2018; Vázquez, 2010) con experiencias particulares de luchas y derrotas que las constituyen como clases trabajadoras en desventaja (Sassen, 2007), ilegalizadas (De Génova, 2018), desechables (Wright, 2006) y desproletarizadas (Brass, 1994; Smith, 2004). Estos distintos mecanismos no liberan a los trabajadores de las relaciones capitalistas de producción, sino por el contrario crean una dependencia continua y los coloca en una posición de desventaja que los obliga a aceptar condiciones tendencialmente en detrimento de sus condiciones de reproducción como clase. Así, por ejemplo, Tom Brass (1994, 2004) propone el concepto de desproletarización no como una involución hacia formas precapitalistas, rurales o campesinas -como la impronta reacción ha señalado-, sino como producto de la lucha de clases, de una pulsión siempre creciente a la extracción de ganancia de las clases capitalistas. Algo parecido a la función del ejército industrial de reserva que teorizó Marx en el capital para referirse a cómo la migración -en ese caso de trabajadores irlandeses a Estados Unidos- produce una presión a la baja en los salarios de los trabajadores en activo y un aumento en la intensidad de la explotación de los trabajadores en general.

Una variante contemporánea de estos procesos de desproletarización, en la que los trabajadores no consiguen mercantilizar de forma continua su fuerza de trabajo, podemos encontrarla entre los trabajadores que cruzan las fronteras subrepticiamente y que se insertan en formas precarias, flexibles e intermitentes de articulación al mercado de trabajo por debajo de las condiciones laborales de los trabajadores nativos y residentes. Una de las peculiaridades de esta fuerza de trabajo es la disminución al límite de sus condiciones de reproducción en las sociedades en que se insertan a trabajar (hacinamiento, pobreza alimentaria, carentes de seguridad social y atención a la salud) y la transferencia de la reproducción como clase a sus localidades de origen y familias que se encargan de los cuidados en general. Ha sido ampliamente documentado como la deslocalización de la producción y las reformas neoliberales en el campo mexicano volvieron inviables la producción agrícola y transformaron a localidades en especialistas en la exportación de jóvenes para el mercado de trabajo estadounidense (Binford, 2019; D´Aubeterre et al., 2014 y 2020).

Hasta aquí podemos redondear la discusión diciendo que en la reestructuración del capitalismo del siglo XXI, se ha logrado separar el acceso a la ciudadanía (y al mercado) de la articulación al trabajo. Existen trabajadores migrantes no-ciudadanos (ilegalizados) y no-libres (en tanto que no siempre consiguen mercantilizar su fuerza de trabajo de forma continua) que producen plusvalor para sus empleadores y que, paradójicamente durante situaciones de contingencia, su trabajo ha sido declarado esencial para el mantenimiento de la sociedad.

EL "MITO" DE LA DESECHABILIDAD DE LOS TRABAJADORES MIGRANTES

La tercerización puede ser vista como la característica más importante de nuestra época, pero no como se le ha enfocado hasta ahora: como incremento de la participación del sector servicios en el producto interno bruto (PIB) de las economías avanzadas. El cambio puede ser explorado en términos de tránsito en el régimen de acumulación fordista hacia el régimen de acumulación flexible (Harvey, 1998) y como una recomposición en las formas de producción, trabajo y de centralidad (organizativa y procesual) de un sector en la forma social de producción respecto de otros. En la sociedad capitalista contemporánea el sector manufacturero sigue teniendo una importancia determinante: somos una sociedad de consumidores de mercancías de corta duración (ordenadores en formas múltiples y compactas, electrodomésticos, ropa de temporada, etc.). No obstante, la forma de organización de la producción en el sector manufacturero está siendo ordenada en torno a la creciente industria de servicios a la producción, que implica la compra y subcontratación de insumos y servicios especializados.

Las lógicas de organización y competencia sectoriales han cambiado y se han vuelto más flexibles y polivalentes. La atomizada industria manufacturera, deslocalizada (en corredores maquiladores que reducen los *stocks* de producción *just in time*) emplea grandes masas de poblaciones de baja calificación y bajos salarios en los países del "tercer mundo" y contratan trabajadores especializados de altos salarios en las grandes ciudades del capitalismo avanzado que concentran la ingeniería industrial del siglo XXI. No obstante, para que esta reingeniería funcione en estas ciudades, se necesita emplear una masa creciente de trabajadores también de baja cualificación y bajos salarios en sectores terciarios y precarizados de la economía (Sassen, 2007). Es aquí donde se emplean la mayoría de los migrantes, incluyendo indocumentados, bajo regímenes de subcontratación y sin seguridad social y laboral, lo que permite su desechabilidad. En este mismo sentido, Melissa W. Wright ahonda en cómo se construye un instrumento de dominación capitalista contemporánea: "el mito de la trabajadora tercermundista desechable". Lo importante en la construcción de este mito no es que sea real (que sí lo es para muchas mujeres), sino su funcionalidad en la organización del trabajo y la vida, no sólo en las maquiladoras sino en todo el edificio del empleo flexible, disciplinado y precario. La forma de operación de este mito se da en la paradoja de presentar a las mujeres como desechables, pero disponibles siempre para el trabajo intensivo, en el que son buenas porque son disciplinadas y dedicadas al trabajo (Wright, 2006, pp. 1-44). Un razonamiento circular que encapsula circularmente la dominación. Esta forma de organizar el pensamiento ordena la realidad y establece una estructura de jerarquías en la articulación del trabajo en la dominación capitalista. No es un mito en el sentido "ficticio" de no constatación de su existencia, sino en el sentido axiomático de construcción de la urdimbre de la dominación hegemónica de los trabajadores como clase, es decir, es una narrativa que estructura la articulación al trabajo de mujeres y hombres en condiciones de precariedad y alta rentabilidad para sus empleadores. Este "mito" constituye a franjas, regiones y localidades completas como un ejército de reserva desechable y siempre disponible al empleo precario y flexible; pero sobre todo, dispuesto a asumir su desechabilidad como inmanente y producto de su fallido esfuerzo o derrota individual.

Melissa W. Wright (2006) habla del "mito de la mujer trabajadora desechable tercermundista" para referirse a una forma ideológicamente diseminada de articulación disciplinada y siempre disponible de las mujeres al trabajo intensivo, precario y flexible. Lo importante del trabajo de la autora es que nos permite, en el caso del trabajo de los migrantes, dar cuenta del mecanismo de vertebración de un "mito" al servicio del disciplinamiento y la articulación de los migrantes en la acumulación capitalista siempre disponibles (esforzados y trabajadores) y desechables. Los trabajadores migrantes están "dispuestos" a aceptar los precarios trabajos, a no tener un salario (sólo propinas), a tener una carga intensiva y excesiva de trabajo, a no tener seguridad social, vacaciones, ni protección del Estado, a no tener derechos civiles y políticos. Estos trabajadores son desechables porque la potencialidad de su deportación, la deportabilidad que De Génova (2018) conceptualizó como la "sustracción violenta" del Estado en el que viven y trabajan, los sitúa realmente en una indeterminación de su articulación al trabajo a largo plazo y pone en entredicho la mercantilización continua de su fuerza de trabajo. Transforma su trabajo en trabajo no-libre (Brass, 1994; Smith, 2014).

En la fase actual del capitalismo, en la que visiblemente se ha consolidado el régimen de acumulación flexible (Harvey, 1998), los migrantes indocumentados juegan un papel crucial en el mantenimiento de las ciudades sobre todo ante recesiones, crisis en la economía y contingencias sanitarias. El mercado laboral se ha valido del trabajo inmigrante para continuar la producción de valor y desarrollar las actividades esenciales para el funcionamiento de la economía de las ciudades en su conjunto. No obstante, los gobiernos otorgan protección y seguridad social discrecionalmente en función del estatus migratorio y utilizan la amenaza de la deportación como un elemento disciplinario y de negación de los servicios básicos que el Estado está obligado a brindar a sus trabajadores de acuerdo con las legislaciones laborales vigentes. Los trabajadores inmigrantes al no tener reconocimiento político directo del gobierno estadounidense no tienen formas de negociación abiertas y de lucha por sus derechos laborales y garantías individuales. No obstante, en la reciente contingencia sanitaria de la pandemia del virus del COVID-19 fueron declarados "trabajadores esenciales" y se les protegió momentáneamente de la deportación por medio de cartas temporales especiales para este fin y así garantizar la producción y provisión de alimentos, servicios y cuidados a los ciudadanos que tuvieron el privilegio del confinamiento.

TRABAJAR Y MORIR EN LA PANDEMIA DEL COVID-19

Dos migrantes mexicanos, Javier de 48 años y su hermano Martin de 39 murieron en la ciudad de Nueva York con un día de diferencia, ninguno de los dos estaba, aparentemente, en los grupos de riesgo que afectarían más severamente la pandemia, incluso como puede verse en una foto de Martin en una nota de El Universal[1],aparece en el puente George Washington, que atraviesa el río Hudson, en su bicicleta con la que paseaba los fines de semana en los alrededores de Nueva York, por lo que podemos intuir una forma de vida sana regulada por el ejercicio. Otra nota sobre los dos hermanos, pero de *The New York Times*[2] narra que Javier había conseguido la ciudadanía y murió en un hospital asistido por un respirador. Por su parte Martin, el más joven de los hermanos, con estatus migratorio de indocumentado (*unauthorized*), había fallecido en su departamento, que compartía con otros inmigrantes en esa misma condición y sus familias. Las notas no ofrecen más explicación ni hacen referencia a la forma de vida y trabajo de los hermanos en la ciudad de Nueva York, no obstante, mis referencias etnográficas me llevaron a pensar inmediatamente en los usuales arreglos de cohabitación de los inmigrantes mexicanos en aquella ciudad y las continuas alusiones a que evitan la atención a su salud y la protección del Estado por el temor a ser deportados (D'Aubeterre, 2014; Morfin, 2020). La

---

1 *https://www.eluniversal.com.mx/mundo/coronavirus-mueren-dos-mexicanos-en-nueva-york.*

2 *https://www.nytimes.com/es/2020/04/24/espanol/mundo/coronavirus-hermanos-nueva-york.html.*

deportabilidad como potencia de expulsión, los lleva a asumir los riesgos que implica no tener atención a la salud, ni formas de vida en las que pueda practicarse el sano distanciamiento social ante la pandemia. Convendría hacer un análisis estadístico, demográfico, de estatus legal, ciudadanía y país de origen de los que murieron durante la pandemia. Convendría analizar también los sectores en los que trabajaban, así como realizar un estudio cualitativo de sus condiciones de vida y trabajo.

¿Quiénes fueron sacrificados o sacrificables en la pandemia del coronavirus? Partimos de que el mundo como lo conocimos hasta comienzos del siglo XXI ya no era sustentable. Las cifras del calentamiento global y las crisis derivadas de la tendencia incremental en el consumo de hidrocarburos son quizá las consecuencias (ecológicas) más visibles del proceso; pero también en términos de organización social de la humanidad, pobreza, desigualdad incremental en la distribución de la riqueza, una caída en picada en el trabajo formal que permitía acceso a la seguridad social y protección a la salud de los trabajadores, aumento de la violencia contra las mujeres y niños, etc. etc. El mundo como lo conocíamos ya no era ni sustentable, ni sostenible y había iniciado la cuenta regresiva de su hecatombe. Colapsó por el lado más visible, el de una pandemia de dimensiones globales, pero en el proceso mostró su lado oculto ominoso y soterrado, pero no menos dramático, la vulnerabilidad de millones de seres humanos para los que las formas de organización social de la humanidad, llámeseles Estados, llámesen sociedades, llámese como quiera; no tienen un compromiso con la viabilidad de su vida, derivado de que no existe manera de garantizar la protección de su salud ante la pandemia y que continúen manteniendo a la sociedad, produciendo valor y ganancias para sus empleadores.

Hoy más que nunca se puede descubrir un proceso de "selección" de la vida que merece persistir y la que puede ser sacrificada, a la que se le puede negar el acceso a la seguridad social y la protección de la salud. Cuando el Estado Benefactor deja de regir la vida social, el "*estado de naturaleza*" nos muestra la vulnerabilidad de la vida en condiciones de desigualdad, el hobbesiano *homo homini lupus* enfrenta diferentes tipos de personas: depredadores con tecnologías de caza y presas desnudas en su *nuda vida*. En la crisis de la pandemia, los excluidos de la seguridad social, los sistemas nacionales de salud o seguros privados, pueden ser sacrificados; sin que su sacrificio implique una muerte que merezca la pena ser llorada: "Así pues, ser llorado es un presupuesto para toda vida que importe" (pp. 32). Como apunta Butler (2010) en *Marcos de guerra*, por medio de una operación selectiva de poder se selecciona diferencialmente a través de "marcos epistemológicos" qué se considera una vida que puede ser perdida y que su pérdida produce "duelo" (pp. 13-28).

> Los marcos que deciden realmente qué vidas serán reconocibles como vidas y que otras no lo serán deben circular a fin de establecer su hegemonía. [...] Cuando se vienen abajo estos marcos que gobiernan la reconocibilidad relativa y diferencial de las vidas -como parte del mecanismo mismo de su circulación-, resulta posible aprehender algo sobre lo que –o sobre quien- está viviendo, aunque por regla general no sea "reconocido" como una vida. (Butler, 2010 pp. 28)

La mayoría de este "excedente" de vidas precarizadas que puede ser sacrificado (sacrificable) está inserto en trabajos informales, estacionales, precarios, flexibles, de tiempo parcial y no libres; es decir, no consiguen mercantilizar (Brass, 1994) de forma continua su fuerza de trabajo porque no tienen la libertad de acudir al mercado para negociar el uso (por sus empleadores) de su capacidad para el trabajo. La forma de subsistir ante la pandemia y las instituciones de las que se valen los trabajadores ciudadanos, no son las mismas de los trabajadores migrantes "ilegalizados", no ciudadanos, no libres o los trabajadores informales.

> Afirmar que una vida es precaria exige no sólo que una vida sea aprehendida como vida, sino también que la precariedad sea un aspecto de lo que es aprehendido en lo que tiene de vida. Desde el punto de vista normativo, lo que yo estoy afirmando es que debería haber una manera más incluyente e igualitaria

> de reconocer la precariedad, y que ello debería adoptar la forma de una política social concreta respecto a cuestiones tales como el cobijo, el trabajo, la comida, la atención médica y el estatus jurídico [...] Afirmar, por ejemplo, que una vida es dañable o que puede perderse, destruirse o desdeñarse sistemáticamente hasta el punto de la muerte es remarcar no sólo la finitud de una vida (que la muerte es cierta) sino, también, su precariedad (que la vida exige que se cumplan varias condiciones sociales y económicas para que se mantenga como tal) [...] La precariedad subraya nuestra radical sustituibilidad y nuestro anonimato con relación tanto a ciertos modos socialmente facilitados de morir y de muerte como otros modos socialmente condicionados de persistir y prosperar. (Butler, 2010, pp. 29-31)

A veces las catástrofes, las plagas, las pandemias, es decir, las situaciones límite, ponen en entredicho no sólo los marcos epistemológicos, sino posiciones políticas y, más aún, la existencia. Los estragos de la pandemia del COVID-19 desnudaron las entrañas que se encontraban bajo la reluciente superficie de las ciudades. Tal vez lo que la pandemia del COVID-19 nos enseñó es que las capas más favorecidas de la población tienen mayor movilidad, es a las únicas que la globalización les achicó el mundo, lo que permitió, además, la propagación del virus. No obstante, como las estadísticas mostraron en países pobres, el virus fue por los más desprotegidos, aquellos que quedan fuera del sistema de salud y que no pudieron pagar respiradores y costosos retrovirales de última generación. El acceso a las vacunas también fue diferenciado y mecanismos como el COVAX[3] para un acceso equitativo al fármaco fueron insuficientes, aunado a que los países que contaban previamente con una infraestructura sanitaria y personal capacitado y suficiente para la pronta aplicación de las vacunas a sus poblaciones pudieron inmunizar de forma efectiva

---

[3] Mecanismo implementado por la Organización Mundial de la Salud (OMS) para para un acceso equitativo mundial a las vacunas contra la COVID-19.

a sus ciudadanos, mientras que otros quedaron rezagados y sin camas suficientes para atender a los que enfermaron.

No existió distanciamiento social durante la pandemia en las "camas calientes" de los migrantes que trabajan por turnos y tiempo parcial en los servicios de la ciudad de Nueva York; tampoco en los campamentos trabajadores agrícolas temporales que fueron declarados esenciales para el sustento de la economía y de la vida misma de los ciudadanos estadounidenses, incluso, el gobierno les ha otorgó una carta de "Trabajadores esenciales"[4] que los protegía temporalmente de la deportación, pero no del coronavirus. La deportabilidad permite su inserción en sectores esenciales para la viabilidad de la economía y la sociedad estadounidense y es esa misma deportabilidad como amenaza latente la que provoca que su vida sea prescindible y por la que la protección a la salud de estos trabajadores no tenga que ser necesariamente garantizada por el Estado.

Los trabajadores migrantes indocumentados en tanto "trabajadores esforzados", han demostrado cómo su obstinación los ha obligado a dejar el cuerpo, la salud y la vida en el trabajo al tiempo que le permitieron a las sociedades de los países de destino reestructurar sus economías ante las recesiones. A finales de julio de 2020 habían muerto más de mil 780 trabajadores inmigrantes mexicanos en Estados Unidos, cerca de mil, tan sólo en Nueva York, según datos del propio gobierno mexicano[5]. Se

---

4 Los inmigrantes que trabajan en la industria agroalimentaria, de servicios y distribución recibieron de parte del gobierno de Estados Unidos una carta de trabajadores esenciales. EU da documento a migrantes: ahora son "esenciales" para cultivar su comida (Sin Embargo, 4 de abril de 2020). Recuperado en: *https://www.sinembargo.mx/04-04-2020/3761635*

5 La Jornada (20 de julio de 2020). *Son mil 780 mexicanos fallecidos por Covid-19 en EU: SRE.* Recuperado en: *https://www.jornada.com.mx/ultimas/politica/2020/07/20/son-mil-780-mexicanos-fallecidos-por-covid-19-en-eu-sre-1928.html.*

complicó la repatriación de sus restos a sus lugares de origen por las drásticas medidas en el manejo de fallecidos por el virus Sars-CoV-2 implementadas por el gobierno estadounidense para contener la propagación de los contagios. Los familiares y amigos de los fallecidos tuvieron que valerse de medios alternativos para recaudar fondos para la repatriación de los cuerpos y lidiar con la burocracia ascética del confinamiento de ambos países. Antes de ser repatriados y después de ser incinerados, como lo marcan los lineamientos sanitarios del gobierno estadunidense, fueron homenajeados en la catedral de San Patricio. El 10 de julio de 2020 se realizaron las exequias con la presencia de las urnas de 250 migrantes fallecidos en Nueva York por la pandemia del COVID-19; en el homenaje estuvo presente el cónsul mexicano en Nueva York, Jorge Islas López, quien reconoció la importancia de sus connacionales para el funcionamiento de la sociedad neoyorquina dado que realizaban actividades esenciales, a pesar de que esas mismas actividades los expusieron a un incrementado riesgo de contagio y muerte.

> "Gracias a estos 250 héroes, que son conocidos como *frontliners*, esta ciudad continuó funcionando. Fueron trabajadores que estuvieron en primera línea de defensa en toda la contingencia sanitaria, ya sea preparando alimentos en las cocinas de los restaurantes, trabajando en la construcción o limpiando los hospitales... fueron héroes invisibles y anónimos que permitieron que todos los neoyorquinos nos pudiésemos quedar en casa, y esto desafortunadamente costó, y costó mucho, porque son vidas. Por ello es justo que hoy se les reconozca su valía y su gran aportación", agregó el cónsul (La Jornada, sábado 11 de julio de 2020).

La vida misma de los inmigrantes indocumentados, despojados de las garantías básicas para el desarrollo de su trabajo, ha sido puesta en entredicho por la estructura de vulnerabilidad y precariedad en la que se sustentaba su inserción y explotación laboral. Tal vez la conciencia de clase y organización de los trabajadores que comparten una misma condición, ser explotados sin acceso a la ciudadanía y protección de los estados en los que producen valor, despierte el terror dadas las condiciones de vida y trabajo y no la solidaridad como creyó el obrerismo proletario del siglo pasado. La obscena separación trabajador/ciudadano que nos había mostrado el capitalismo de principios de siglo XXI en las ciudades globales se ha transmutado con la pandemia del COVID-19 en una extrema separación trabajador/ser-viviente, prescindiendo de la vida de *un ejército tercerizado de reserva* desechable de trabajadores no-libres. Podríamos parafrasear a Eric Hobsbawn (2001) y decir que el largo siglo XX acabó, por fin, con la declaración de la pandemia del COVID-19 por parte de la Organización Mundial de la Salud (OMS) el 11 de marzo de 2020.

LA MIGRACIÓN DE RETORNO COMO EUFEMISMO ¿DE QUÉ?

El retorno, en especial lo que los estudios migratorios han denominado "La migración de retorno" no siempre ha sido un problema para las Ciencias Sociales. No es que la migración no haya sido importante en la consolidación histórica de sectores productivos en los distintos "modos de producción", basta echarnos un clavado a la historia colonial para darnos cuenta de la importancia del tráfico de esclavos en el desarrollo de la minería o la agricultura de extensión en los siglos XVI y XVII (Wolf, 1987; Trouillot, 2011). En el siglo XIX Karl Marx daba cuenta en el de la importancia de la migración irlandesa a los Estados Unidos para la consolidación de la industria manufacturera y la creación de un ejercito industrial de reserva con una importante función productiva en el desarrollo del modo de producción específicamente capitalista. El envío de remesas y el establecimiento de redes que permitieran el establecimiento de circuitos migratorios para el abastecimiento de fuerza de trabajo con determinadas características que permitían la "valorización del valor" ya había sido analizada por el filósofo de Tréveris en El Capital:

> "El genio irlandés inventó un método completamente original para lanzar a un pueblo esquilmado, como por ensalmo, a una distancia de miles de millas del escenario de su miseria. Los emigrantes trasplantados a los Estados Unidos remiten todos los años a casa cantidades de dinero para pagar el pasaje a los demás miembros de la familia. Cada tropel que emigra arrastra, al año siguiente, a otro tropel de compatriotas. Y así, en vez de costarle dinero a Irlanda, la emigración se convierte en una de las ramas más rentables de su industria de exportación" (Marx, 1782: 598)

¿Cuáles fueron las fuentes de Karl Marx para su análisis (estadístico) del desarrollo del capitalismo y de las condiciones laborales de los trabajadores en el siglo XIX? Marx no se valió de las técnicas hoy tan socorridas por la sociología de observación participante (observación acción, etc.), ni del trabajo de campo etnográfico que recientemente había sido desarrollado por Lewis H. Morgan Morgan, considerado uno de los fundadores de la antropología y del que Marx había sido un asiduo lector. Las fuentes históricas de Marx fueron los archivos e informes de los inspectores de sanidad y trabajo, y los registros estadísticos (del gobierno de Reino Unido). Fue en estos archivos que encontró sórdidas narraciones de burócratas del Estado sobre las condiciones vida y trabajo del naciente proletariado y de los lugares de origen de los que se incorporaban a la boyante industria de la transformación del siglo XIX.

Como señala Alain Desrosières, al menos desde el siglo XIX y hasta la actualidad las Ciencias Sociales han adquirido "formas más o menos estables y han contribuido a establecer discursos específicos sobre La Sociedad" (1995:19). Estas formas estables han permitido su consolidación cognitiva e institucional de campos diciplinares con objetos de investigación fundados en objetivaciones estadísticas que han consolidado circularmente sus objetos de estudio. Sin caer en el relativismo radical en el que todo es una construcción social y cualquier postulado (incluso el más inverosímil) puede ser sustentado desde el discurso científico; ni en el realismo extremo que impide el conocimiento real de lo real; me inclino mas por la opción de Desrosières al referirse a la sociología de la ciencia de inspiración durkheimniana para la que un "hecho social" es "construido, real y de naturaleza social" y puede ser estudiado más allá de las contingencias particulares de su manifestación empírica y fuera de la falsa oposición entre constructivistas y positivistas.

Así, podemos ver cómo ciertos procesos de identificación (El migrante y El retornado), medición y clasificación con técnicas de objetivación estadística pueden ser considerados dentro de lo que Vázquez León (2010) denomina "Identidades numeradas" para referirse a "identidades inferidas a partir de los métodos cuantitativos" pero que están no obstante, "traspasados por una fuerte divergencia... que se establece entre las prioridades sociales y las prioridades individuales" (Vázquez, 2010 p. 41). Es decir, se inventa la categoría migrante, para hacer alusión a un subgrupo de la clase trabajadora que se articula al trabajo por medio de un proceso de desplazamiento geográfico y que tiene la peculiaridad de que este desplazamiento es lo que permite su articulación al trabajo al tiempo que su reproducción social (cuidados y retiro) como clase se realiza, principalmente, en sus localidades de origen.

La medición de la migración en un sentido amplio, es decir, teniendo en cuenta la direccionalidad del fenómeno (origen, destino y circuitos migratorios), las características de inserción y expulsión de las poblaciones (laborales, sectoriales y políticas) y el análisis sociodemográfico de estas poblaciones ha enfocado el estudio de los desplazamientos humanos desde un abanico amplio e interdisciplinario con pretensiones de rigurosidad científica y generalización de los hallazgos encontrados. No obstante, las llamadas "Teorías migratorias" presentan cuando menos dos problemas importantes que tienen que ver con el establecimiento de su objeto de estudio: La cuantificación de los "eventos migratorios" (que sustentan su existencia) y descripción estadística de las poblaciones estudiadas y la explicación estructural de los desplazamientos migratorios. En un primer momento cuantificar y describir a las poblaciones que históricamente se han desplazado en circuitos migratorios consolidados ha sido un reto para los científicos sociales ya que no se cuentan con registros certeros sobre las salidas y entradas en las distintas fronteras nacionales, entre otras cosas, porque gran parte de los migrantes son indocumentados y ante el temor de ser deportados eluden los controles fronterizos o no declaran sus salidas en sus países de origen.

En un segundo momento, con el eufemismo de "migración de retorno" se ha tratado de explicar (y justificar) desde los estudios migratorios un mecanismo de explotación y posterior expulsión de trabajadores que se desplazan geográficamente para insertarse en distintos mercados de trabajo al tiempo que diversifican el uso de su mano de obra como estrategia de inserción intermitente a empleos precarios y flexibles. Las explicaciones emanadas de las teorías migratorias sitúan el acto de "migrar" y "el retorno" dentro de una estructura de acción racional y maximización de beneficios en el marco de una "estructura de referencia dual" (Binford, 2014) en la que los migrantes están siempre haciendo un cálculo comparativo respecto a su ingreso y gasto entre sus lugares de origen y destino. En este mismo sentido Durand y Massey (2009) señalan que el envío incrementado de remesas se relaciona con el cálculo que hacen los migrantes para "incrementar su capital" al momento del retorno y tener acceso a un consumo incrementado de bienes y servicios en sus lugares de origen. En este sentido el retorno estaría desde el inicio en el horizonte del plan migratorio, se convierte en palabras de Jorge Durand (2006), en "el corolario del proceso". No estando del todo de acuerdo con este corolario, cuando menos no en el sentido de la maximización racional individual como detonante del retorno, haré un recorrido que me permita situarme críticamente y dar cuenta del mismo desde un enfoque distinto. Los estudios migratorios han privilegiado las acciones individuales -primeras salidas, retorno, etc.,- valiéndose de una serie de herramientas, encuestas principalmente, que les permiten explicar el "fenómeno migratorio" con índices (de prevalencia migratoria, por ejemplo) y descripciones sociodemográficas de los migrantes y sus desplazamientos, antes que dar cuenta "epistemológicamente" de las formas de articulación al trabajo en sus lugares de origen y destino. Como si el trabajo que desempeñan los migrantes y su estatus (migratorio, ciudadano, político) en sus lugares de destino no tuviera que ver con la "decisión individual" de migrar y como si la explotación capitalista y la autopropulsada (Marx, 2008) valorización del valor no fuera la fuerza motriz en el desplazamiento de los migrantes. Para aprender epistemológicamente la forma específica del trabajo de los migrantes y dar cuenta del mecanismo de transferencia de valor hacia arriba (Freaser, 2020) presente en la sociedad capitalista contemporánea que propicia los desplazamientos migratorios y transforma a localidades enteras en reservorios de fuerza de trabajo siempre disponible, es importante dar cuenta etnográficamente de las condiciones de vida y trabajo de los migrantes en ambos lados de la frontera.

CUANTIFICACIÓN DE LA MIGRACIÓN INDOCUMENTADA CON DATOS DEL GOBIERNO DE ESTADOS UNIDOS.

El *Pew Reserch Center*, un centro público de análisis y generación de datos en Estados Unidos con información de bases de datos del Gobierno Estadunidense, ha venido publicando artículos desde el 2018 respecto a la disminución de los migrantes indocumentados mexicanos en el país vecino. Este centro de investigación hace una estimación de los migrantes indocumentados por medio de una inferencia producto de una comparación aritmética simple de los datos de la CPS (*The Current Population Survey*) del *Bureau of Labor Statistics* y los datos de ingresos documentados de extranjeros en Estados Unidos en edad productiva. No obstante que podemos inferir sesgos y subregistros producto de que no siempre los migrantes contestan con la verdad a las autoridades laborales y es común la práctica de préstamo de documentos, principalmente de tarjetas de seguridad social, es posible hacer una inferencia de las tendencias respecto del estatus migratorio de los trabajadores migrantes en Estados Unidos.

De acuerdo con un estudio realizado por el *BBVA*[6] *Research* sobre la "Situación de la Migración en México" en noviembre de 2012, los inmigrantes mexicanos en Estados Unidos eran los que recibían, en promedio, las remuneraciones anuales más bajas. Las diferencias tienen matices a considerar cuando se les desagrega por género y grupos de edad, pero, en general, los migrantes mexicanos están en una situación laboral más precaria que los de otras latitudes. Las explicaciones de esto son multifactoriales y se relacionan con a) el costo del traslado y la necesidad que tienen los inmigrantes de otras latitudes[7] de conseguir un trabajo que les permita pagar el costo del traslado (que en promedio es mayor en los demás grupos de inmigrantes que en el de los mexicanos) en el menor tiempo posible; b) que las recientes políticas, leyes y reformas anti-inmigratorias afectaron más a los estados en que predomina la inmigración mexicana (Arizona, Illinois, Texas y California) y a los inmigrantes indocumentados que en su mayoría eran mexicanos: 50% de los migrantes mexicanos eran indocumentados en el 2010, además de que el 60% del total de los inmigrantes indocumentados en Estados Unidos son mexicanos (Passel y Cohn, 2011). Es principalmente por estos factores que los inmigran-

6 BBVA era la Principal empresa de envío de remesas entre Estados Unidos y México.

7 El costo de traslado de un inmígrate chino, por ejemplo, desde su localidad de origen hasta Estados Unidos, puede llegar a costar, para el interesado, hasta 40 mil USD (Durand, 2011). En el 2022 el costo del cruce de la frontera para migrantes mexicanos de la localidad de Huaquechula, Puebla llegó a los 10 mil USD, según información de campo obtenida en la celebración del día de muertos en la localidad.

tes mexicanos aceptan los trabajos peor remunerados y de más baja calificación. Esto les permite sortear las épocas de recesión de la economía y eludir los riesgos que van aparejados al retorno y la violencia en ambos lados de la frontera.

Un hallazgo importante que hace el grupo de investigación de *BBVA Research*, con base en los datos de la CPS (*The Current Population Survey*) del *Bureau of Labor Statistics*, es que encontraron diferencias entre los ingresos de los inmigrantes que cuentan con ciudadanía y aquellos que no: "En el caso de los migrantes mexicanos la diferencia es 1.5 veces en los hombres y poco más del doble en las mujeres" no obstante al comparar internamente al grupo de hombres con ciudadanía se encontró que en general los mexicanos ganan menos: "Por ejemplo, un hombre canadiense con ciudadanía en promedio gana el doble que un hombre mexicano con ciudadanía, pero en el caso de las mujeres la brecha es del 54 %. En relación con los asiáticos la brecha es de 80% para hombres y 75% para mujeres" (2012, p. 21).

Ante las dificultades en la cuantificación de la migración y el retorno, algunos grupos de investigación se han propuesto crear sus propias herramientas de recolección de información y sistematización de datos que les permitan describir la migración en términos estadísticos, demográficos, históricos y etnográficos. Ha sido particularmente importante para el canon de los llamados estudios migratorios el *Mexican Migration Project*(MMP) un proyecto surgido en 1982 en colaboración binacional y coordinado por el antropólogo Jorge Durand y el sociólogo Duglas S. Massey. El objetivo del proyecto ha sido aplicar una "etnoencuesta" a al menos cuatro nuevas localidades seleccionadas por año y sistematizarla en una base de datos para obtener información sobre el estado de la migración contemporánea (documentada y subrepticia) de mexicanos hacia Estados Unidos y su comportamiento en el tiempo. En la actualidad MMP cuenta con datos de 174 localidades en el país, como lo refiere la página web del proyecto.

El grupo de investigación argumenta que los datos construidos permiten hacer inferencia estadística sobre el comportamiento de la población en general de las localidades estudiadas, porque la "etnoencuesta" es aplicada a una muestra seleccionada aleatoriamente de 200 hogares en cada localidad, con excepción de las localidades que cuentan con menos de 500 habitantes donde se diseña una muestra más pequeña. Así también se argumenta que es información sobre la que se pueden hacer comparaciones en el tiempo, en una misma localidad, o entre varias localidades ya que es una herramienta estandarizada y aplicada con controles antropológicos en la selección de las localidades.

Durand y Massey (2009, 73-76) plantearon, derivado del análisis de los datos arrojados por MMP, que la probabilidad de retorno estaba fuertemente relacionada con el estatus migratorio y el acceso a documentación legal de la estancia de los migrantes en Estados Unidos. Es decir, las condiciones estructurales determinaban no solo la incursión migratoria, sino más aún, el retorno.

Gráfica 12

PROBABILIDAD DE REGRESAR DESPUÉS DE DOS AÑOS DE HABER ENTRADO A ESTADOS UNIDOS EN UN PRIMER VIAJE, 1965-1985

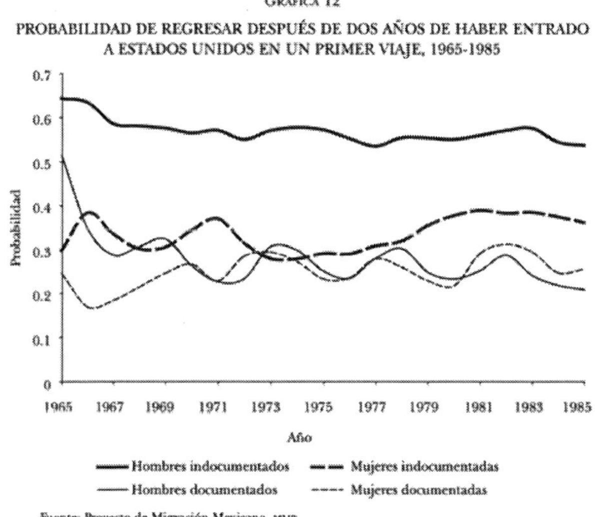

Fuente: Proyecto de Migración Mexicana, MMP.

No obstante, esta evidencia construida por el equipo de MMP, Jorge Durand (2004) después de más de 20 años de inicio del proyecto, ha insistido en racionalizar el retorno como una acción individual de maximización de los beneficios y reducción de los costos, creando una tipología que poco se relaciona con los datos encontrados en su "etnoencuesta". En la gráfica 12 del libro de Durand y Massey (2009), que se reproduce arriba, podemos darnos cuenta la probabilidad de retornar es más alta entre los indocumentados (hombres y mujeres) y esto no corresponde a una decisión individual de maximización racional sino a las condiciones estructurales de desechabilidad de la fuerza de trabajo.

> Tipología del retorno de Jorge Durand (2006). En *Los inmigrantes también emigran, la migración de retorno como corolario*[8] *del proceso.*
>
> 1.- Retorno voluntario del migrante establecido. El primer tipo de retorno es el del migrante establecido, que regresa de manera voluntaria y después de una larga estancia. En este rubro, se agrupan los migrantes jubilados o retirados que vuelven a su lugar de origen, por razones afectivas, prácticas o económicas.
>
> 2.- Retorno del migrante temporal. El segundo tipo de migración de retorno corresponde a los trabajadores temporales, sujetos a programas específicos donde el contrato exige u obliga al retorno.
>
> 3.- Retorno transgeneracional. En tercer lugar se puede considerar una migración de retorno que atraviesa las generaciones. Se trata del retorno, ya no del migrante, sino de su descendencia: hijos, nietos, bisnietos.
>
> 4.- Retorno forzado. Un cuarto tipo de retorno es aquel que se hace en condiciones forzadas. La historia está llena de casos de retorno forzado de pueblos enteros por razones económicas, políticas y raciales. Es también el caso de los deportados, que suman anualmente varios millones a nivel mundial.

---

[8] Según la Real Academia de la Lengua Española (RAE) "Corolario: m. Proposición que no necesita prueba particular y se deduce con facilidad de lo demostrado previamente"

> 5.- El retorno del fracasado. En quinto lugar, hay que considerar el retorno del migrante que se ve forzado a volver a su lugar de origen por las circunstancias. En la mayoría de los casos se trata del migrante fracasado, que no pudo cumplir con sus expectativas.

Esta tipología desarrollada por Jorge Durand (2006), parte de la idea de que los "inmigrantes también emigran", pero no migran de Estados Unidos, país en el que se insertaron como trabajadores en desventaja (Sassen, 2007), hacia Europa, Australia, o hacia algún otro destino que les permita insertarse en una mejor condición de vida y trabajo, sino que regresan a su país de origen porque no consiguen mercantilizar su fuerza de trabajo después del empleo polivalente de su mano de obra en diferentes sectores y condiciones. Es así que en entre los estudios migratorios se emplea el término "migración de retorno" como un eufemismo de las nuevas formas de dominación sobre el trabajo, de los nuevos cercamientos que el capital aplica a la clase trabajadora y de la constitución de localidades completas como reservorios de fuerza de trabajo, pero sobre todo como lugares en los que se lleva a cabo la Reproducción Social de la clase trabajadora que se inserta en condiciones precarias, inseguras y flexibles en los países que concentran el capital financiero y las grandes fortunas de unos pocos.

CONSIDERACIONES FINALES

Recientemente están causando un refrescante revuelo nuevos enfoques teóricos que desde el marxismo feminista hacen énfasis en la reproducción social de las condiciones que hacen posible la producción capitalista (Fraser, 2020; Federici, 2020, Bhattachayra, 2017; Weeks, 2020) como punto de partida radical (en tanto que va a la raíz) del análisis social y de la acción política. La crítica de una forma social basada en la reeditada persistencia de un antagonismo de clase que se fundamenta en relaciones de explotación que ponen el acento de esta en la reproducción, la crisis de cuidados y la persistencia de la sociedad capitalista en su conjunto. Esta sociedad persiste a pesar de estar basada en un continuo antagonismo de clase fundamentado en relaciones de explotación que tienden a ensanchar la desigualdad en el mundo y poner en entredicho la sustentabilidad y persistencia de la especie (Véase la crítica ecológica contra el Antropoceno), en aras de seguir produciendo ganancias que se apropian un número cada vez más reducido de personas y en cantidades cada vez más exorbitantes.

Como he sostenido en los apartados anteriores existen formas de articulación al trabajo en las que los migrantes no consiguen mercantilizar de forma continua su fuerza de trabajo y que podemos entenderlas epistemológicamente como trabajo no-libre (Brass, 1994; Smith, 2004). Podemos sostener, además, que estas formas de trabajo no-libre se manifiestan en el uso polivalente e intermitente que hacen los migrantes de su fuerza de trabajo con el fin de comercializar en el mercado el uso de la misma y que estas estrategias de subsistencia se corresponden con formas precarias, flexibles de articulación laboral y con una incapacidad de reproducirse como clase en las sociedades de destino de estos trabajadores. Es decir, que su reproducción social se da allende las fronteras como un mecanismo de provisión de fuerza de trabajo, al tiempo que establece la forma general de precarización y flexibilización de la fuerza de trabajo en los lugares de destino, algo parecido a lo que Marx (2008) analizó como la función del *ejercito industrial de reserva* en el siglo XIX.

Articulado a esta función de un ejército industrial de reserva en los servicios, podemos identificar además una "crisis de cuidados" (Fraser, 2020) que constituye a las localidades de origen de los inmigrantes como reservorios de fuerza de trabajo y como sitios de reproducción a distancia de la fuerza de trabajo migrante. Hacia estas localidades de origen de los migrantes y sus familias se transfieren los cuidados (Morfin, 2019; D´Aubeterre et al., 2020) y la reproducción de las nuevas clases trabajadoras. Si antes se deslocalizaba la producción para seguir produciendo ganancias, ahora nos encontramos ante la deslocalización de la reproducción con el mismo fin. Si antes se flexibilizaba la producción (el uso de la fuerza de trabajo en la producción) ahora se flexibiliza la reproducción.

Durante la pandemia del COVID-19 en Estados Unidos, principal destino de la inmigración de trabajadores mexicanos, se declararon trabajadores esenciales (decreto que protegía de la deportación a migrantes "indocumentados") a los que se empleaban en la producción, procesamiento y distribución de alimentos; así como otros servicios claves en el mantenimiento de la sociedad. La contingencia sanitaria y el decreto de trabajadores esenciales mostró la importancia de los trabajadores migrantes en las sociedades de destino, pero también mostró la cara perversa de esta necesidad: la falta de acceso a los servicios de salud y otros derechos de los que están privados los inmigrantes como trabajadores, al no contar con ciudadanía o residencia legal en el país de destino. Esta desigualdad estructural los expuso en mayor proporción a la enfermedad y la muerte por la enfermedad.

Estas nuevas formas de dominación sobre el trabajo que exponen en mayor medida a los migrantes que cruzan la frontera de forma subrepticia y abonan en el incremento de ganancias y la transferencia de plusvalor a sus empleadores, no pueden ser vistas como el fin del trabajo o peor aún como el fin de la lucha de clases, sino, sino como producto constantemente reeditado de esta lucha. En esos circuitos se inscriben de forma creciente añejas y nuevas formas de lucha por los límites (Brown, 2016; Fraser, 2020; D´Aubeterre, 2020, 2022) y nuevas formas de organización política de la "clase para sí" (Lukacs, 1969) que articula demandas, trabajadores y localidades en su enfrentamiento contra el capital y por mejores condiciones de vida y trabajo en ambos lados de las fronteras. En términos de las luchas de los trabajadores inmigrantes, la pandemia del COVID-19 evidenció la necesidad de articular estas luchas (por ejemplo la atención a la salud y la seguridad social en general) como derechos derivados de su condición de trabajadores (esenciales) y no como derechos a los que se tiene acceso por su estatus migratorio o condición de ciudadanía.

Bibliografía

Althusser, Louis (1970). *Idéologie et appareils idéologiques d'Etat.* Le Pensée, No. 15, junio de 1970, París.

Aristóteles (2000). Política. México: UNAM, Coordinación de Humanidades.

ARENDT, Hannah (1998). Los orígenes del totalitarismo. España: Taurus.

BINFORD, Arthur (2014). En ¿Todos vuelven? Migración acelerada, crisis de la economía estadunidense y retorno en cuatro localidades del estado de Puebla, México, México: BUAP/ICSyH/UDLAP.

BINFORD, Arthur (2019). Assessing temporary foreign worker programs through the prism of Canada's Seasonal Agricultural Worker Program: can they be reformed or should they be eliminated? Versión electrónica anticipada. New York: Dialectical Anthropology.

BERGERON, L (1982). La época de las revoluciones europeas 1780-1848. México: Siglo XXI

Bhattacharya, T. (2017). Social Reproduction Theory: Remapping Class, Recentering Oppression. London: Pluto Press.

BOUTANG, Yann Moulier (2006). De la esclavitud al trabajo asalariado. Economía histórica del trabajo salariado embridado. España: Akal.

Butler, Judith (2010). Marcos de guerra. Las vidas lloradas. España: Paidós.

Brass, Tom (2011). Labour Regime Change in the Twenty-First Century. Unfreedom, Capitalism and Primitive Accumulation. Boston: Brill.

Brown, Wendy (2016). El Pueblo sin Atributos, la secreta revolución del neoliberalismo. Barcelona: Malpaso.

Coronavirus mata a dos hermanos mexicanos en 24 horas en Nueva York (23 de abril de 2020). El Universal. Recuperado en: *https://www.eluniversal.com.mx/mundo/coronavirus-mueren-dos-mexicanos-en-nueva-york*

Correal, Anie (24 de abril de 2020). Dos hermanos murieron en Nueva Jersey. The New York Times. Recuperado en: *https://www.nytimes.com/es/2020/04/24/espanol/mundo/coronavirus-hermanos-nueva-york.html*

D'Aubeterre y otros (2014). En ¿Todos vuelven? Migración acelerada, crisis de la economía estadunidense y retorno en cuatro localidades del estado de Puebla, México, México: BUAP/ICSyH/UDLAP.

D'Aubeterre María Eugenia, Rivermar, María Leticia y Lee, Alison (2020). Class, Gender and migration. Return flows between México and the United States in times of crisis. Londres: Routledge.

De Génova, Nicholas (2018). El espectáculo fronterizo de la "victimización" del migrante. Horizontes Decoloniales No. 4. London: Pluto Press.

Desrosières, Alain (1995). ¿Cómo fabricar cosas que se sostienen entre sí? Las ciencias sociales, la estadística y el estado. España: Archipiélago: cuadernos de crítica de la cultura.

Durand, Jorge (2004). Ensayo teórico sobre la migración de retorno. El principio del rendimiento decreciente. En: Cuadernos Geográficos 35. México: Universidad de Guadalajara.

Durand, Jorge (2006). Los inmigrantes También emigran. La migración de retorno como corolario del proceso. Artículo en Revista Interdiciplinar de Movilidad Humana. Año XIV-Números 26-27.

Durand, Jorge y Massey, Douglas (2009). Clandestinos. Migración México-Estados Unidos en los albores del siglo XXI. México: Porrúa.

Federici, Silvia (2020). Reencantar el mundo. El feminismo y la política de los comunes. Madrid: Traficantes de sueños.

Fraser, Nancy (2020). Los talleres ocultos del capital. Un mapa para la izquierda. Madrid: Traficantes de sueños.

Fioravanti, Maurizio (2001). Constitución, España: Trotta.

Gramsci, Antonio (2000). Cuadernos de la cárcel: Tomo 6, México, ERA/ BUAP.

Harvey, David (2004). El Nuevo Imperialismo, España: Akal.

Harvey, David (1998). La condición de la posmodernidad. Buenos Aires: 1998, Amorrortu

Holloway, John (1980). El Estado y la lucha cotidiana. En: Cuadernos políticos, Revista trimestral ERA No. 24, México.

Hobsbawm, Eric (2001). Historia del siglo XX. Barcelona: Crítica.

La Jornada (11 de julio de 2020). Celebran misa en Catedral de NY por mexicanos muertos por Covid-19. Recuperado en: *https://www.jornada.com.mx/ultimas/mundo/2020/07/11/celebran-misa-en-catedral-de-ny-por-mexicanos-muertos-por-covid-19-9645.html.*

Lefebvre, Henri (1971). De lo rural a lo urbano. Barcelona: Península.

Lukács, Georg (1969). Historia y Conciencia de Clase, México: Grijalbo.

Marx, Karl (1980). Contribución a la crítica de la Economía Política, México: 1980, S. XXI.

Marx, Karl (2008). El capital (8 vol.), México: FCE, Cuarta reimpresión.

Mezzadra, Sandro y Neilson, Brett (2017). La Frontera como método. Madrid: Traficantes de sueños.

Morfin, J. Antonio (2019). Unauthorized: Control y movilidad de trabajadores inmigrantes indocumentados. Revista Argumentos, núm. 90: 127-154.

Morfin, J. Antonio (2020). Trabajadores desechables: Migración, acumulación capitalista y lucha de clases. Trabajadores mexicanos en Estados Unidos, el caso de los huaquechulenses en Nueva York. Tesis de Doctorado en Ciencias Sociales. Universidad Autónoma Metropolitana-Unidad Xochimilco.

Ricardo, David (1981): The works and correspondence of David Ricardo, Cambridge University Press.

Roseberry, William (1994). Hegemony and the Language of Contention, In: Joseph Gilbert and Daniel Nugent EDS Everyday Forms of State Formation, Duke, Durham

Sassen, Saskia (2017). Los Espectros de la Globalización. Argentina: FCE.

SMITH, Gavin (2018). Elusive Relations: Distant, Intimate, and Hostile. Versión electrónica anticipada. Current Anthropology 59 (3).

SMITH, Jenifer L. (2014). Deproletarianization in the peri-Urban interface: transforming labor relations in polokwane, South Africa. Human Geography, Vol. 7, Num. 3: 44-55.

Sider, Gerald (2006). The production of race, locality, and state: An anthropology. Antropologica, 48, 2: 247-263.

Thompson, E. P.: La sociedad inglesa del siglo XVIII: ¿Lucha de Clases sin Clases?, En: Tradición, conciencia y revuelta de clase: estudios sobre la crisis de la sociedad preindustrial, Barcelona, Crítica, 1979.

Trouillot, Michel-Rolhp (2011), Transformaciones globales. La antropología y el mundo moderno. Colombia: Universidad del Cauca, CESO-Universidad de los Andes.

Vázquez, Luis (2010). Multitud y Distopía. Ensayos sobre la nueva condición étnica en Michoacán. México: Universidad Nacional Autónoma de México.

Weeks, Kathi (2020). El Problema del Trabajo. Feminismo, marxismo, políticas contra el trabajo e imaginarios más allá del trabajo. Madrid: Traficantes de sueños.

Wolf, Eric (1987). Europa y la gente sin historia. México: FCE.

Wright, W. Melissa (2006). Disposable Women and other Myths of Global Capitalism. Nueva York: Routledge.

Migración de retorno de adultos mayores: características, motivos y calidad de los servicios públicos

JAIME LARA LARA
(Universidad de Monterrey)
ABIGAIL VANESSA ROJAS HUERTA
(El Colegio de la Frontera Norte)

1. INTRODUCCIÓN

Los estudios sobre migración internacional, así como los de la migración de retorno, han evidenciado la concentración en ciertos grupos de edades como son los niños, jóvenes y las personas en edades laborales (Zaiceva, 2014; García-Guerrero, Masferrer and Giorguli-Saucedo, 2019; Fundación BBVA Bancomer and Secretaría de Gobernación, 2023). Paralelamente hay investigaciones que muestran que en la etapa de la vejez se presentan aumentos migratorios relacionados con la jubilación y la migración de retorno, lo que implica retos para el país receptor, los mercados laborales y los sistemas de bienestar de los países de origen (Zaiceva, 2014).

En el caso de la migración de retorno hacia México, en 2010 los adultos mayores de 60 años representaron el 4.9 por ciento del total de migrantes de retorno, aproximadamente 35 mil individuos (García y Gaspar, 2016); mientras que en 2015 se estimó en 32 mil personas de 60 años y más, es decir, 5.7 por ciento del total de retornados al país (Giorguli Saucedo y Bautista León, 2019b). La importancia de este grupo de edad en los estudios sobre la migración de retorno se está incrementando dado el acelerado proceso de envejecimiento de la población en México y de origen mexicano en los Estados Unidos (Vega y Hirschman, 2019).

La contribución de éste capítulo es mostrar las posibles implicaciones para el desarrollo regional de la migración de retorno de adultos mayores, a partir de la descripción de los motivos para retornar, las variables sociodemográficas de los retornados y las características de las regiones de retorno. Se hizo uso de la información disponible en el Censo de Población y Vivienda 2020. El objetivo es conocer si la migración de retorno en edades avanzadas pudiera tener un impacto diferencial respecto a la migración de retorno en edades laborales, comparamos para ello las características sociodemográficas, motivos de migración y la provisión de algunos servicios en las regiones de retorno entre ambos grupos de migrantes. Asimismo, para tener una referencia acerca de la posible inserción de los migrantes de retorno comparamos las características de los retornados con el resto de la población y el comportamiento de la migración interna.

En la siguiente sección realizamos una breve revisión de la literatura acerca de los motivos y posibles efectos de la migración en edades avanzadas, con particular énfasis en la migración de retorno y el desarrollo en las localidades de origen inicial de los migrantes. En la sección 3 detallamos la forma de explorar los datos cuantitativos disponibles en el Censo de Población y Vivienda 2020. En la sección 4 mostramos los resultados descriptivos. Por último, en la sección 5, realizamos una discusión de las posibles implicaciones para el desarrollo regional, así como temas de investigación pendientes que surgen a partir de los hallazgos descriptivos.

2. MIGRACION EN EDADES AVANZADAS: CAUSAS Y EFECTOS

El proceso de envejecimiento poblacional en México es acelerado como consecuencia de los cambios en la estructura etaria de la población que se están presentando desde el siglo pasado debido a la caída de la mortalidad y de la fecundidad, así como los efectos de la migración internacional, principalmente hacia el país vecino del norte, Estados Unidos (Partida-Bush, 2005; García-Guerrero, Masferrer y Giorguli-Saucedo, 2019).

La migración México-Estados Unidos en períodos recientes se caracteriza por un mayor número de mexicanos que regresan de Estados Unidos a México, que aquellos que migran a ese país. Esto debido al retorno voluntario y el regreso forzado de connacionales, este último se refiere a las personas que salen de Estados Unidos a través de procesos de remoción (*removal*) o una orden de retorno voluntario (*return*) (Martínez-Díaz Covarrubias, 2018; Jacobo-Suárez y Cárdenas-Alaminos, 2020).

Entre las principales características sociodemográficas de las personas retornadas se observa una mayor heterogeneidad entre las edades, pues actualmente no solo son personas que se encuentran en edades laborales, sino también niños y jóvenes en edades escolares, así como adultos mayores, además de existir una mayor presencia de mujeres (Giorguli-Saucedo y Bautista-León, 2019b; Jacobo-Suárez y Cárdenas-Alaminos, 2020).

García y Gaspar (2016) muestran que los migrantes de retorno de 60 años y más en 2010 en México representaban 4.9 por ciento del total de retornados, cifra que se incrementó en 2015, de acuerdo con las estimaciones de Giorguli y Bautista (2015b), a 5.7 por ciento. Estos datos fundamentan que el retorno migratorio entre las personas mayores comience a cobrar relevancia por ser un fenómeno complejo en el que influyen diversos factores como se expondrá más adelante.

Hay estudios que muestran de qué modo los migrantes de retorno mayores enfrentan diversos obstáculos durante su proceso de integración tras el retorno, particularmente en términos económicos, y cómo la presencia o ausencia de las redes familiares y sociales inciden en su decisión de retornar al lugar de origen (Montes de Oca, Molina y Avalos, 2009; Martínez Díaz Covarrubias, 2018; Castro, 2020), así como la falta de acceso a la atención en salud a la que se enfrentan los migrantes retornados, en especial los adultos mayores, (Riosmena, González y Wong, 2012; Giorguli-Saucedo y Bautista-León, 2019b).

Otro de los retos que se enfrentan los migrantes mayores a la hora de decidir si regresan a su país de origen está relacionado con la obtención de una jubilación. El estudio de Bolzman y Bridji (2019) sobre los inmigrantes mayores en Suiza revela un cambio en las intenciones de retorno en torno a la jubilación, particularmente entre los ex trabajadores manuales y los empleados de cuello blanco, hay quienes tienen intenciones en permanecer en el país de acogida mientras otros desean recuperar la plena ciudadanía en su país de origen, habiendo una ambivalencia para quienes consideran como una mala decisión el retornar. Por su parte, Hunter (2011) muestra en su estudio realizado entre hombres mayores que viven en albergues para trabajadores inmigrantes en Francia que la mayoría de los inmigrantes de más edad están bien integrados y prefieren vivir su vejez en el país de acogida, optando por realizar viajes regulares de ida y vuelta a su país de origen. A esta alternativa se le conoce como una "tercera opción" dentro de las opciones de retornar, en la que los inmigrantes de más edad dividen su tiempo entre dos países y se ha relacionado con el desarrollo a lo largo del tiempo de un modo de vida definido por la doble preferencia de mantener vínculos culturales, simbólicos, concretos y afectivos con ambos países (Bolzman, Fibbi and Vial, 2006).

En el estudio de Liu, Dou y Perry (2020) se presentan los patrones e influencias de la migración de retorno en China Continental en personas de 50 años y más, y encuentran que hay patrones geográficos de migración de retorno desde la frontera y los centros urbanos hacia las provincias centrales con trabajadores migrantes que regresan a sus hogares en comunidades rurales. Los autores mencionan que los factores históricos y socioeconómicos afectaron a la migración de retorno, incluida la disponibilidad de contar con los padres para proporcionar cuidados, el deterioro de la salud personal, la mejora de las infraestructuras de vivienda y un mejor acceso a los servicios comunitarios.

Las personas retornadas a su país de origen se plantean diversas razones por las cuales retornar y sobre todo se cuestionan si han mejorado las condiciones de vida. Hay estudios que han evidenciado diferentes niveles de análisis; por ejemplo, a nivel de hogar si reciben o recibirán remesas; a nivel de parentesco-comunidad si podrán reintegrarse en el contexto de origen; a nivel meso si mantienen vínculos transnacionales; y a nivel macro si existen las instituciones administrativas, sociales y de salud que les permitan reintegrarse y se les reconozca sus derechos (Hunter, 2011).

Convencionalmente los migrantes en edades avanzadas se han considerado como inactivos y vulnerables (Bastia, Lulle y King, 2022). Sin embargo, los migrantes de retorno, en especial los adultos mayores, pueden contribuir al desarrollo de los países de origen, ya que se obtiene la transferencia de conocimientos y habilidades que adquirieron estos migrantes mejorando las condiciones de vida de sus familias o comunidades como lo señalan estudios de corte cualitativos y cuantitativos en México (Salas-Alfaro, Jardón-Hernández y Murguía-Salas, 2019; Ramírez-Pérez y De la Cruz Reyes, 2020). Otras formas importantes de contribuir de los adultos mayores en la relación entre migración y desarrollo en sus comunidades de origen es su condición de receptores de remesas, como actores en la construcción de las comunidades transnacionales, o por el flujo de pensiones cuando obtienen beneficios de retiro en la economía de destino (Bastia, Lulle y King, 2022).

En conjunto, esta breve revisión sobre el retorno de los adultos mayores subraya la necesidad de comprender con diversos matices los factores que influyen en las decisiones de retorno.

3. FUENTES DE DATOS

Este trabajo es de tipo cuantitativo y utilizamos el Censo de Población y Vivienda 2020 como fuente secundaria. El Censo tiene como objetivos recabar datos sobre la dimensión, estructura y distribución espacial de la población en México, brindar las principales características sociodemográficas y culturales de los habitantes, y de conocer las características y volumen de las viviendas, siendo responsable de esta tarea el Instituto Nacional de Estadística y Geografía (INEGI) (INEGI, 2021). Se hace uso del Cuestionario Ampliado ya que proporciona información adicional sobre los residentes habituales del territorio nacional y los migrantes internacionales. Para identificar a las personas que han experimentado la migración se usa la información referente al lugar de residencia actual (entidad y municipio) y el lugar de residencia anterior (entidad y municipio), en el que vivían cinco años antes, con la opción de responder si se vivía en otro país y preguntar en cuál vivían. Los criterios de inclusión consistieron en seleccionar a la población adulta de 18 años y más, quienes hayan nacido en México y aquellos migrantes de retorno que provienen de los Estados Unidos, ya que la inmensa mayoría de los migrantes internacionales mexicanos migran a ese destino. A quienes en 2015 vivían en un municipio diferente al de residencia durante el levantamiento del Censo se les conoce como migrantes recientes, si vivían dentro del país se les considera internos, en caso de provenir de otro país se les considera de retorno. En nuestro análisis incluimos a los migrantes de retorno y a los internos, con el fin de observar si el comportamiento de la migración internacional se puede diferenciar de las características o las razones con respecto a los movimientos internos de población.

El Censo provee una amplia batería de características individuales que serán útiles para ofrecer una caracterización de los migrantes, como sexo, edad, años de escolaridad, pertenencia indígena por autoadscripción, así como los arreglos residenciales con otros miembros del hogar. Con la edad podemos definir a los adultos mayores como aquellos que cuentan con 60 años o más. También se puede conocer si los individuos tienen acceso a los servicios de salud provistos por instituciones como el IMSS, ISSSTE, o los servicios de salud ligados a las fuerzas armadas. Debido a la restructuración de los servicios de salud públicos ofrecidos a la población que no están ligados a la actividad laboral de alguno de los miembros del hogar, omitimos este tipo de servicios.

La actividad laboral también se pregunta en el cuestionario ampliado, por lo que podemos saber si los adultos continúan vinculados al trabajo remunerado o si se encuentran recibiendo una jubilación o pensión. En este último caso es relevante considerar que no se pregunta la fuente de la pensión o jubilación, por lo que algunos adultos mayores podrían estar recibiendo una pensión o jubilación por su actividad laboral en los Estados Unidos.

Debido a que el proceso de envejecimiento está relacionado con el deterioro de la capacidad para llevar a cabo algunas actividades de la vida diaria, utilizamos la información del censo respecto a las dificultades para realizar actividades como ver, oír, caminar, recordar o concentrarse, bañarse, vestirse o comer, hablar o comunicarse, o si tienen algún problema mental. En caso de que alguna de las actividades se lleve a cabo con mucha dificultad, sean imposibles de realizar o que se cuente con algún problema mental, consideramos que los individuos tienen alguna discapacidad.

El interés de la investigación no solo está en observar las características de los adultos mayores que retornan al país, sino también en explorar de forma descriptiva sus razones. Cuando existió un movimiento migratorio en el cuestionario ampliado se pregunta "¿Por qué (NOMBRE) dejó de vivir en (MUNICI-

PIO O ALCALDÍA O PAÍS)?". Se ofrecen como posibles razones: buscar trabajo, cambio u oferta de trabajo, reunirse con la familia, se casó o unió, estudiar, por inseguridad delictiva o violencia, por desastres naturales, le deportaron (regresaron), y la posibilidad de dar de forma abierta otra causa. Además de las opciones previstas por el INEGI, los encuestados respondieron otros motivos en la opción abierta en una proporción significativa de ocasiones, por lo que se reagrupan las causas en: laborales, costo de vivienda y situación económica, motivos familiares, motivos personales, estudios, problemas sociales, desastres, deportación y legales, vivienda, religiosos y causas no especificadas.

De acuerdo con la revisión de la literatura la migración de los adultos mayores no solo estaría vinculada a motivos y causas laborales, sino también y de especial importancia al acceso a servicios y condiciones de vida favorables. Por ello exploramos un conjunto de características relacionadas con la infraestructura y servicios en las localidades del municipio de residencia. Así podemos establecer si los patrones de migración de retorno en edades avanzadas podrían tener alguna relación con la disponibilidad de ciertos servicios. Para ello utilizamos la base "Resultados sobre características de las localidades" que proporciona INEGI en las que un informante clave proporcionó información acerca de la localidad. El conjunto de características es muy amplio, pero considerando algunas factores que pudieran ser relevantes para las decisiones de migración de los adultos mayores incluimos la existencia de farmacias, clínicas y consultorios con médicos privados, la provisión de transporte público hacia la cabecera municipal y recolección de basura, la cobertura de agua y alumbrado en toda la localidad, la existencia de banquetas en la mayoría de las calles y de una plaza pública, así como la disponibilidad de servicios de internet, señal de telefonía celular y de servicios de recepción de transferencias monetarias. Por último, consideramos relevante la existencia de conflictos en la localidad por delincuencia. Esta información solo se encuentra disponible para las localidades rurales, por lo que el análisis se concentra en localidades con menos de 2,500 habitantes. En el caso de la migración de retorno esta suele tener mayor intensidad en zonas rurales del país, por lo que aún con esta limitación, es relevante estudiar el fenómeno donde es más recurrente. Otra limitación de nuestro análisis con esta información es que en el cuestionario ampliado solo se conoce el municipio de residencia, y no la localidad específica, por lo que las características de la localidad fueron agrupadas a nivel municipal.

En todas nuestras estimaciones utilizamos los factores de expansión provistos por el INEGI, de forma que los promedios presentados puedan considerarse como representativos de la población. Además, para obtener las características de las localidades a nivel municipal se utiliza el total de la población en la localidad como ponderador.

4. RESULTADOS

4.1. Características sociodemográficas.

En la Tabla 1, primera columna, observamos las principales características de la población de adultos mayores migrantes de retorno. Para propósitos comparativos, en la segunda columna mostramos la misma información para los migrantes de retorno entre 18 y 60 años. Asimismo, en las últimas dos columnas mostramos las características de los no migrantes en los mismos dos grupos de edad.

Las características geográficas muestran que cerca del 70 por ciento de los adultos mayores migrantes de retorno residen en la misma entidad federativa en la que nacieron. La región histórica de migración, conformada por los estados de Aguascalientes, Durango, Guanajuato, Jalisco, Michoacán, San Luis Potosí y Zacatecas, concentra más del 40 por ciento de los migrantes de retorno y los estados en la frontera con los

Estados Unidos cerca del 23 por ciento. La concentración de los adultos mayores de retorno en estas dos regiones es más marcada que entre el resto de los migrantes de retorno. La migración internacional en México ha sido tradicionalmente rural, y esto también se observa en el retorno de adultos mayores que se concentran en mayor proporción en áreas rurales. El 29.3 reside en localidades rurales, mientras que del resto de los adultos mayores solo el 21.5 por ciento vive en áreas rurales.

Los flujos migratorios entre México y Estados Unidos se han caracterizado por la preponderancia masculina en el fenómeno. En el caso de los migrantes de retorno entre 18 y 60 años el 78 por ciento son hombres, contrastando con la composición de la población no migrante en la que menos de la mitad de la población es masculina. En el caso de los adultos mayores de retorno, sin embargo, la predominancia de los hombres es mucho menor, ya que solo el 64 por ciento es hombre, una proporción más equilibrada que en la población migrante de retorno más joven. La diferencia en cuanto a participación de la población indígena en el retorno no es muy amplia.

Otra característica distintiva de los migrantes retornados es su mayor tendencia a vivir en hogares unipersonales. El 20 por ciento de los adultos mayores migrantes de retorno viven solos, contrastando con solamente cerca del 12 por ciento de los adultos mayores no migrantes de retorno. Esta tendencia de vivir solo en mayor proporción que los no migrantes también se presenta en el grupo de edad más joven de la migración de retorno. Los adultos mayores que han retornado recientemente tienen un promedio de edad ligeramente inferior al resto de los adultos mayores y casi el mismo nivel de escolaridad. En el caso de la escolaridad esto contrasta con las diferencias entre la población más joven, en donde los retornados presentan menores niveles de escolaridad con respecto a los no migrantes.

Tabla 1. Características de los Adultos Mayores Migrantes de Retorno				
Características	Retorno		No Retorno	
	Adultos Mayores	Adultos	Adultos Mayores	Adultos
a) Geográficas				
Vive en Entidad de Nacimiento	69.7%	74.8%	72.4%	79.9%
Frontera Norte	23.4%	20.4%	13.1%	14.4%
Región Histórica de Migración	41.3%	32.8%	20.9%	21.0%
Localidad Rural	29.3%	31.2%	21.5%	18.9%
b) Demográficas				
Hombres	64.2%	78.0%	46.2%	48.0%
Pertenencia Indígena	18.3%	21.2%	21.4%	19.0%
Vive Solo	20.0%	11.3%	11.9%	3.3%
Edad Promedio (Años)	67.9	39.3	70.0	36.4
Escolaridad Acumulada (Años)	6.3	9.2	6.4	10.4
c) Salud, Trabajo y Apoyo				
Alguna Discapacidad	16.3%	4.1%	20.5%	3.6%
Acceso a Servicios de Salud (IMSS, ISSSTE, Ejército)	23.4%	21.8%	55.2%	45.8%
Está jubilado	23.9%	0.3%	20.6%	0.8%
Trabaja	24.8%	68.0%	25.8%	60.6%
Remesas Internacionales	29.4%	21.0%	7.9%	4.2%
Remesas Internas	6.0%	5.2%	8.2%	4.8%

Fuente: Elaboración propia con el cuestionario ampliado del Censo de Población y Vivienda 2020.

Una posible motivación para retornar en edades avanzadas puede ser una mejor atención para las limitaciones en salud en las regiones de origen de los migrantes, dados los altos costos de estos servicios en las sociedades de destino o las dificultades para conseguir redes de apoyo. Ante esto, es preocupante la baja proporción de los migrantes de retorno, adultos mayores incluidos, que son derechohabientes a alguna de las instituciones de salud en México. Sin embargo, son menores los porcentajes de adultos mayores que presentan alguna discapacidad comparados con el resto de los adultos mayores en México. Además, un mayor porcentaje aseguran ser jubilados o pensionados y un porcentaje significativo todavía participa en el mercado laboral. También un mayor porcentaje de migrantes de retorno recibe apoyo económico en forma de remesas internacionales. Esta ayuda proveniente de hogares internacionales no limita la recepción de ayuda de otros hogares en México, aunque la reciben en menor medida, como se muestra en el último renglón de la Tabla 1.

4.2 Motivos de la Migración.

En la Tabla 2 se muestra la respuesta a la causa principal de la migración. La principal causa del retorno es la familia; y esto también es cierto para los adultos mayores que han llevado a cabo migración interna en México. En cambio, para el resto de la población que migra internamente, la principal motivación tiene razones laborales. De forma algo sorprendente un alto porcentaje de adultos mayores retorna a México por razones laborales, en un porcentaje similar a lo reportado por los más jóvenes migrantes de retorno y en mayor proporción que los adultos mayores que migran internamente. En cambio, los adultos mayores tienden a retornar menos de forma forzada por las deportaciones, solo 5.6 por ciento en comparación con 16.9 por ciento entre las generaciones más jóvenes. Los motivos personales son la tercera causa de migración de retorno entre los adultos mayores. Hay dos tipos de causa de migración que casi no se encuentran presentes en la migración de adultos mayores de retorno, pero son relevantes para los migrantes internos. La primera son los problemas sociales, como la inseguridad en el lugar de donde provienen, y otra son las carencias de la vivienda.

Es importante notar que la población estimada de adultos mayores en la migración retorno es mayor que la proporción de esta misma población en la migración interna. Asimismo es mayor que la estimada por García y Gaspar (2016), lo que denota un posible incremento en la importancia de este flujo migratorio en los próximos años.

Tabla 2. Causas de la Migración

Causas	Retorno		Migración Interna	
	Adultos Mayores	Adultos	Adultos Mayores	Adultos
Costo de Vivienda y Situación Económica	0.7%	0.2%	1.0%	0.5%
Deportación y legales	5.6%	16.9%	0.3%	0.1%
Desastres	0.1%	0.1%	1.0%	0.3%
Estudios	0.0%	1.9%	0.1%	6.8%
Laboral	25.0%	23.3%	14.9%	34.6%
Motivos Familiares	52.4%	47.5%	46.1%	25.9%
Motivos Personales	12.7%	8.1%	13.7%	16.8%
Problemas Sociales	0.8%	0.7%	6.7%	3.7%
Religiosos	0.0%	0.0%	0.2%	0.2%
Vivienda	1.1%	0.5%	9.0%	7.2%
No especificada	1.7%	0.9%	7.2%	3.8%
Población Estimada	41,891	243,217	415,003	4,947,495

Fuente: Elaboración propia con el cuestionario ampliado del Censo de Población y Vivienda 2020.

Si exploramos a mayor profundidad cada uno de los tipos de causas, el principal motivo familiar es la reunificación, siendo la respuesta de más del 90 por ciento de quienes asignaron los motivos familiares como causa de migración entre todos los grupos poblacionales. En cambio, las causas laborales y personales presentan una mayor heterogeneidad. Por ello en las Figuras 1 y 2 se presenta una desagregación de estos motivos.

En el caso de los adultos mayores de retorno resalta el hecho de que su migración por motivos laborales es mayor para buscar trabajo. Pero también que, en comparación con los adultos mayores que migran internamente, tienden a hacerlo motivados por la jubilación, lo que sugiere, en conjunto con las estadísticas descriptivas de la Tabla 1, que han decidido residir en México una vez que se jubilaron en los Estados Unidos. Otro punto relevante que muestran los motivos laborales es que la migración de retorno se lleva a cabo con el fin de buscar empleo, sin que se tenga una oferta de trabajo previa; en cambio, en el caso de la migración interna se observa que la migración ocurre cuando ya se tiene un puesto de trabajo en el lugar de destino. Esto denota una mayor vulnerabilidad laboral de los migrantes retornados en el momento de la migración.

Figura 1. Causas de la Migración: Motivos Laborales

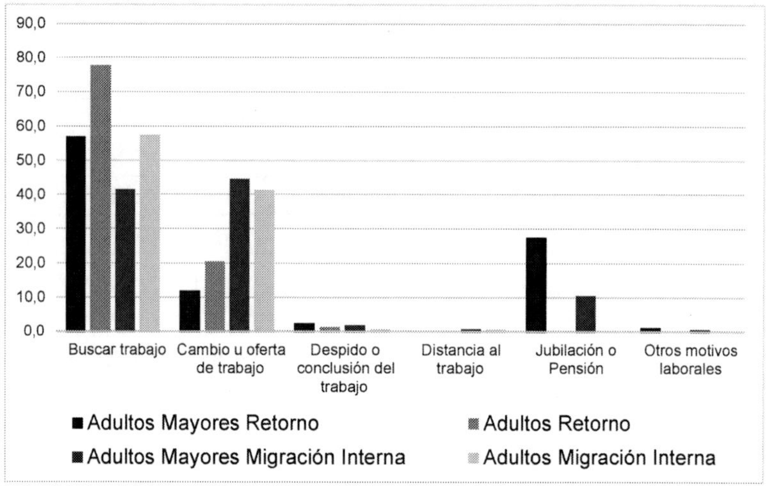

Fuente: Elaboración propia con el cuestionario ampliado del Censo de Población y Vivienda 2020.

En el caso de los motivos personales, entre la población adulta mayor retornada predomina el deseo de llevar a cabo cuidados de salud, aunque esto es similar al caso de los migrantes internos en su mismo grupo de edad. Otra razón personal significativa para la migración de retorno son los cambios en las relaciones de pareja, aunque esto es mucho más importante para los más jóvenes, particularmente los migrantes internos. También, la migración por motivos personales se da en motivos que no se pueden agregar en grandes categorías en mayor proporción entre los migrantes de retorno.

Figura 2. Causas de la Migración: Motivos Personales

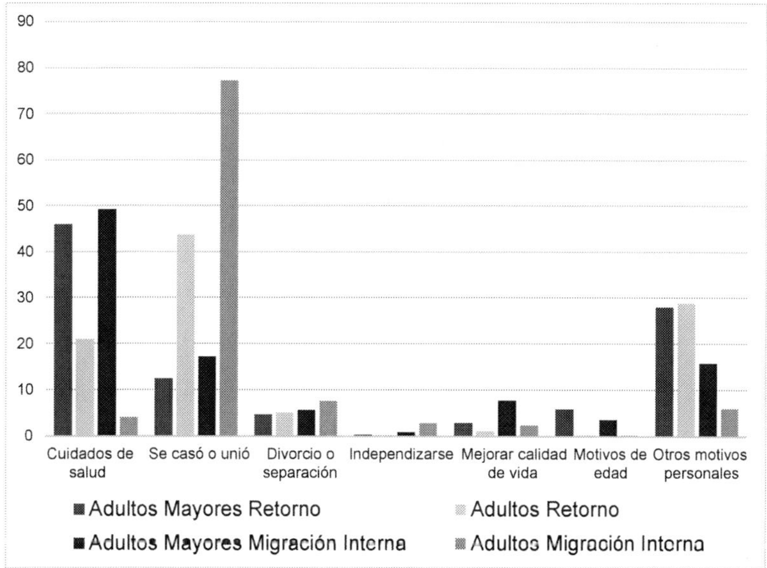

Fuente: Elaboración propia con el cuestionario ampliado del Censo de Población y Vivienda 2020.

4.3. Servicios en la localidad y migración de retorno.

En la Tabla 3 se observa la relación que existe entre la migración de retorno hacia localidades rurales y las características seleccionadas de servicios en las comunidades rurales del municipio de residencia. Las diferencias que más destacan en la ubicación de los adultos mayores migrantes de retorno —con respecto a la ubicación de otros migrantes de retorno y la población no migrante de retorno—, son la tendencia a ubicarse en municipios donde las localidades tienen mejores servicios de recolección de basura, cobertura de agua y alumbrado, banquetas en la mayoría de las calles y plazas públicas. Estas diferencias son más significativas si consideramos que el resto de los migrantes de retorno tienden a ubicarse en localidades con características muy similares a las que vive el resto de la población. Esperábamos que los adultos mayores migrantes de retorno se ubicaran en lugares con mayor presencia de los servicios de salud o con menores problemas de delincuencia; sin embargo, este no es el caso, aunque la información presentada es solo descriptiva. También las posibilidades de comunicación, ya sea por medio del transporte público, vía telefónica o con acceso a internet, muestra poca relación con la ubicación de los adultos mayores migrantes de retorno. Por último, a pesar de que los adultos mayores de retorno tienden a vivir en regiones rurales donde la migración ha sido históricamente alta y que sus hogares reciben remesas en una alta proporción, la cobertura de servicios de recepción de dinero del exterior es muy baja en todas las comunidades rurales del país.

Tabla 3. Entorno de la Localidad y Migración de Retorno

Características de la localidad de residencia	Retorno		No Retorno	
	Adultos Mayores	Adultos	Adultos Mayores	Adultos
Farmacia	21%	19%	18%	19%
Médico particular	16%	14%	13%	14%
Clínica	51%	53%	52%	51%
Transporte público a la cabecera municipal	62%	64%	66%	67%
Recolección de basura	69%	62%	58%	59%
Cobertura de agua en toda la localidad	66%	61%	61%	59%

Alumbrado en toda la localidad	50%	42%	41%	39%
Banquetas en la mayoría de las calles	30%	21%	20%	21%
Plaza pública	43%	32%	30%	29%
Cobertura de Internet	29%	31%	32%	32%
Señal de celular	69%	65%	65%	66%
Recepción de dinero	3%	3%	2%	2%
Conflictos por delincuencia	22%	21%	22%	24%

Fuente: Elaboración propia con el cuestionario ampliado del Censo de Población y Vivienda 2020.

5. DISCUSIÓN Y CONCLUSIONES

El proceso de envejecimiento demográfico a nivel mundial es heterogéneo, y los países desarrollados se encuentran más envejecidos, aunque en los países de ingresos medios y bajos este fenómeno demográfico comienza a cobrar mayor relevancia debido a las implicaciones que conlleva tener un país de más adultos mayores. Así mismo la migración es una variable que juega a favor o en contra sobre el envejecimiento o rejuvenecimiento de las poblaciones. Este estudio se centró en caracterizar a la población de migrantes de retorno a México en edades avanzadas y reflexionar sobre los retos a los que se enfrenta este grupo poblacional con respecto a otros grupos etarios, y el impacto de esto sobre el desarrollo regional.

Se sabe que México se encuentra en un acelerado envejecimiento poblacional, de acuerdo con las actuales proyecciones de población en el país hay cerca de 15.5 millones de personas en 2023 que representan 11.9 por ciento de la población total, y para 2030 se estima sean 20.3 millones de adultos mayores de 60 años y más, es decir, 14.7 por ciento de la población total (CONAPO. 2023), lo cual implica que este grupo de población está creciendo a tasas mayores que otros grupos etarios, debido a una mayor esperanza de vida a esas edades y posiblemente a la migración de retorno.

La proporción de emigrantes retornados de más edad en el conjunto de la población es relativamente baja si consideramos a la población a partir de los cinco años como lo realizan en sus trabajos Giorguli y Bautista (2019b) o García y Gaspar (2016), quienes muestran que el porcentaje de adultos mayores retornados es pequeño respecto a los otros grupos de edad, pero se está incrementando entre 2010 y 2015. En nuestro estudio se consideró el año 2020 y se obtuvo un estimado de 42 mil adultos mayores retornados, lo que implica un claro aumento en términos absolutos. Es importante mencionar que no se puede comparar en términos relativos con los trabajos anteriormente citados debido a que la población analizada en nuestro estudio es a partir de los 18 años.

Al igual que Liu, Dou y Perry (2020) coincidimos que el número de emigrantes retornados de más edad aumentará y que afectará el desarrollo económico y social de las comunidades de origen. Se recomienda profundizar en la comprensión de factores relacionados con el flujo migratorio de retorno, y en especial de los mayores, ya que repercute en la promoción del desarrollo social como lo argumentan Bastia, Lulle y King (2022).Estos investigadores subrayan que los retornados mayores podrían incentivar el desarrollo, debido a la entrada de sus pensiones, que tienen un efecto positivo para la economía local, ya que el poder adquisitivo de las pensiones es totalmente transferible y puede ser un poderoso instrumento de desarrollo, la prestación de servicios y el aumento del nivel de vida de los adultos mayores, principalmente en áreas rurales. En nuestro análisis se observa que hay un porcentaje importante de adultos mayores que retornaron con jubilación. También se observa que en sus hogares reciben en mayor proporción remesas respecto al resto de los adultos mayores del país por lo que se espera que sus condiciones de vida sean mejores. También, suelen vivir en localidades con una mejor prestación de algunos servicios públicos. Sin embargo, hace falta considerar la problemática de cobertura de servicios de salud que suele ser un aspecto relevante en la calidad de vida, especialmente en este grupo de edad en el que se requieren mayores cuidados.

La principal causa de la migración de retorno es la familia, pues así lo muestran los resultados, lo cual coincide tanto para los adultos mayores y para los más jóvenes al igual que muestran Vega y Hirschman (2019). Falta, sin embargo, establecer si realmente pueden llevar a cabo una vida familiar de calidad en las regiones de origen, una vez que retornan, o si lo hacen ante alguna emergencia o situación problemática en sus hogares de origen que represente desafíos emocionales posteriores a su regreso.

Se debe seguir analizando el papel que juegan los entornos de las localidades de retorno, ya que se requerirá la prestación de cuidados específicos según las condiciones de salud y esto implica políticas incluyentes en nuestros sistemas. En el trabajo reciente de la Comisión Nacional de Derechos Humanos y El Colegio de México se presentan las barreras a las que se enfrentan los migrantes retornados para lograr la reintegración tales como el acceso a los mercados de trabajo, servicios de salud, educativos, vivienda y sobre todo el interés de las instituciones para crear políticas públicas que reconozcan los derechos de las personas retornadas sin importar sus características sociodemográficas ni geográficas (Giorguli-Saucedo, Bautista León y Corzo-Sosa, 2019a). Se requiere seguir analizando el potencial de la migración de retorno para proponer e implementar políticas que apoyen la integración de este grupo a nuestra sociedad y poder aprovechar su capital social como lo señalan diversos estudios (Salas Alfaro, Jardón Hernández y Murguía Salas, 2019; Ramírez Pérez y De la Cruz Reyes, 2020).

Una limitación de nuestro estudio es que la fuente de datos usada no es la más adecuada para profundizar en el análisis, por lo que se sugiere explorar con encuestas más especializadas sobre migración o población adulta mayor como son el Estudio Nacional de Salud y Envejecimiento en México (ENASEM) o la Encuesta sobre Migración en la Frontera Norte de México (EMIF Norte), entre otras más. Otra limitación de nuestra fuente de datos es que solo se presenta una razón de retorno por individuo, cuando pueden ser múltiples. Por ejemplo, la razón de retorno de reunirse con la familia puede deberse a que un familiar fue deportado o que presenta algún problema de salud.

Este tipo de estudios coloca la atención en seguir creando teorías con evidencia empírica sobre los grupos de migrantes más vulnerables, como son los adultos mayores. Reunir datos sobre la migración y desglosarlos por edad no es suficiente para discutir y afrontar los desafíos de las personas en el contexto migratorio y en particular de las personas mayores que tienen mayores riesgos que, a su vez, intensifican las vulnerabilidades y desigualdades.

En cuanto al desarrollo regional y posibles respuestas de política pública, podemos decir que el impacto de la migración de los adultos mayores puede ser heterogéneo, dadas las múltiples causas y contextos. Existen adultos mayores que han sido deportados, que enfrentan carencias en la cobertura de salud o que regresan sin vínculos familiares a sus comunidades, que requieren atención a sus condiciones de alta vulnerabilidad. Por otro lado, también existen aquellos que retornan con fondos económicos por jubilación, nexos familiares en la comunidad de origen, o que pueden recibir apoyos económicos de sus familiares en el exterior; esto les permite insertarse exitosamente y tener un impacto en la demanda de bienes y servicios locales, lo que incluso podría ser objeto de políticas de atracción para impulsar la actividad económica en algunas regiones históricamente migratorias. El análisis de las características de las localidades rurales sugiere que los migrantes de retorno pueden ser más proclives a instalarse en regiones con disponibilidad de algunos servicios. También, algunos de ellos regresan todavía participando activamente en la fuerza laboral, aunque falta establecer el tipo de inserción laboral que llevan a cabo. Dada la heterogeneidad del país, cada región debe tener presencia en alguna medida de esta diversidad de migrantes y, por lo mismo, diseñar políticas que atiendan esta complejidad.

Referencias

Bastia, T., Lulle, A. y King, R. (2022). Migration and development: The overlooked roles of older people and ageing. *Progress in Human Geography,* 46(4), 1009–1027. doi:10.1177/03091325221090535.

Bolzman, C., Fibbi, R. y Vial, M. (2006). What To Do After Retirement? Elderly Migrants and the Question of Return. *Journal of Ethnic and Migration Studies,* 32(8),1359–1375. doi:10.1080/13691830600928748.

Bolzman, C.A. y Bridji, S. (2019). Older immigrants living in Switzerland and ambivalence related to return around the retirement period. *International Journal of Comparative Sociology,* 60(1–2), 14–36. doi:10.1177/0020715218824634.

Castro, Y. (2020). Retorno y familia en los estudios migratorios. Una revisión del campo. *Migraciones,* (50), 147–172. doi:10.14422/mig.i50.y2020.006.

Consejo Nacional de Población (CONAPO) (2023) *Proyecciones de la Población de México y de las Entidades Federativas, 2020-2070, CONAPO.*

Fundación BBVA Bancomer y Secretaría de Gobernación (2023) *Anuario de migración y remesas México 2023.* Ciudad de México.

García-Guerrero, V.M., Masferrer, C. y Giorguli-Saucedo, S.E. (2019). Future Changes in Age Structure and Different Migration Scenarios. *Revista Latinoamericana de Población,* 13(25), 36–53. doi:10.31406/relap2019.v13.i2.n25.2.

García, R. y Gaspar, S. (2016). Adultos mayores nacidos y residentes en México con vínculos migratorios internacionales (2000-2010). *Odisea. Revista de Estudios Migratorios,* (3), 151–180. Recuperado de *https://www.researchgate.net/publication/313820581.*

Giorguli Saucedo, S.E., Bautista León, A. y Corzo Sosa, E. (Coords.) (2019a). *Migración de Retorno y Derechos Sociales: Barreras a la integración.* Ciudad de México: El Colegio de México y Comisión Nacional de Derechos Humanos. Recuperado de *https://www.cndh.org.mx/sites/default/files/documentos/2019-10/Migracion-Retorno-DS.pdf*

Giorguli Saucedo, S.E. y Bautista León, A. (2019b). Radiografía de la migración de retorno 2015. En Giorguli Saucedo, S.E., Bautista León, A. y Corzo Sosa, E. (Coords.) *Migración de Retorno y Derechos Sociales: Barreras a la integración.* Ciudad de México: El Colegio de México y Comisión Nacional de Derechos Humanos, pp.13-26. Recuperado de *https://www.cndh.org.mx/sites/default/files/documentos/2019-10/Migracion-Retorno-DS.pdf*

Hunter, A. (2011). Theory and practice of return migration at retirement: the case of migrant worker hostel residents in France. *Population, Space and Place,* 17(2), 179–192. doi:10.1002/psp.610.

Instituto Nacional de Estadística y Geografía (INEGI) (2021) Censo de *Población y Vivienda 2020.* Recuperado de *https://www.inegi.org.mx/programas/ccpv/2020/default.html*

Jacobo Suárez, M.L. y Cárdenas Alaminos, N. (2020). Back on your own: migración de retorno y la respuesta del gobierno federal en México. *Migraciones Internacionales,* 11, 1–24. doi:10.33679/rmi.v1i1.1731.

Liu, Y., Dou, X. y Perry, T.E. (2020). Return Migration in Later Life in Mainland China: Motivations, Patterns, and Influences. *Ageing International,* 45(1), 30–49. doi:10.1007/s12126-018-9336-8.

Martínez Díaz Covarrubias, S.N. (2018). Migración de retorno de adultos mayores a México: redes sociales, familia y acumulación de desventajas. *Carta Económica Regional,* (121), 125–144. doi:10.32870/cer.v0i121.7103.

Montes de Oca, V., Molina, A. y Avalos, R. (2009) *Migración, redes transnacionales y envejecimiento: estudio de las redes familiares transnacionales de la vejez en Guanajuato.* México: Universidad Nacional Autónoma de México y Gobierno del Estado de Guanajuato.

Partida Bush, V. (2005). La transición demográfica y el proceso de envejecimiento en México. *Papeles de Población,* 11(45), 9–27. Recuperado de *http://www.scielo.org.mx/scielo.php?script=sci_arttext&pid=S1405-74252005000300002&lng=es&tlng=es.*

Ramírez Pérez, J.A. y De la Cruz Reyes, M. (2020). Migración de retorno a México y capitales para entender la asistencia escolar de jóvenes. *Revista Iberoamérica de Producción Académica y Gestión Educativa,* 7(14).

Riosmena, F., González, C.G. y Wong, R. (2012). El retorno reciente de Estados Unidos: salud, bienestar y vulnerabilidad de los adultos mayores. *Coyuntura Demografica,* 2012(2), 63–67. Recuperado de *http://www.ncbi.nlm.nih.gov/pubmed/23437434.*

Salas Alfaro, R., Jardón Hernández, A.E. y Murguía Salas, V. (2019). La migración internacional de retorno en el Estado de México. *Región y Sociedad,* 31, e1085. doi:10.22198/rys2019/31/1085.

Vega, A. y Hirschman, K. (2019). The reasons older immigrants in the United States of America report for returning to Mexico. *Ageing and Society,* 39(4), 722–748. doi:10.1017/S0144686X17001155.

Zaiceva, A. (2014). The impact of aging on the scale of migration. *IZA World of Labor,* (November), 1–10. doi:10.15185/izawol.99.

Vulnerabilidad, retorno y sufrimiento social de la Generación 1.5 en México

PAULA ALETHIA GONZÁLEZ ARELLANO
(BUAP)

INTRODUCCIÓN

Las políticas de control migratorio en la frontera México – Estados Unidos actualmente responden a una lógica securitaria y de militarización que busca entre otras cosas contener aquellos flujos poblacionales de quienes intentan ingresar al país de manera irregular, a través de lo que se conoce como gestión migratoria. Lo que ha llevado a implementar una serie de políticas asfixiantes y desgastantes sobre la población inmigrante irregular no sólo en tránsito, sino también para aquella población ya asentada en territorio estadounidense. Lo anterior ha provocado una reconfiguración en las percepciones sobre lo extranjero, exacerbando un fuerte nacionalismo que sin duda ha sido expresado más de una vez en las urnas, y en la vida diaria de aquellos migrantes mexicanos como los de la Generación 1.5, que se encuentran en un limbo legal que los empuja a replantear su presente y futuro en ese país que constantemente desecha su existencia.

Es así que se ha identificado a un subgrupo de jóvenes estudiantes universitarios que comparten una serie de particularidades que hacen de sus procesos migratorios, específicamente de su retorno no intencionado a México, país de origen y nacimiento, un evento que entreteje emocionalidades, capitales, costos sociales y políticos, a los que se enfrentan y que sin duda constituyen un desafío tanto a su llegada, como en todo su proceso de construcción a su nueva realidad.

Presento aquí los entramados principales de una investigación de campo realizada entre los años 2018 y 2021, con jóvenes universitarios retornados de la Generación 1.5 a México, a través de entrevistas a hombres y mujeres que fueron beneficiados por DACA y a aquellos que las circunstancias no fueron favorables para su obtención. Es así que el argumento de este capítulo nos lleva a reflexionar sobre las formas en las que el retorno no intencionado se vive por este grupo poblacional, a través de una serie de adversidades y múltiples desigualdades en una sociedad que les excluye y estigmatiza, limitando no sólo su integración a la sociedad mexicana, sino también su desarrollo a niveles personales, familiares y comunitarios. Los expone así, frente un sufrimiento social que se vive como consecuencia de todo un ensamblaje de dispositivos que gestionan las movilidades de los retornados y deportados, imponiendo una bifurcación en su trayectoria biográfica que los lleva a aplicar todos sus recursos y estrategias para construir nuevos espacios de vida e identidad.

CONCEPTUALIZACIÓN SOCIOLÓGICA DEL MIGRANTE DE LA GENERACIÓN 1.5

La categoría de Generación 1.5 ha sido fundamental para dar cuenta de los procesos, itinerarios, trayectorias y subjetividades que envuelven a un grupo poblacional de migrantes que comparten una serie de especificidades en sus orígenes: son aquellos sujetos que migran de su país de nacimiento siendo niños, por decisión de sus padres o familiares directos y que viven sus procesos de socialización primaria en el lugar de acogida, desarrollando sus años de adolescencia, juventud y adultez en dicho país con un estatus migratorio variable.

En gran medida, esta categorización surge para advertir desde los estudios demográficos a un sector poblacional con características muy específicas que comenzaba a ocupar y a demandar espacios importantes dentro de la sociedad estadounidense. Por lo que los primeros estudios, se centraban en describir etariamente a esta población, analizando elementos relacionados con educación, salud y vivienda; sin analizar a profundidad las implicaciones sociales, políticas y económicas que traía consigo la integración al país de destino.

La primera vez que la categoría de Generación 1.5 es acuñada para comprender los procesos de asimilación y adaptación de estos jóvenes fue a través de una investigación realizada por Ruben Rumbaut y Kenji Ima en 1987, como parte de un informe final entregado a la oficina de Reasentamiento de Refugiados de Estados Unidos. En el estudio intitulado *"The Adaptation of Southeast Asian Refugee Youth: A Comparative Study"* muestran los resultados de una serie de encuestas realizadas entre 1986 y 1987 en San Diego, California, sobre la adaptación de jóvenes refugiados de Vietnam, Camboya y Laos. El proyecto identificó las principales situaciones a las cuales se enfrentan estos jóvenes, específicamente en el ámbito educativo, laboral, ocupacional y económico después de su llegada a los Estados Unidos.

A los encuestados los llamaron Generación 1.5, lo que indica que no forman parte de la Primera Generación; es decir, aquellos adultos que se formaron en el país de origen y que abandonan su país para exiliarse como refugiados bajo un futuro incierto en Estados Unidos. Por lo que su identidad se define a partir de las consecuencias tomadas por esta decisión. Y, tampoco forman parte de la Segunda Generación de niños que nacen en Estados Unidos, cuyo proceso principal de identidad y apropiación se vive en lugar de nacimiento, viviendo bajo la memoria y los recuerdos de la patria de sus padres.

Ahora bien, son concebidos como una cohorte con características muy distintivas, al ser aquellos jóvenes que nacieron en el país de origen de sus padres (primera generación), pero que se formaron en Estados Unidos, y sobre todo que no fueron los principales protagonistas de la decisión de movilizarse, se desarrollaron completamente en el país destino. En palabras de Rumbaut e Ima (1988), son en muchos sentidos marginales tanto en el nuevo como en el viejo mundo, ya que aunque están entre ambos mundos, en cierto sentido no forman parte de ninguno de ellos.

Roberto Gonzales, desde 2002, ha llevado a cabo uno de los estudios más completos sobre los inmigrantes indocumentados en Estados Unidos. Su libro, Lives in Limbo: Undocumented and Coming of Age in America, se basa en un estudio a profundidad en el que siguió a 150 jóvenes adultos indocumentados en Los Ángeles durante doce años. “Explora las subjetividades y transiciones de estos jóvenes principalmente mexicanos, a través de comprender y retratar la manera en que viven su encuentro con la ilegalidad y la necesidad que surge de negociar su propia pertenencia” (Hirai y Sandoval, 2016:284). En términos generales Gonzales (2010) identifica a la Generación 1.5 como jóvenes indocumentados que migraron a Estados Unidos antes de los 12 años de edad y que han cursado la mayor parte de su escolarización en ese país.

Es importante mencionar, que no existe una sola definición que delimite los criterios para identificar a la Generación 1.5, sin embargo, existen una serie de elementos que ya han sido señalados por Hirai y Sandoval (2016) y que retratan las principales características de este grupo poblacional: “se trata de individuos que fueron llevados por sus padres al lugar de destino siendo aún niños y, han realizado la mayor parte de su escolaridad en la sociedad de destino, aunque pudieron haber realizado al menos parte de su socialización primaria en la sociedad de origen” (Hirai y Sandoval, 2016, p.279). A estas dos características, agregaría un tercer elemento, el cual tiene que ver con el sentido de pertenencia, inclusión y exclusión bajo los cuales transitan sus experiencias tanto en la vida privada, pública y política dentro del país de destino.

Es así, que esta categoría ha permitido dar voz a todo un sector poblacional que durante mucho tiempo permaneció bajo la sombra de las trayectorias migratorias de sus padres y de sus hermanos nacidos en la sociedad de destino. Estos jóvenes que en su mayoría no cuentan con "papeles" que los acredite como ciudadanos y que a los ojos de esta sociedad son transgresores de las leyes al estar de manera irregular en dicho territorio. Parecería así, que todos aquellos migrantes que comparten estas características tendrían trayectorias de vida similares y por lo tanto sus experiencias serían afines. Sin embargo, la Generación 1.5 de migrantes mexicanos en Estados Unidos es tan grande y heterogénea que sus subjetividades deben ser estudiadas a partir de cada una de sus particularidades.

Existen una serie de eventos que han sido parteaguas en la historia de la relación migratoria México - Estados Unidos, y que afectaron de manera significativa al patrón circulatorio que caracterizaba las trayectorias de los migrantes mexicanos; siendo causa cooperativa para el asentamiento y permanencia en el vecino país del norte de familias completas que buscaban la reunificación de sus integrantes. Algunos de los efectos de estos eventos se hicieron visibles con los cambios en las políticas migratorias, las cuales con el paso del tiempo no sólo se tornaron cada vez más restrictivas, sino también criminalizantes y punitivas:

- Immigration Reform and Control Act (IRCA por sus siglas en inglés) de 1986,
- Immigration Act de 1990,
- Illegal Immigration Reform and Immigrant Responsibility Act de 1996,
- Atentados del 11 de septiembre del 2001 en Nueva York,
- Creación del Departamento de Seguridad Nacional (Department of Homeland Security, DHS) en el 2003,
- Crisis económica del 2008, la cual produjo una contracción en los mercados de trabajo.

El presentar un estudio sobre la Generación 1.5 con retornos no intencionados a México, específicamente sobre aquellos sujetos que han logrado realizar sus estudios universitarios permite abrir una veta en los estudios migratorios que ponen en discusión las implicaciones que las políticas migratorias del régimen norteamericano ejercen sobre la población indocumentada, no sólo en el país de llegada, sino también como una especie de persecutor en el país de nacimiento, cuando ya sea de manera forzada o no intencionada son empujados a un retorno.

Recordemos que son jóvenes que llegaron siendo niños, que sus procesos de socialización primaria los llevaron a cabo en el país de acogida y que se han desarrollado y crecido como cualquier infante nacido en Estados Unidos, por lo que tuvieron acceso educativo hasta *high school* (preparatoria), su idioma principal es el inglés, el español casi siempre es hablado solo en el núcleo familiar inmediato, son jóvenes sobresalientes en el ámbito educativo y social, y muchos de ellos no conocían su situación migratoria hasta que entraron a la adolescencia y pudieron percatarse de ciertas situaciones que les ponían en desventaja con respecto a sus pares.

Algunos de ellos al reconocerse y asumir sus experiencias como parte de un sector poblacional importante que no cuenta con la ciudadanía estadounidense, deciden involucrarse en organizaciones pro migrantes que les permiten conocer sobre la realidad de miles de jóvenes que como ellos llegaron siendo niños y que buscan tener las mismas oportunidades, beneficios y reconocimientos que como cualquier otro ciudadano estadounidense: barreras para acceder a empleos competitivos, falta de acceso a la ayuda financiera federal para asistir a la universidad para pagar matrícula como residente, seguridad social, entre otras cosas.

En el año 2014, el presidente Barak Obama anunció una serie de medidas y reformas administrativas en materia de política migratoria, como respuesta al creciente descontento entre los grupos defensores de los derechos de los migrantes y los propios

Dreamers, el presidente y el Department of Homeland Security (DHS) emitieron conjuntamente un memorándum que ampliaba el programa DACA de 2012. Gonzales refiere, "que se proporcionaban permisos de trabajo temporales y alivio de la deportación a más de 664,000 jóvenes inmigrantes indocumentados que habían vivido en Estados Unidos desde su infancia" (Gonzales, 2010). La ampliación de 2014 anunciada por el presidente Obama eliminó el límite máximo de edad de DACA de treinta y un años e introdujo un nuevo programa, la Acción Diferida para Padres de Estadounidenses y Residentes Permanentes (DAPA, por sus siglas en inglés), para proporcionar alivio de la deportación y permisos de trabajo a unos 3.5 millones de inmigrantes indocumentados con hijos nacidos en Estados Unidos.

Ábrego y Gonzales (2010), señalan que aunque los niños indocumentados tengan acceso universal a la educación pública a través de la escuela secundaria, en su transición a la edad adulta se tienen obstáculos significativos a través del concepto de abyectividad con el cual describen el proceso en el que los jóvenes migrantes que ingresaron a Estados Unidos en su infancia comienzan a ser expulsados del sistema a medida que sus derechos son cada vez más limitados y el riesgo de ser deportados se convierte en una posibilidad más latente.

Por lo que hablar de esta generación de mexicanos universitarios con retorno no intencionado resulta también reflexionar sobre esa diversidad implícita en sus experiencias, procesos y desafíos a los cuales han tenido que hacer frente desde el momento en que "deciden" regresar al país que los vio nacer; lo que sin duda nos lleva a pensar en la importancia de replantear el propio concepto que ha contenido a esta generación, sobre todo por las experiencias que se entretejen dichos procesos de retorno y post retorno.

Ahora bien, el abordaje del estudio que se presenta, parte de los preceptos de la sociología de las emociones lo cual ha permitido acercarnos al estudio de las migraciones-movilidades y fronteras a partir de elementos que llevan a desentrañar las subjetividades de quienes ejercen las movilidades; es decir, del propio sujeto migrante. Analizar las implicaciones emocionales en los procesos migratorios, permite sin duda partir de las experiencias personales más sentidas de las personas para así lograr reconstruir su entorno y comprender las implicaciones sociales, políticas, culturales y económicas que develan los fenómenos a estudiar. Es así que entendemos que la sociología de las emociones entreteje un crisol de sentimientos-emociones: tristeza, alegría, enojo por no poder lograr algunas cosas, odio, miedo, orgullo, vergüenza, nostalgia. Muchas acciones de los migrantes están motivadas o sostenidas por las emociones, son el impulso y motor que les permite afrontar un proceso migratorio, de retorno y la existencia del post retorno en el lugar del nacimiento.

SUFRIMIENTO SOCIAL EN LOS PROCESOS DE RETORNO NO INTENCIONADO

Las etapas iniciales del retorno son los momentos más complicados y de mayor tensión entre aquellos migrantes que regresan al lugar de nacimiento. Son vivencias y situaciones de constante incertidumbre con respecto a lo que se está viviendo y lo que tendrán que enfrentar mientras comienzan a reconstruir y reincorporarse en este nuevo espacio. Existen diversas acepciones sobre la migración de retorno, para Liliana Rivera (2017) y Jorge Durand (2007), la migración de retorno se entiende como una etapa del proceso migratorio y como resultado de las interconexiones locales-globales entre sociedades desiguales. Por lo que el retorno no constituye la conclusión del proyecto del migrante, y entonces, se trata de un regreso a la localidad de origen (aunque no siempre sucede esto), regreso que es observado a priori como un retorno cuasi permanente y, generalmente definitivo, para reinsertarse en la dinámica local. Asimismo, el retorno plantea el dilema de la reinserción laboral, estos autores han enfatizado en el impacto no sólo económico, sino político y sociocultural como parte de la experiencia migratoria y que se traduce en la adquisición de códigos, habilidades, destrezas y prácticas distintas a las de su lugar de origen. Por su parte Durand (2004), menciona que el fenómeno de retorno está relacionado con lo que le sucede al migrante durante su estadía y con los cambios que se dan en el contexto internacional de los países de origen y destino.

La producción científica cuenta con una gran diversidad de enfoques teóricos desde los que se aborda este fenómeno, a menudo los análisis que derivan de estas perspectivas señalan el retorno como un fenómeno que responde a un esquema dicotómico de éxito / fracaso del proceso migratorio, sin considerar la multiplicidad de factores que lo complejizan. En este sentido, la perspectiva transnacional (Glick Shiller et al., 1992) plantea interesantes desafíos conceptuales que permiten entender el retorno como una etapa del ciclo migratorio. Se asume que los procesos migratorios no están conformados por fases aisladas entre sí, sino que existe una interconexión entre la emigración, la trayectoria migratoria en el extranjero y el retorno. De tal modo, la migración de retorno se muestra como un proceso complejo que es pensado (intencionalidad de regresar) y emprendido (acto de migrar / retornar), y que requiere de un proceso de readaptación por parte del individuo al espacio territorial y social al que se vuelve (Parella et.al, 2019, p.436).

Los desafíos a los que deben enfrentarse éstos jóvenes con retornos no intencionados a México -ya sea por deportación o por alguna situación que les hace ver el retorno como una alternativa de desarrollo social, personal y profesional-, vienen acompañados de una serie de experiencias que son concebidas a partir del sentirse bajo un proceso de exilio; pero también de situaciones hostiles y adversas, que se expresan mediante lo que se conoce como sufrimiento social y que pareciera ser inevitable durante los primeros meses e incluso años de llegada al país de origen[1].

Retomamos los estudios de Parella et.al (2019), en donde señalan que los procesos de post retorno suponen para muchos migrantes empezar de cero en entornos que prácticamente desconocen. Estos procesos de readaptación son aún más duros, ya que la fuerza de los factores de expulsión pone de relieve una precaria inserción laboral y a veces incluso social, previa a la emigración. Para Kleinman, Das y Lock (1997) el sufrimiento social se entiende como:

> El ensamblaje de problemas humanos que tienen sus orígenes y consecuencias en las heridas devastadoras que las fuerzas sociales infligen a la experiencia humana. De ese modo, el sufrimiento social se refiere a diversas dimensiones de la experiencia humana, incluida la salud, la moral, la religión, la legalidad y el bienestar, y resulta de lo que los poderes políticos, económicos e institucionales le hacen a la gente y, recíprocamente, de cómo estas formas de poder influyen en las respuestas a los problemas sociales (Kleinman et al. 1997, p.6).

De acuerdo con los hallazgos obtenidos, se puede señalar que para estos estudiantes universitarios de la Generación 1.5, el sufrimiento social es experimentado e interiorizado en dos momentos específicos:

1. Cuando al llegar a México identifican de manera más clara y sobre todo más objetiva su posición como migrantes mexicanos viviendo sin papeles en Estados Unidos

[1] Es importante y necesario señalar que lo aquí expresado parte de información recabada en entrevistas, foros, pláticas informales, podcast y publicaciones en redes sociales de quienes conforman el universo de la presente investigación. No significa que para todos los casos el retorno no intencionado al país de origen se viva o se perciba de manera negativa o que exista rigurosamente una especie de sufrimiento o un sentimiento de exilio ante lo dejado en el país de acogida.

(esto no quiere decir que no se tuviera esta concepción mientras vivían allá, sino que las experiencias se entendían y vivían desde otras perspectivas) y,

2. cuando se viven como migrantes mexicanos retornados / deportados al país de nacimiento, con redes familiares y de amistades muy limitadas, con nulo conocimiento sobre la situación social y política del país, sin lazos o raíces a los cuales asirse y con complicaciones para poder conseguir trabajo, vivienda y generar amistades que realmente pudiesen significarles. Todo esto, sin advertir las consecuencias emocionales que experimentar este proceso traería consigo.

Es a partir de estos dos momentos, que se identifican cinco dimensiones: socioeconómica, jurídica, laboral y/o educativa, de la salud, salud-emocional y cultural, que han trastocado las experiencias del retorno y las vivencias de una serie de injusticias y trabas estructurales a las cuales los universitarios de la Generación 1.5 tienen que hacer frente en su proceso de reinserción a un país con el cuál no mantienen ningún tipo de pertenencia, aunado a los eventos constantes que viven de discriminación, racismo, corrupción y de trabas institucionales por parte del gobierno mexicano que, poco o nada facilitan para que puedan obtener documentos tan básicos como aquellos que acrediten su identidad y agilicen sus procesos de llegada y asentamiento, por no contar con políticas públicas adecuadas que cubran las necesidades de éstos jóvenes universitarios con retornos no intencionados que distan del "típico" migrante jornalero que durante años engrosaba las filas de aquellos que retornaban al país de origen.

Ahora bien, éstas cinco dimensiones plantean una serie de desigualdades aún mucho más profundas que se gestan en el momento del retorno; es decir, para aquellos jóvenes que pudieron planear su retorno y que contaron con la oportunidad de pensar en la multiplicidad de factores que esto implicaría; desde identificar la ciudad de llegada, el ahorro previo, la búsqueda de casa y empleo, el restablecer contacto con sus familiares, logran entretejer así una red medianamente sólida que les da soporte en los primeros meses de su llegada; y que de una u otra manera permite tener las bases mínimas para empezar de cero una nueva vida.

El caso de Elsy y sus hermanos, quienes contaban con el apoyo de sus papás y familiares, pudieron retornar a su ciudad de origen con una red medianamente sólida; también tuvieron la oportunidad de poner en orden sus finanzas, vender propiedades, realizar transferencias, identificar lugares, espacios en donde podrían invertir al llegar a México, planear de manera más o menos amplia los costos que representaría vivir en su ciudad natal: desde el pago de renta o compra de vivienda, pago de servicios, costos de alimentación, salud, transportación, entre otras cosas. Y a pesar de que muchos de ellos llegaron con esa solvencia económica, se enfrentaron a realidades muy distintas a las que habían considerado. Sobre todo, cuando su ideal era conseguir trabajo en su área profesional y de esta manera vivir solo unos meses con sus ahorros para después formar parte de la población económicamente activa en México.

Sin embargo, en el caso de quienes fueron deportados, la situación es completamente distinta, ya que tienen que hacer frente a su deportación a través de sus familiares tanto en México como en Estados Unidos. Quienes se encontraban "del otro lado" se dieron a la tarea de vender pertenencias, juntar dinero, ropa, papeles que pudieran ser enviados de manera casi inmediata para que sus familiares pudieran tener como moverse en México. Ya estando en territorio nacional recurrieron a las redes principalmente de familiares para que pudieran acogerlos por un par de meses e incluso años, en lo que lograban establecerse, sin embargo, el proceso no ha sido sencillo ya que han tenido también que lidiar con el estigma del "deportado" en México. Aunado a ello, quienes llegaron a México durante periodos electorales no pudieron tramitar su credencial electoral lo que los colocó en una desprotección absoluta del Estado, ya que al no poder comprobar su identidad han sido hostigados tanto por el Instituto Nacional de Migración como por el policía de a pie, y sin haber logrado realizar ningún trámite o ni siquiera postular para trabajos que les permitan la sobrevivencia económica. Algunos de ellos terminan viviendo en situación de calle.

La deportación sin duda es uno de los procesos más traumáticos a los que las poblaciones migrantes se enfrentan, no sólo por la carga emocional que ésta representa, si no porque pareciera que a niveles institucionales no existen cifras mínimamente cercanas del número de retornados o deportados en México; así ha sido expresado por Maggie Loredo, activista y directora de Otros Dreams en Acción (ODA), en diversos foros y entrevistas:

> Actualmente en ninguna instancia, ya sea de Estados Unidos o de México, se cuenta con cifras acerca de cuántos migrantes han sido retornados o deportados desde Estados Unidos hacia México. En el Instituto Nacional de Migración (INM) sólo proporcionan cifras de repatriación, pero estos son conservadoras y no contemplan a todas las personas que regresan al país, pero tampoco las otorgan mediante solicitudes de acceso a información (Loredo, 2023).

Tal como ha sido mencionado el sufrimiento social permea de manera profunda cada una de las áreas de la vida de estos jóvenes, en la dimensión laboral y socioeconómica se denota como las restricciones legales vividas en el mercado laboral estadounidense se traducen en desventajas concretas al momento de insertarse al mercado laboral mexicano, donde además de los títulos, la experiencia es fundamental:

> Al principio consideré que todo sería sencillo, digo, no regalado ni hiper fácil, pero que si mi experiencia me ayudaría a tener ventajas. Hablo inglés a la perfección, en el español me defiendo y entiendo alemán. Estudié administración, fácilmente podría haberme integrado en cualquier empresa en la CDMX, que me dijeron que sería más fácil. Pero ¿Cuál fue mi sorpresa?, en ninguna empresa me querían porque estaba sobrecalificada, y por qué no tenía experiencia, lo cual era pues obvio, no podía tener experiencia cuando allá lo más que podía hacer era ser hostess de un restaurante. Mis ahorros se fueron en menos de un año, y todo lo que tenía ahorrado para pagar los créditos universitarios allá, se fueron en un año. No me quedó de otra que dar clases de inglés, me certifiqué con la universidad de

> Dayton y empecé a dar clases. Sigue sin gustarme, pero con eso como (Extracto de entrevista Andrea, 2021).

El caso de Andrea se repite en varias de las narrativas, para muchos de éstos migrantes universitarios la inserción al ámbito económico de México se ha circunscrito en la docencia. Pareciera ser que la única ventaja de ser jóvenes, bilingües, biculturales con universidad terminada e incluso con estudios de posgrado es la de integrarse como docentes de inglés. Cuando llegaron a México consideraban que justo esas características mencionadas les permitirían tener acceso a una mejor posición económica; sin embargo, la propia situación de precariedad combinada con las escasas oportunidades laborales para jóvenes profesionistas mexicanos, terminaron relegándolos a un sector que no habían considerado. Por lo tanto, como bien señala Masferrer (2016) las condiciones de inserción son muy parecidas con las de los no migrantes, pues la precariedad del mercado laboral mexicano afecta a todos.

> Fue muy difícil encontrar trabajo, no sabía que papeles entregar, todos me pedían experiencia laboral en el país. Por eso fue mucho más fácil volverme maestro. Estuve dos años trabajando en Berlitz, después armé una red de contactos para trabajar en una empresa y ser su asesor de idiomas personal. En otros trabajos siempre me decían que no contaba con el perfil, pues es normal como no podía presentar experiencia en el área porque en Estados Unidos trabajaba como mesero, pues mucho menos querían darme el trabajo, porque no había forma de certificar que estaba estudiando ingeniería (Extracto de entrevista a Joshua, 2019).

La mayoría de estos jóvenes universitarios se insertaron casi de manera inmediata en el trabajo de los *call center*, siendo esos espacios los que les permitían mantener un pie en el país que los vio crecer. Es decir, podían seguir hablando inglés, no sólo en las horas laborales, sino también en los espacios de esparcimiento y descanso, la mayoría de sus clientes eran de Estados Unidos, por lo que no tenían problemas para comunicarse y realizaban el trabajo de manera adecuada, así como tampoco requerían presentar papeles notariados, identificaciones oficiales, referencias laborales previas, entre otras cosas. Y lo más importante de todo es que convivían con más jóvenes que como ellos habían regresado de manera forzada a México.

> El incremento de los *call centers* en Tijuana está asociado directamente al auge de las deportaciones de ciudadanos mexicanos que pasaron años viviendo en Estados Unidos, y es que los centros de llamadas son justamente la mejor opción de trabajo para quienes deben forzosamente volver a empezar... Los deportados conocen la cultura estadounidense, por lo que tienen un plus difícil de igualar que pueden usar para fidelizar a los clientes, atender prospectos y por supuesto cerrar ventas. Un deportado puede establecer una buena relación con los clientes estadounidenses, hablar del Super Bowl, la NBA o la Major League Baseball con la fluidez de un "americano" (Extractos de nota de: *https://www.paradavisual.com/call-centers-para-deportados/*).

A pesar de que trabajar en un *call center* pareciera ser el paso siguiente que deben de dar los jóvenes al llegar a México, una gran parte de los entrevistados refirieron que el trabajo en ese sector solo se daba de manera temporal, por vacaciones o como medida emergente, en lo que conseguían un trabajo relacionado con sus estudios. Por otro lado, como se menciona en párrafos anteriores, la enseñanza del idioma inglés en instituciones educativas como en empresas privadas es otro de los sectores que han permitido a esta generación formar parte del sector económicamente activo del país. Algunos de ellos han tenido apoyo de la Fundación SM a través de su programa *"Dreamers"* y en colaboración con la Universidad de Dayton para certificarse como maestros de inglés de segunda lengua. Sin embargo, lo anterior no garantiza que puedan conseguir un trabajo seguro y bien remunerado que mínimamente se acerque al nivel de vida económico que tenían en Estados Unidos.

Día a día se enfrentan a las violencias de las instituciones que naturalizan el maltrato de manera cotidiana, no sólo al exigirles comprobar una nacionalidad, sino también a ser objeto de discriminación y burlas por no contar o por no saber cada uno de los procesos requeridos para poder realizar trámites que les permitan tener una identidad, a pesar de conocer la situación. La poca sensibilidad y desconocimiento de los trabajadores públicos en espacios como: la Secretaría de Educación Pública, el Instituto Nacional Electoral, el Seguro Social y hasta el Instituto Nacional de Migración, invisibiliza a este grupo poblacional que lentamente va llegando a México y que requiere de programas y apoyos específicos a sus condiciones sociales, culturales y económicas.

> Eres como un fantasma en el sistema, así que regresas y tienes que sacar tu identidad mexicana, por lo menos los adultos tienen su identidad, uno empieza desde cero, naciste, pero nunca estuviste aquí. Entonces no conciben que no tengas acta de nacimiento actualizada, o que nunca hayas tramitado tu INE o que vengas con una tarjeta consular que no sirve literal para absolutamente nada (Extracto de entrevista Sara, 2020).

Los desafíos y obstáculos que representan este proceso burocrático varían mucho de persona a persona, pero también de un estado de la República Mexicana a otro, pareciera que los procedimientos no están estandarizados y se realizan a conveniencia de cada secretaría estatal, lo que sin duda dificulta realizar cualquier tipo de papeleo, ya que las solicitudes de información realizadas antes de llegar a México y que fueron consultadas desde los respectivos consulados, no coinciden con los requisitos que se imponen desde la Secretaría de Educación Pública (SEP) en ninguno de sus niveles (federales, estatales y municipales). Haciendo que los trámites impliquen fuertes gastos económicos entre traslados innecesarios, apostillados, traducciones y permisos notariales. La situación se complejiza aún más, cuando los solicitantes no cuentan con una red de apoyo transnacional que pueda auxiliar en recuperar firmas, documentaciones originales, realizar envíos, acudir a los sectores escolares o los consulados, también si no se cuenta con los recursos financieros adecuados, puede hacer del proceso un proceso frustrante, y desconcertante al pensar que tampoco podrán continuar con sus estudios de este lado de la frontera.

La burocracia mexicana a la cual se enfrentan dista mucho de lo que han vivido en Estados Unidos, aquí los procesos se vuelven complicados, engorrosos, muchos de ellos han expresado que el sistema burocrático se parece a un largo maratón, en dónde solo el más hábil y fuerte logrará concluir con sus objetivos de revalidación. Es necesario señalar la importancia que tiene para ellos contar con un título que reconozca sus estudios universitarios y de posgrado, ya que de ello depende su integración al mercado laboral o bien continuar con sus estudios para poder aspirar a intercambios internacionales académicos; y sobre todo a nivel anímico y emocional resulta ser un fuerte golpe, ya que nuevamente tendrán que lidiar con obstáculos que no reconocen sus trayectorias.

Otro de los puntos que han sido comentados desde el ámbito educativo y del que sobre todo quienes están por cursar sus estudios universitarios en México continuamente refieren es el tema del idioma, muchos de ellos se fueron tan pequeños de México que no lograron siquiera cursar el nivel básico educativo, por lo que escribir, leer y comunicarse en español no se encuentra dentro de sus habilidades primarias; por lo tanto, resulta todo un reto para ellos cursar estudios a nivel licenciatura sin contar con un buen nivel de español, haciendo que su paso por la universidad se torne complicado siendo continuamente discriminados tanto por docentes como por estudiantes que no conciben que siendo mexicanos no puedan comunicarse en español. Muchos de ellos han tenido que pagar o pedir apoyo de sus compañeros para poder realizar tareas o trabajos escolares. Sin que las instituciones educativas tomen responsabilidad por esta generación que requiere de cursos específicos que les ayuden a paliar las deficiencias que presentan.

Es importante señalar que han existido intentos bastante rescatables desde las organizaciones de la sociedad civil y también desde algunas universidades que han buscado la manera de brindar espacios tanto de convivencia como de enseñanza para para estos jóvenes, sobre todo este tipo de acciones proliferaron durante el periodo presidencial de Barack Obama, cuando se vio un aumento considerable de población joven deportada que buscaba integrarse al ámbito educativo mexicano.

Ahora bien, para quienes son empujados a trabajar de manera casi inmediata mientras logran destrabar los trámites burocráticos, insertarse al ámbito laboral tampoco resulta nada sencillo, sobre todo cuando se enfrentan a una serie de condicionamientos y reglas institucionales muy restrictivas, duras y hasta discriminatorias que tienen que ver no con sus habilidades, destrezas o capacidades profesionales, sino con el aspecto físico de cada individuo. En los relatos que a continuación presento se puede percibir el choque que representó para alguno de ellos:

> Piden tantos requisitos para que puedas trabajar, que la edad, que si los tatuajes, que se te queden viendo, que si hablo muy bien el inglés, que si no me sé expresar bien en español ¡pues obviamente no! (Extracto de entrevista a Brenda, 2019).

Me parece importante rescatar las reflexiones tanto de Sara como de Brenda, quienes expresan de manera clara sus sentires con respecto a lo que ha implicado para ellas enfrentarse a la vida educativa y laboral en México. Es importante señalar que ambas cuentan con estudios de maestría, los cuales concluyeron en Estados Unidos, entre sus planes al llegar a México era/es estudiar el doctorado, y desempeñarse profesionalmente en sus áreas de interés y conocimiento; ambas mantienen vínculos laborales con sus redes en Estados Unidos, específicamente con las universidades en las cuales estudiaron y buscan poder cruzar la frontera con VISA para poder visitar a sus familiares.

En este contexto, los migrantes de retorno desde Estados Unidos se insertan en actividades educativas y/o laborales, encontrándose con barreras estructurales y socioculturales, además de las que enfrenta la juventud mexicana. La necesidad de revalidación para la continuidad escolar, las trabas burocráticas para lograr el acceso a la escuela, la pobreza, el escaso dominio del español académico (lectoescritura), el bullying, la separación familiar y la crisis emocional que puede ligarse a la migración –especialmente cuando no es voluntaria–, entre otros factores, son aspectos que obstaculizan la inserción escolar y el desempeño académico de los niños y jóvenes que regresan de Estados Unidos (Zúñiga, Hamann y Sánchez, 2008; Anderson y Solis, 2014; Nava, Domínguez y Castro, 2017). (Vargas et.al, 2019, p. 210).

En el caso de Sara, se encuentra viviendo sola en la CDMX y Brenda con su pareja e hijos en Coahuila. La comprensión que tienen sobre la situación migratoria bajo la cual se encontraban y las redes sociales que frecuentaban, así como sus propias historias personales y profesionales, las han llevado a reflexionar de manera crítica sobre el régimen migratorio y las políticas deshumanizantes bajo las cuales se encuentra la población migrante indocumentada en Estados Unidos y sobre todo por el nulo apoyo del gobierno mexicano hacia una generación de jóvenes profesionistas mexicanos que pareciese que no tuvieran cabida en el país del cual partieron en el algún momento de sus vidas:

> El gobierno no sabe que existimos, que hay más casos como el mío. Hay cosas más importantes en el país que nosotros, si hubiese programas de gobierno para ayudar a los jóvenes retornados, muchos nos sentiríamos que realmente no cometimos ningún error al regresarnos, el gobierno si tiene responsabilidades porque no todos tenemos apoyo familiar. No necesitamos clases de español, necesitamos becas, pases directos para ingresar a la uni, dar carreras técnicas, asesorías jurídicas, no dejarnos escondidos en los *call center* (Extracto de entrevista, Brenda 2021).

La falta de visibilización y reconocimiento de éste grupo poblacional en México, ha traído consigo una serie de inequidades y falta de oportunidades que sin duda afectan la salud emocional e incluso física de quienes se enfrentan a uno de los procesos más traumáticos de toda la experiencia migratoria en sí misma, y que tiene que ver con la separación, el destierro, el exilio al que son empujados a vivir a causa del régimen de deportabilidad bajo el cual se encontraban viviendo en Estados Unidos; y que pareciera que existe una suerte de negación no sólo por parte de la sociedad, sino también del mismo gobierno mexicano que los coloca en una situación de vulnerabilidad constante.

Quienes regresan viven situaciones traumáticas que han marcado sus vidas, desde el momento en que migraron hacia Estados Unidos siendo pequeños, alejándose de su casa, su familia y llegando a un país con características completamente distintas al suyo. Tuvieron que hacer frente a un idioma, sociedad y culturas diferentes y mientras más se vivían y se identificaban como parte de la sociedad norteamericana, ésta mostraba un rechazo cada vez más palpable y visible.

Posteriormente tomar la decisión de dejarlo todo y empezar desde cero en México, en un lugar que poco recordaban, pero que sin duda les representaba emoción, desafíos y sobre todo esperanza de poder empezar a vivirse; simboliza también un proceso duro, lleno de retos y obstáculos que no habían sido considerados. Quienes regresan viven periodos de profundo estrés, ansiedad, frustración y depresión, como consecuencia de las experiencias traumáticas que implicaron el retorno y la deportación; de enfrentarse a una realidad completamente distinta a la que habían pensado. Al volver existe una añoranza y recuerdo de lo que se dejó atrás, específicamente de las vivencias con los familiares cercanos, por lo que muchos de ellos esperan que su círculo familiar cercano se mantenga si no intacto, si por lo menos en un ambiente de cordialidad y de apertura con su regreso. Afrontar actitudes machistas, discriminatorias y de rechazo ante sus identidades (idioma, vestimenta, aspecto físico, ideología) provoca sentimientos de soledad que los lleva a dudar sobre la decisión tomada, infligiendo mucha más presión sobre su propio futuro.

En algunos casos existían ya una serie de trastornos sociales que no se habían presentado o que no habían sido identificados antes del retorno, y que salieron a relucir, cuando se encontraron bajo una situación de la cual no podrían tener control absoluto y que muchos de los procesos no dependían enteramente de ellos, sino de todo el aparato ideológico mexicano y esto mismo provocó en algunos casos aislarse y vivir en silencio las emocionalidades que les rodean. Emmanuel Renault (2016), señala que la depresión puede forzar al aislamiento y privar más aún del apoyo social, y de forma más general, de los recursos sociales que ayudan a luchar contra el sufrimiento.

> Nunca me imaginé volver, siempre supe que ese día iba a llegar, pero no sabía cómo me iban a recibir, si me recibiría mi familia o no (Extracto de entrevista Camilo, 2019).

> Integrarme con mi familia no ha sido nada nada sencillo, se han burlado demasiado de mí. Ha habido muchas críticas, muchos títulos, bueno apodos, fue muy raro, ellos esperaban que hablara todo mal en español. Todo el tiempo me corregían, todo era una competencia, para ver como humillarte. Ellos no fueron muy amigables, ni tampoco me ayudaron a integrarme y siempre me decían: eres fresa o te cotizas. Realmente no tengo buenos recuerdos de cómo fue la primera comunicación con mi familia. Quería que les enseñara inglés de a gratis. Siempre se querían aprovechar de mí. Me hacían sentir solo, tonto. Yo tenía una idea muy distinta de cómo sería encontrarnos, de que podría platicar con mis primos, salir con ellos, pero nada fue así. Me humillaron (Extracto de entrevista Rubén, 2020).

El choque cultural de acuerdo con el *International Student Insurence* (2022) se refiere al impacto causado por cambiar de una cultura familiar a una que es desconocida. Este impacto incluye la ansiedad y sentimientos (como la sorpresa, la desorientación, la incertidumbre y la confusión) que se sienten cuando una persona debe adaptarse a una cultura o ambiente social diferente y desconocido. Esto puede incluir el choque de un nuevo ambiente, conocer gente nueva, comer comida nueva, o adaptarse a un idioma extranjero, así como la conmoción de estar separado de las personas importantes en tu vida: como tu familia, amigos, colegas y maestros.

> Creces con una cultura, unas raíces mexicanas y llegas aquí no es lo mismo, cambia, tiene sentido porque la cultura no es homogénea, depende de la región, así que pues en Estados

> Unidos una cultura mexicana, pero whitewash. Yo entendía la cultura mexicana como la había vivido con mi familia, mi familia es de la costa chica de Guerrero, así que, pues son costeños, tienen ciertas tradiciones y tienen el baile de la iguana y lo bailan en las bodas, lo que veía en las fiestas familiares, les gustan las cumbias y hablan con ese acento y pues allá conocí el día de los muertos, y bueno, llegas aquí y ¡oh! Sorpresa pues muchas cosas no son así, pareciera que viví la versión mexicana de Walt Disney allá (Extracto de entrevista Sara, 2020).

Coincidimos con las reflexiones de Monárrez (2022), al señalar que el sufrimiento social es un ensamblaje de problemas humanos, cuyas estructuras complejas en la sociedad hieren a las personas, y éste sufrimiento es diferenciado a partir de la brecha existente entre las clases sociales, lo que determina el tipo de recursos y capital social con el que cuentan para poder sortear las dificultades que se les presentan, visibilizarlas y mostrar a todo el aparato social las implicaciones tan profundas que se reproducen en la vida cotidiana de las personas.

Señalar, visibilizar y desentrañar las experiencias de esta generación que viven un retorno no intencionado, permite como bien identifica Das (2008, p.437) mostrar cómo las instituciones sociales están profundamente implicadas en dos modos paralelos: el de la producción de sufrimiento y el de la creación de una comunidad moral capaz de concertar con él. Por lo que es importante apuntar hacia una reflexión, diálogo y denuncia sobre las implicaciones y consecuencias del regreso no intencionado al país de origen.

REFLEXIONES FINALES

Las secuelas que deja a su paso el proceso de deportación y retorno no intencionado en jóvenes universitarios de la Generación 1.5, nos lleva a pensar en todas aquellas omisiones del estado mexicano para asegurar una vida digna de quienes han sido expulsados por el régimen de frontera Norteamericano; lo que ha traído consigo una serie de afectaciones en todos y cada uno de los niveles de su vida, como ya hemos visto a lo largo del capítulo. Es por ello que cuando escuchamos al presidente de México Andrés Manuel López Obrador referirse a los millones de mexicanos que radican en Estados Unidos como "héroes vivientes", quienes aportan remesas que en los últimos años a pesar de la pandemia han superado los 50 mil millones de dólares; nos hace pensar en la deuda infinita que se tiene con aquellos connacionales retornados, deportados y sus familias una vez que ya están en territorio mexicano. No podemos obviar el sufrimiento social al que se enfrentan en sus procesos de post retorno y de reintegración a una sociedad que desconocen y que les desconoce.

Los matices tanto en las formas de retorno -no intencionado o por deportación- como en los procesos de post retorno (entendiendo éste como el proceso que conlleva a las personas encajar en la estructura social y productiva del país de origen (Parella, et al., 2019; Rivera, 2019), deben ser visibilizados para lograr abrazar cada una de las particularidades que envuelven a estas poblaciones que se viven en un exilio al ser arrancados del único lugar que consideraban como hogar. El desarraigo familiar, el desequilibrio económico, el no reconocimiento de sus múltiples identidades, la violencia y la discriminación que viven; sin duda son obstáculos que dificultan la integración al país de nacimiento; haciendo que el vivirse en México sea no solamente pesado sino doloroso al profundizar las heridas emocionales, económicas, sociales y culturales de los retornos no intencionados.

Referencias

Ábrego, L. y Gonzales, R. (2010). Blocked Paths, Uncertain Futures: The Postsecondary Education and Labor Market Prospects of Undocumented Latino Youth. *Journal of Education for Students Placed at Risk, 15*(1), 144-157.

Achotegui, J. (2008). Migración y crisis: El síndrome del inmigrante con estrés crónico y múltiple (Síndrome de Ulises). *Avances en Salud Mental Relacional, 7*(1), 1-29.

Aguilar, R. y Ortiz, L. C. (2018). La emergente generación 1.5.: estadounidenses creciendo en México. En C. A. Garrido y J. Anderson (coords.), ¿Santuarios educativos en México? Proyectos y propuestas ante la criminalización de jóvenes dreamers, *retornados y deportados* (pp. 127-150). Veracruz, México: Universidad Veracruzana. Doi: *https://doi.org/10.25009/uv.2020.655*

Ariza, M. (2007). Itinerario de los estudios de género y migración en México. En M. Ariza y A. Portes (eds.), *El país transnacional: Migración mexicana y cambio social a través de la frontera.* México: UNAM.

Barbalet, J. M. (2001). *Emotion, Social Theory, and Social Structure. A Macrosociological Approach.* Inglaterra: Cambridge University Press.

Bericat Alastuey, E. (2000). La sociología de la emoción y la emoción en la sociología. *Papers: Revista de Sociología* (62), 145-176.

—— (2012). Emociones. *Sociopedia.isa* 1-13. Doi: 10.1177/205684601261

Das, V. (2002). Sufrimientos, teodiceas, prácticas disciplinarias y apropiaciones. Revista Internacional De Ciencias Sociales.

De Génova, N. y Peutz, N. (eds). (2010). *The Deportation Regime. Sovereignty, Space, and the Freedom of Movement.* EE. UU.: Duke University Press.

Hirai, S. y Sandoval, R. (2016). El itinerario subjetivo como herramienta de análisis: las experiencias de los jóvenes de la generación 1.5 que retornan a México. *Mexican Studies/Estudios Mexicanos, 32*(2), 276-301.

Kleinman, A., Das, V. y Lock, M. (eds.) (1997). *Social Suffering,* Berkeley: University of California Press.

Masferrer, C. y Roberts, B. (2016). The Changing Patterns of Return Migration from the US to Mexico and their Policy Implications. En D. L. Leal y N. P. Rodríguez (Eds.), Migration in an Era of Restriction and Recession. Immigrants and Minorities, Politics and Policy, (pp. 235-258). Suiza: Springer International Publishing.

Monárrez, J. (2022). Más allá de la desaparición forzada y la tortura sexual. Tijuana: México: Colegio de la Frontera Norte

Ortega, F. (ed.) (2008). Veena Das: Sujetos de dolor, agentes de dignidad. Bogotá: Colombia: Colección Lecturas CES

Parella, S., Petroff, A., Speroni, T. y Piqueras, C. (2019). Sufrimiento social y migraciones de retorno: una propuesta conceptual. *Apuntes. Revista De Ciencias Sociales, 46*(84), 37-63. Doi: *https://doi.org/https://doi.org/10.21678/apuntes.84.1013*

Rivera, L. (ed.) (2012). Las trayectorias en los estudios de migración: una herramienta para el análisis longitudinal cualitativo. En M. Ariza y L. Velasco (coords.), Métodos cualitativos y su aplicación empírica: por los caminos de la investigación sobre migración internacional, México: IIS-UNAM / El Colegio de la Frontera Norte.

—— (2015). Movilidades, circulaciones y localidades. Desafíos analíticos del retorno y la reinserción en la ciudad. Alteridades, año 25 (50), 51-63.

—— (2015). Narrativas de retorno y movilidad. Entre prácticas de involucramiento y espacialidades múltiples en la ciudad. Estudios Políticos, (47), 243-264.

—— (2019). ¿Volver a casa? Migrantes de retorno en América Latina. Debates, tendencias y experiencias divergentes. México: El Colegio de México.

Rumbaut, R. (2003). Edades, etapas de la vida y cohortes generacionales: Un análisis de las dos primeras generaciones de inmigrantes en Estados Unidos. En A. Portes y J. DeWind (coords.), Repensando las migraciones. Nuevas perspectivas teóricas y empíricas. México: Miguel Ángel Porrúa / UAZ / Secretaría de Gobernación / Instituto Nacional de Migración.

Rumbaut, R. e Ima, K. (1988) The adaptation of Southeast Asian refugee youth: a comparative study. Washington DC: US Office of Refugee Resettlement.

Van Houte, M., & Davids, T. (2008). Development and Return Migration: From Policy Panacea to Migrant Perspective Sustainability. Third World Quarterly, 29(7), 1411–1429. *http://www.jstor.org/stable/20455117. https://www.internationalstudentinsurance.com/student-health-insurance/*

II.
FORMACIONES TRANSNACIONALES Y DE RETORNO

Migración escolar transnacional y formación docente: por un futuro incluyente

JUAN SÁNCHEZ GARCÍA
(Universidad Autónoma de Nuevo León)

INTRODUCCIÓN

La migración es un movimiento de personas que se trasladan entre distintos lugares. Existe la migración interna, de una localidad a otra dentro de las fronteras de un mismo país y la migración externa que implica el tránsito de un país o región a otra. Estos movimientos o tipos de migración pueden estar motivados por la búsqueda de mejores condiciones de vida y mayor bienestar de los individuos y sus familias.

La migración interna ha cambiado en los últimos 40 años, convirtiéndose en el principal determinante demográfico en la transformación de la distribución de la población mexicana (Gobierno de México, 2016). Por otra parte, la migración externa o internacional ha estado presente en las diferentes etapas históricas del país, sobre todo la relación transfronteriza con los Estados Unidos que, en las últimas dos décadas, se ha caracterizado por ser una migración familiar con mayor presencia de niñas, niños, adolescentes y jóvenes.

En México, las principales razones del retorno están asociadas a causas económicas, reunificación familiar y endurecimiento de las medidas migratorias. Cabe destacar que en años recientes se ha producido una reducción de la migración mexicana hacia los Estados Unidos y un incremento sin precedentes de la migración de retorno hacia el país.

La migración escolar México-Estados Unidos de retorno o llegada por primera vez a escuelas mexicanas es un fenómeno que se está incrementando en las dos últimas décadas y está siendo investigado con mayor profundidad (Zúñiga y Giorguli, 2020). Entre los principales hallazgos se destacan que la experiencia escolar transnacional se plantea desde una socialización fragmentada. La mayoría de los estudiantes había atravesado de un sistema escolar a otro por lo menos dos veces. Además, estas dislocaciones geográficas establecen discontinuidades y rupturas en las relaciones sociales. A pesar de que la escuela es una institución medidora de procesos sociales, los estudiantes transnacionales resultan "invisibles" para docentes y autoridades educativas. Aunque las familias se encuentran separadas por la frontera, sus integrantes conservan sus identidades nacionales y étnicas.

Los flujos migratorios han cambiado, "la diáspora mexicana en Estados Unidos es aún la mayor del mundo. La población nacida en México en ese país suma casi 12 millones de personas, y la que posee raíces en México en una o dos generaciones anteriores suma alrededor de 40 millones" (Escobar y Masferrer, 2021, p. 16). Los cambios en el retorno tienen implicaciones en la separación y reunificación familiar, lo cual presenta consecuencias en las relaciones entre sus integrantes de distintas formas. La migración de retorno aparenta evitar la separación de la familia cuando uno de sus miembros ha sido deportado.

El desarrollo regional es un fenómeno multidimensional que abarca aspectos: económicos, políticos, sociales, culturales, ambientales, demográficos y educativos. Este trabajo de investigación se vincula con el ámbito educativo desde una perspectiva sociocultural del desarrollo regional donde se instala el combate contra la desigualdad y la exclusión social. El propósito de este estudio es analizar la migración escolar transnacional y la atención a la diversidad en la formación inicial de docentes mexicanos para establecer propuestas de política educativa de atención a la diversidad que contribuyan a la construcción de escuelas incluyentes y justas. A partir de la revisión de la literatura y la reflexión sobre evidencias empíricas se establece un análisis cualitativo y se realiza un examen interpretativo de planes y programas de estudio de escuelas normales de las reformas educativas recientes en la licenciatura en educación primaria para promover la interculturalidad crítica en la atención a menores migrantes.

Cabe destacar que existen dificultades para comprender el fenómeno migratorio por la diversidad de agentes sociales que se involucran, las distintas estrategias que utilizan en los traslados, las redes sociales que se constituyen para traspasar las fronteras, y la interacciones sociales entre las comunidades de origen y destino (Villafuente, 2006). La presente investigación está enfocada en la migración de retorno y circular. En México, las principales razones del retorno están asociadas a causas económicas, reunificación familiar y endurecimiento de las medidas migratorias. Cabe destacar que en años recientes se ha producido una reducción de la migración mexicana hacia los Estados Unidos y un incremento sin precedentes de la migración de retorno hacia el país.

Actualmente, en Estados Unidos se mantienen las medidas discriminatorias contra los migrantes indocumentados, pero se amplían las oportunidades de migración regular constituyendo lo que Jorge A. Bustamante considera como la región fronteriza como un espacio de alta interacción social asimétrica de proximidad entre dos países (Gutiérrez, 2021). Por un lado, la menor migración indocumentada y por el otro, el otorgamiento de visas temporales y de permisos de residencia permiten que se regularice la población mexicana en el vecino país. Lo anterior conduce hacia una disminución de la población indocumentada mexicana en Estados Unidos.

En el *Foro sobre Educación y Migración* (Alianza MX de la Universidad de California, Embajada de México en Estados Unidos, El Colegio de México y Universidad Autónoma de Nuevo León, 2023) se planteó una estimación de dos millones de "alumnos que compartimos" y que transitan en dos sistemas educativos que requieren atención a sus necesidades educativas, a través de políticas eficaces que permitan aprovechar las oportunidades para el desarrollo regional.

Además, con base en la Encuesta Intercensal de 2015, se establece que 600 mil alumnos inscritos en educación preescolar, primaria y secundaria de México habían tenido una experiencia escolar previa en escuelas de Estados Unidos (Hamann, Zúñiga y Sánchez, 2022). Existe otro segmento de la población nacida en ese país y llegaron a México en su niñez, comenzando su escolaridad en el país. De esta manera, se presenta la circulación de alumnos entre los dos sistemas educativos como un fenómeno social de importancia.

Por su parte, Ruiz, Jensen y Johnstun (2021) han encontrado poca evidencia de que en la educación normal se atienda las necesidades de estudiantes americanos-mexicanos. Advierten que no se menciona específicamente la migración, el transnacionalismo ni a las niñas, niños, adolescentes y jóvenes que resultan afectados por esta situación en los programas de estudio de las escuelas normales. Adicionalmente, señalan que el plan de estudios actual (SEP, 2022) no responde a las necesidades educativas de las poblaciones minoritarias de estudiantes, como las de aquellos que retornan de Estados Unidos y se incorporan a las escuelas mexicanas. Cabe reconocer, aunque la población migrante transnacional puede parecer reducida y sin aparente impacto a nivel nacional, tiene una destacada presencia en localidades y entidades federativas.

La migración escolar transnacional, la formación inicial de docentes y la atención para la diversidad ¿representan un problema o implican un desafío para el bienestar y la calidad de vida en el desarrollo regional? Estos cuestionamientos constituyen una impronta en la construcción de un futuro incluyente y justo. En los siguientes apartados serán abordados algunos planteamientos referidos a este asunto.

DESARROLLO

Alumnos transnacionales en escuelas mexicanas

Estudios pioneros en México (Zúñiga Hamann y Sánchez, 2008) establecen que los alumnos transnacionales son una población migrante de entre 6 y 15 años de edad, que han realizado parte de su escolaridad en instituciones educativas de Estados Unidos y otra parte en México. Son nacidos en México o de origen mexicano debido a que sus padres y madres son mexicanos.

Para comprender la noción de alumnos transnacionales conviene señalar que son aquellas niñas, niños y jóvenes que vivieron y estudiaron en Estados Unidos por lo menos un año y que se encuentran en escuelas mexicanas. Este fenómeno también se presenta en las escuelas norteamericanas con distintas variantes cuando reciben población hablantes de español, mayoritariamente que proviene de México. Los alumnos transnacionales son migrantes que vivieron en distintos lugares, cruzaron fronteras, y que resultan ser como "fantasmas entre dos mundos" que aparecen o desaparecen en escuelas estadounidenses y mexicanas. Algunos de estos menores de edad nacieron en México con nacionalidad mexicana y otros tuvieron su nacimiento en Estados Unidos, es decir, pueden tener doble nacionalidad.

El capítulo de Giorguli, et al (2022) referido al *Bienestar educativo para los hijos de inmigrantes mexicanos en Estados Unidos y en México* hacen un análisis a cuatro grupos de jóvenes en ambos lados de la frontera: 1. aquellos que permanecen en México mientras que los miembros de su familia trabajan y residen en Estados Unidos; 2. inmigrantes que retornan a México; 3. inmigrantes de primera generación en Estados Unidos; 4. hijos y nietos de los inmigrantes mexicanos en Estados Unidos (incluidas segunda, tercera y subsecuentes generaciones). En su concepto de bienestar consideran la cantidad y la calidad de la escolarización que reciben las hijas y los hijos de inmigrantes mexicanos en contextos de ambos países. Además, analizan las condiciones familiares, escolares y de comunidad relacionadas con los índices de bienestar que reportan para hacer recomendaciones de política y programas que apoyen a migrantes transnacionales considerando los ámbitos locales donde se incluyen los estudiantes.

Los resultados de estas investigaciones sugieren que la experiencia de la migración escolar varía según el lugar de nacimiento. Entre los inmigrantes nacidos en Estados Unidos, las probabilidades de permanecer en la escuela son más altas que las de las otras poblaciones. Incluso, entre los grupos de inmigrantes, los que retornan tienen probabilidades más bajas de inscribirse a la escuela; esto apoya la idea de que, para muchos de ellos, en sus años de adolescencia, su propia migración puede estar ligada a otras transiciones, como abandonar la escuela para comenzar a trabajar.

En México, las políticas de recepción de retornados han sido mínimas. Los retornados se han incorporado a la sociedad mexicana, aunque finalmente una minoría termina su trayectoria regresando a Estados Unidos. Aunque puede reconocerse que se han obtenido avances, como la certificación y la revalidación de estudios de 2017 debido a las reformas de la *Ley General de Educación*, aún no se ha generalizado la aplicación estas iniciativas en todo el país. Se ha luchado en el acceso a la educación como derecho humano, pero no se llevan a cabo protocolos de bienvenida en las escuelas para quienes provienen de una nación extranjera que presentan discontinuidades lingüísticas, pedagógicas y culturales. Lo anterior no resulta exclusivo de los menores estadounidenses o mexicanos hijos de retornados, cabe reconocer la falta de una visión integral, holística e incluyente de menores nacidos en el extranjero, con diversos orígenes étnicos y lingüísticos con distintas tradiciones y costumbres.

La exclusión social se presenta en las escuelas mexicanas por la incapacidad de percibir y atender la migración escolar transnacional. En el caso de los docentes mexicanos prevalecen estereotipos y prejuicios sobre la migración que afecta el trabajo con los alumnos que tuvieron la experiencia en Estados Unidos.

El resultado de estas prácticas de exclusión que se encuentran institucionalizadas es una población estudiantil en situación vulnerable y propensa al fracaso escolar que suelen ser candidatos al bajo desempeño académico, reprobación y abandono escolar.

Sánchez y Parra (2020) destacan la falta de comprensión del fenómeno migratorio en la atención a la diversidad de la formación inicial de docentes mexicanos. Además, existe un desconocimiento del contexto migratorio y la problemática de las transiciones escolares; los obstáculos epistémicos y sesgos cognitivos en la tarea de enseñanza son otros elementos que obstaculizan los procesos de enseñanza y aprendizaje en la educación primaria. A pesar de que estudios referentes (Zúñiga et al., 2008) indican que los alumnos transnacionales cuentan con aspiraciones favorables para continuar sus estudios, cuando regresan a México presentan dificultades en el acceso y permanencia la educación obligatoria; la continuación a la educación superior y la integración al ámbito laboral. En esta misma investigación se afirma que siendo entrevistados maestros y directivos respondieron contundentemente que no habían recibido ninguna capacitación, ni en las escuelas normales, ni en otras opciones de formación continua como trabajadores de la educación en el servicio público.

En la actualidad, la migración escolar transnacional es un fenómeno social que requiere de un análisis de la realidad. La tesis de este trabajo está asociada a que la atención educativa de y para la diversidad debe concebirse como ventaja pedagógica. Resulta conveniente, establecer acciones pedagógicas dirigidas a la construcción de propuestas educativas para fortalecer la idea de escuelas justas e inclusivas en todo el país. En un ejercicio retrospectivo y prospectivo se puede pensar que los alumnos transnacionales incrementarán su circularidad migratoria.

Las escuelas de Estados Unidos y México son instituciones mononacionales. A pesar de que los alumnos se encuentran influidos por la globalización, siguen existiendo escuelas donde se mantienen los universos nacionalistas, a través de la socialización y la interacción escolar. La disyuntiva que se presenta es: continuar con una política educativa que resulta limitada o se aprovecha la oportunidad de colaborar y cooperar con experiencias binacionales. Además, en lo que respecta a la conformación de la identidad, los niños migrantes "trasladan sus capitales culturales desde sus hogares a la escuela" (Vázquez, 2019, p. 63) como parte de su herencia cultural, situación que debe aprovecharse en el ámbito educativo.

La necesidad de incluir a los menores migrantes en las sociedades de bienvenida es una tarea educativa que ha ocupado interés para promover la equidad y la inclusión en la educación en años recientes para la inclusión escolar de estos menores. En respuesta a esto el Programa de Binacional de Educación Migrante y el Programa de Educación Básica sin Fronteras han sido propuestas del Gobierno Federal que han permitido generar planes, programas y proyectos orientados al fortalecimiento de la educación de los alumnos transnacionales en México y Estados Unidos.

De acuerdo con la coordinadora estatal del PROBEM Baja California, en su tesis de maestría (López, 2023), explica el trabajo desarrollado en una de las entidades federativas con mayor flujo transfronterizo del país:

> El desarrollo histórico de casi dos décadas permite mostrar cuántos son los alumnos en tránsito migratorio qué perfiles de nacionalidades están presentes, cómo capacitar a los docentes que los atienden de acuerdo con los datos recolectados, así como ubicar cuáles son las escuelas en donde existe mayor cantidad de estudiantes y las gestiones de colaboración intergubernamental, con la sociedad civil, Agencias de Naciones Unidas y la academia" (p. 5).

Esta experiencia innovadora de responsabilidad social y educativa muestra la importancia de la atención educativa oportuna y pertinente. Enfatiza en la importancia de trabajar con docentes y directivos para asegurar la calidad de la enseñanza y pone énfasis en la colaboración, el respeto y los vínculos interinstitucionales binacionales que pueden generar alianzas con los distintos actores educativos que intervienen en la educación migrante transnacional.

Desde un análisis cualitativo realizado en una escuela secundaria, Franco (2019) ha encontrado que en las escuelas se moldea el currículum nacional. De esta manera, los estudiantes pueden conformar una "identidad abierta flexible y reflexiva" que no está desprovista de dificultades. Ya que las instituciones educativas son espacios de interacciones múltiples donde el estudiante aprende la normatividad escolar, a pesar de las diferencias, para actuar sobre ella.

En las escuelas también se pueden establecer propuestas, no tan sólo para la atención de estudiantes transnacionales, sino para garantizar una educación que sea socialmente responsable, en búsqueda de la equidad de género; el respeto a los derechos de las personas con discapacidad y aptitudes sobresalientes, la población indígena y personas afrodescendientes. Se necesita crear conciencia sobre las necesidades de hijos de jornaleros agrícolas y de los migrantes internacionales provenientes de Centroamérica, Sudamérica, Asia, África y Europa.

Como se señala en un documento de trabajo desarrollado por la Comisión Nacional para la Mejora Continua de la Educación:

> El trabajo con niñas y niños migrantes requiere conocer sus historias de vida, anhelos, aprendizajes y las dificultades que viven durante el trayecto desde que salen de su lugar de origen. Es de este modo, que se puede vislumbrar una realidad desconocida por muchas personas. Para ello, es importante desarrollar la sensibilidad necesaria para reconocer las situaciones y experiencias que vive esta niñez y apuntar hacia una educación inclusiva que reconozca sus necesidades (MEJOREDU, 2023, p. 12).

Para cerrar este apartado, resulta conveniente señalar aspectos relacionados con la construcción de ciudadanía. Cuando Jacobo y Despagne (2022) examinan a jóvenes y adultos de retorno, pertenecientes a la generación 1.5 de migrantes en Estados Unidos durante su regreso a México. Encuentran que su análisis desagrega las nociones se tienen respecto a "ser mexicano" para entender su ciudadanía. Entre sus hallazgos se destaca que los migrantes de retorno construyen su ciudadanía a través de su acción cívica en el ejercicio de su nacionalidad y sus actos de resistencia. En este sentido la dialéctica de la migración está presente a lo largo de sus vidas. En las siguientes secciones se plantearán explicaciones de la atención a la diversidad en la formación docente.

Atención a la diversidad

En México, la formación docente es tarea de Estado para el ejercicio profesional en la educación básica. Se parte de la convicción de que, en la medida en que los maestros reciben estudiantes más diversos en las escuelas primarias, necesitan más y mejores apoyos pedagógicos para favorecer la inclusión con equidad.

Las condiciones actuales de expulsión de personas de Estados Unidos hacia México indica que la población de estudiantes con experiencia transnacional se continuará incrementando en los próximos años. Como consecuencia, la educación transfronteriza requiere formar parte de las agendas del desarrollo regional para contribuir a mejorar el bienestar social. Los alumnos transnacionales forman parte de una nueva era donde la ciudadanía mundial requiere de un mejor entendimiento del intercambio transnacional entre los sistemas educativos. Políticas y acciones educativas deben emprenderse para atender las necesidades de los estudiantes en escuelas mexicanas y estadounidenses.

El reto educativo es luchar contra las desigualdades sociales, por lo que se necesitan propuestas educativas de atención a la diversidad donde se tomen en cuenta las capacidades de los alumnos transnacionales. Por lo tanto, se tiene que cambiar la visión de la migración escolar como un problema y apuntalar hacia la oportunidad que representa las ventajas pedagógicas que conlleva la apertura a una sociedad intercultural, multilingüística y diversa. Esto implica un replanteamiento de la diversidad cultural (Dietz, 2012) con respeto a los derechos humanos como un recurso para gestionar ante los actores sociales distintas formas para resolver problemas y requerimientos legales.

A continuación, se presentan algunos antecedentes curriculares de cómo ha sido planteada la atención a la diversidad en la licenciatura en educación primaria en las reformas educativas de las escuelas normales en los últimos 40 años. El Acuerdo presidencial de 1984 (Diario Oficial de la Federación, 1984) establece que la educación normal tiene el grado académico de licenciatura y requiere como requisito el bachillerato. Además de realizar docencia, en la educación normal se promueve el desarrollo de funciones sustantivas como son: investigación y difusión cultural. El plan de estudios se encuentra integrado por dos áreas de formación: un tronco común con líneas de formación social, pedagógica y psicológica y un área específica del nivel educativo correspondiente. En este planteamiento curricular, no se contemplaba la perspectiva de la atención a la diversidad.

Posteriormente, el *Plan de estudios 1997. Licenciatura en educación primaria* (SEP, 2002) contenía cinco campos de competencias que definen el perfil de egreso: habilidades intelectuales específicas, dominio de contenidos de enseñanza, competencias didácticas, identidad profesional y ética y capacidad de percepción y respuesta a las condiciones de sus alumnos y entornos de la escuela. En este último campo se planteaba la competencia "de aprecia y respeta la diversidad regional, social, cultural y étnica del país como componente valioso de la nacionalidad, y acepta que dicha diversidad estará presente en las situaciones que las que realice su trabajo" (p. 35). Dentro del mapa curricular se contemplaba cursos de Asignatura Regional I y II dedicados a contenidos de la propia entidad, aunque no se contaba con un curso específico de atención a la diversidad.

Los planes de estudio para la formación de maestros de educación primaria 2012 y 2018 (DOF, 20/08/2012 y DOF, 03/07/2018) se sustentan en tres orientaciones: enfoque centrado en el aprendizaje; enfoque basado en competencias genéricas y profesionales; y flexibilidad curricular, académica y administrativa. La malla curricular del plan 2012 se encontraba dividida en los trayectos formativos: psicopedagógico; de preparación para la enseñanza y el aprendizaje; de lengua adicional y tecnologías de la información y la comunicación; de práctica profesional; y cursos optativos.

Los trayectos formativos del plan 2018 fueron: bases teórico-metodológicas para la enseñanza, formación para la enseñanza y el aprendizaje, práctica profesional y cursos optativos. Entre los cursos que forman parte del trayecto psicopedagógico y bases teórico-metodológicas para la enseñanza, se identifican: adecuaciones curriculares, atención a la diversidad, atención a la diversidad para la inclusión y los optativos de requerimientos del contexto local o estatal, así como temas que por su relevancia resulten de interés para la escuela normal.

En el marco de la Nueva Escuela Mexicana (NEM), el plan de estudios (SEP, 2022), el perfil de egreso integra el conjunto de conocimientos, capacidades, habilidades, actitudes y valores con dominios para: saber ser y estar, saber conocer y saber hacer. Entre algunos de los rasgos del perfil profesional se destaca: diseña y desarrolla planeaciones didácticas desde una interculturalidad crítica.

Los trayectos formativos actuales son: fundamentos de la educación; bases teóricas y metodológicas de la práctica, práctica profesional y saber pedagógico, formación pedagógica, didáctica e interdisciplinar, lengua, lenguajes y tecnologías digitales. Lo anterior queda patente dentro de un enfoque intercultural con atención a la diversidad cultural y lingüística desde una perspectiva incluyente. Los cursos que se encuentran relacionados con la interculturalidad crítica son: bases filosóficas, legales y organizativas del sistema educativo mexicano, filosofía y sociología de la educación, pedagogías situadas globalizadoras, pedagogía y didáctica del aula multigrado, interculturalidad crítica e inclusión, estrategias de trabajo docente, y saberes pedagógicos. Además, los cursos de flexibilidad curricular responden a las necesidades formativas de contextos específicos y contenidos regionales por entidad federativa.

Si bien puede reconocerse que ha habido avances en el reconocimiento de la atención a la diversidad en los planes de estudio a través de las distintas reformas de la formación docente; ha sido hasta el marco curricular de la NEM donde se propone a la interculturalidad crítica como una perspectiva que explica la diversidad para reconocer las relaciones asimétricas que se han establecido históricamente entre los diversos grupos sociales que han impactado en el acceso, continuidad y logro educativo dentro y fuera de la escuela. De esta manera, la interculturalidad crítica reconoce la complejidad histórica, cultural, social, étnica, lingüística y de género que rigen las interacciones intergrupales y que son componentes inseparables y necesarios para el trabajo con la diversidad y la resolución de conflictos a través de un diálogo constructivo.

Por lo anteriormente expuesto, conviene reflexionar sobre la atención a la diversidad en las escuelas normales, ya que resulta necesario para hacer visible la complejidad de la realidad social. De esta manera, se pretende que los actores educativos puedan participar en la lucha contra la pobreza y las carencias sociales. La atención a la diversidad está asociada con las desigualdades sociales y económicas, así como la injusticia, que se presenta a través de la discriminación, la conformación de estereotipos y prejuicios que se instrumentan mediante mecanismos de exclusión en forma institucionalizada en las escuelas mexicanas. México se caracteriza por su diversidad cultural y social. Si la educación es un derecho humano reconocido como bien común en las sociedades; entonces, resulta fundamental para reducir las desigualdades y ofrecer oportunidades para el futuro de niñas, niños y adolescentes en educación básica.

Formación inicial de docentes

La formación inicial de maestros es una actividad relacionada con el ideal pedagógico del ciudadano que requiere una sociedad. Esta situación implica una visión hacia el futuro y se complementa con las tareas de capacitación y actualización y especialización del magisterio a su trayecto formativo. En su conjunto, la formación inicial y la formación continua constituyen: el desarrollo profesional del magisterio. De esta forma, el trabajo docente es una respuesta ante las necesidades sociales que se requiere en el contexto del retorno de migrantes escolares, así como la búsqueda hacia el mejoramiento profesional para la atención de la diversidad cultural y lingüística.

Sin embargo, estas situaciones ideales no se logran percatar con la evidencia suficiente en los maestros de escuelas mexicanas, particularmente en quienes tienen a su cargo la enseñanza de los alumnos transnacionales. Como ha sido señalado (Sánchez y Hamann, op.cit., 2016), los docentes mexicanos afirman que en las escuelas normales no se les preparó para atender a la diversidad en el salón de clases. También aseguraron que nunca habían recibido capacitación al respecto y que, por lo tanto, no sabían cómo trabajar con los grupos heterogéneos que existen en las escuelas mexicanas.

En el contexto de las grandes expulsiones en la relación Estados Unidos y México se presenta una situación coyuntural que se vincula al nuevo patrón migratorio en ambos países. Un incremento de la migración de retorno está sucediendo y se estará incrementando en las siguientes décadas.

Efectivamente, la UNESCO (2022) establece que la educación es un derecho humano fundamental reconocido como bien común que se fundamenta en los principios de cooperación, colaboración y solidaridad para garantizar un futuro sostenible. En la actualidad, resulta indispensable cuestionar: ¿por qué es necesario pensar en la atención a la diversidad para la promoción de la educación como derecho humano en la formación inicial de docentes?

Con este cuestionamiento se intenta participar en la reflexión crítica sobre la formación inicial docente desde el análisis de las más recientes reformas. En este sentido, se cumple con el propósito de compartir la experiencia desarrollada en la atención a la diversidad. Un punto de partida de este documento está dirigido al reconocimiento de la influencia del contexto social en la educación, partiendo de situaciones de aprendizajes culturalmente diversos. De esta manera, cuando se desarrolla la sensibilidad respecto a la interculturalidad crítica, se puede tomar conciencia sobre los principios pedagógicos y el sentido de las prácticas educativas.

La reconstrucción de las prácticas educativas puede contribuir a los procesos de colaboración, respeto, comprensión y solidaridad entre las personas. Como parte de una obligación ética, es necesario impulsar el reconocimiento de aulas diversas para que se mejoren las condiciones en que los estudiantes normalistas se relacionen entre sí y con la sociedad que pertenecen conociendo los entornos de los alumnos en educación básica.

Los maestros de las escuelas normales, por su parte, deben promover estrategias pedagógicas para compartir con los estudiantes donde utilicen herramientas de trabajo que sean las bases para establecer vínculos incluyentes y justos. También se requiere escuchar con atención las voces de la niñez, sus familias y comunidades para que a través del diálogo y la interacción se reconozca la realidad social y que sea posible su transformación.

Para lograr una atención a la diversidad desde la interculturalidad crítica y la interseccionalidad como herramienta teórica y metodológica que sirve para enfrentar la opresión, las desigualdades y las injusticias de la sociedad, también se necesita la participación de todos los actores educativos, sobre todo, las madres y padres de familia para mejorar los aprendizajes de los estudiantes (Parra y García, 2005). La acción educativa debe promover aprendizajes relevantes vinculados con los contextos sociales de las familias. La noción de "fondos del conocimiento" (González, Moll y Amanti 2005) resulta indispensable para destacar la herencia cultural de las familias y llevarla a los salones de clase.

Se requiere un enfoque de derecho a la educación y una pedagogía intercultural crítica. Lo anterior implica aprender juntos, a través del reconocimiento de las diferencias mediante el fortalecimiento del aprendizaje colaborativo y situacional. La participación de los distintos actores educativos resulta fundamental, sobre todo, de los padres y madres de familia, para desarrollar los aprendizajes relevantes y combatir la "pobreza de aprendizaje" es decir, la incapacidad de un niño para leer y comprender un texto escrito. Los aspectos que se deben considerar para la acción con intervención educativa están relacionados con adecuaciones curriculares y ajustes razonables, pues permitirán establecer un vínculo con los contextos sociales de las familias y las comunidades como centros para el desarrollo social.

Por otra parte, hacen falta estrategias institucionales para aprovechar el trabajo colegiado en las escuelas normales. Es decir, se requiere impulsar un ejercicio profesional para dar un sentido de responsabilidad y responder a las circunstancias complejas que enfrentan los estudiantes. Otro aspecto para considerar es la condición derivada de la contingencia sanitaria por COVID-19, que plantea un desafío importante ante la pobreza de aprendizajes en todos los países.

La transformación de las prácticas educativas puede contribuir a los procesos de entendimiento entre los estudiantes normalistas. Además, es posible contribuir al reconocimiento de aulas incluyentes y justas (Zúñiga, 2020) a través del trabajo docente, para que se mejoren las formas en que los estudiantes se relacionan entre sí y con la comunidad, la sociedad, la región y el mundo al que pertenecen.

CONCLUSIONES

Los alumnos transnacionales son personas que conviven en dos sistemas educativos. Cada vez más están integrados a las economías de México y Estados Unidos. Si bien se incorporan a distintos ámbitos del desarrollo regional, la mayoría carecen de reconocimiento, valoración y apoyo en sus trayectorias educativas. Pero pueden contribuir a lograr que América del Norte se consolide como una región integrada con regímenes democráticos y bienestar compartido. De acuerdo con Cuecuecha, Lara y Vázquez, (2017), existe una alta probabilidad de que los menores migrantes transnacionales que viven en México regresen a Estados Unidos. Por lo que se sugiere que continúe la realización de investigaciones en estudios migratorios con equipos plurinacionales y transdisciplinarios basados en experiencia empírica, ontología, epistemología (Hamann, Román, Sánchez, y Zúñiga, 2022).

En síntesis, se necesitan políticas educativas que favorezcan la interculturalidad crítica para que se promueva la atención a la diversidad con un enfoque interseccional en la formación inicial de maestros. El tránsito de una conciencia intransitiva e ingenua hacia una conciencia crítica en la formación docente es un desafío imperante de nuestro tiempo. Es posible y deseable la autocrítica para reconstruir un futuro a partir del diálogo y el reconocimiento de la propia cultura y de los otros. Como reflexión final se plantea incidir en los futuros de la educación repensando la formación inicial de maestros y su vínculo con la educación básica desde una conciencia social transformativa. El espacio de diálogo se encuentra abierto al debate y la discusión en una práctica educativa situada, horizontal entre culturas, de sana convivencia y desde el respeto mutuo.

Cabe destacar que a través de la dialéctica de la interseccionalidad se logra comprender la desigualdad como consecuencia del ejercicio del poder en los contextos sociales determinados. La diversidad étnica, lingüística y cultural deben considerarse en los proyectos educativos que se realicen en las escuelas normales.

También es indispensable el respeto a la orientación sexual y la equidad de género. En este sentido, la migración como categoría social, resulta necesaria para comprender la situación de las poblaciones en tránsito, retornada, incorporada o en plena inclusión.

En su tesis principal de estudio, Padilla (2023) sostiene que las políticas educativas en México han contribuido a un sistema educativo históricamente excluyente, nacionalista y homogéneo, que no se ha logrado transformar hacia una educación inclusiva capaz de considerar la igualdad de condiciones para todos los estudiantes. Por esta razón resulta imperante diseñar estrategias de formación de docentes basadas en el enfoque de atención a la diversidad como aspecto relevante en la educación para todos los habitantes del país, especialmente para la población migrante, con énfasis en la niñez migrante.

Este estudio coincide con las contribuciones de política migratoria internacional de la CEPAL (Cano Christiny y Martínez Pizarro, 2023) para el desarrollo en América Latina y el Carbe en el sentido de que para cambiar las percepciones de la migración y desmantelar prejuicios y estereotipos se requiere educación intercultural que vincule la población local con la migrante que implica un mayor entendimiento entre personas migrantes y nativas en consistencia con la *Ley General de los Derechos de Niñas, Niños y Adolescentes* (DOF, 2014) de escolares acompañados, no acompañados, separados, nacionales, extranjeros y repatridos en el contexto de movilidad humana, de esta manera, es posible aprovechar las contribución de los migrantes al desarrollo sostenible. Además, estas conclusiones, se adhieren al *Pacto Mundial para la Migración Segura, Ordenada y Regular* de Naciones Unidas en el apartado de perspectiva infantil con relación a la obligación jurídica del respeto a los derechos del niño, incluyendo los menores no acompañados y separados (Naciones Unidas, Asamblea General, 2019).

Referencias

Alianza MX de la Universidad de California, Embajada de México en Estados Unidos, El Colegio de México y Universidad Autónoma de Nuevo León (2023). *Informe del Foro sobre educación y Migración 2022. El futuro del capital humano México-Estados Unidos: Oportunidades para una agenda bilateral de educación y migración.* Universidad of California-Alianza MX. Recuperado de: *https://alianzamx.universityofcalifornia.edu/wp-content/uploads/2023/04/REPORTE%20FORO%*20EDUCACIÓN%20ESP.pdf

Cano Christiny M. V. y Martínez Pizarro, J. (2023). *Contribuciones de la migración internacional al desarrollo en América Latina y el Caribe. Buenas prácticas, obstáculos y recomendaciones.* Naciones Unidas. Recuperado de: *https://repositorio.cepal.org/entities/publication/50b89e45-0163-4374-8f2e-e1db0e269a82*

Comisión Nacional para la Mejora Continua de la Educación (MEJOREDU) (2023). *Repensar a la niñez migrante. Cruzando fronteras en mi práctica docente. Bitácora de trabajo.* MEJOREDU. Recuperado de: *https://www.mejoredu.gob.mx/images/programa-formacion-docente/docenteseb/eb_bitacora_ninez_migrante.pdf*

Gobierno de México (2016). *Migración interna en México.* Gobierno de México. *https://www.gob.mx/conapo/acciones-y-programas/migracion-interna-en-mexico*

Cuecuecha, A., Lara, J. Vázquez, J. A. (2017). La reemigración de niños estadounidenses que viven en México. *Papeles de POBLACIÓN* No. 91. Pp. 93-116. Recuperado de: *https://rppoblacion.uaemex.mx/article/view/8248/6781*

Dietz, G. (2012). *Multiculturalismo, interculturalidad y diversidad en educación. Una aproximación antropológica.* México: Fondo de Cultura Económica. Primera edición (FCE).

Diario Oficial de la Federación (DOF). 23 de marzo de 1984. *Acuerdo que establece que la Educación Normal en su nivel inicial y en cualquiera de sus tipos y especialidades tendrá el grado académico de licenciatura.* Secretaría de Gobernación. Recuperado de: *https://sep.gob.mx/work/models/sep1/Resource/915b6a5c-4d36-4209-9310-5f9d2ed95508/acuerdo_educacion_normal.pdf*

DOF. 20/08/2012. *Acuerdo número 649 por el que se establece el plan de estudios para la formación de maestros de educación primaria.* Secretaría de Gobernación. Recuperado de: *http://www.libreriaisef.com.mx/descargas_gratuitas/leygraleducacion/acuerdo649.pdf*

DOF. (04/12/2014). *Ley general de los derechos de niñas, niños y adolescentes.* Cámara de Diputados de H. Congreso de la Unión. Recuperado de: *https://www.diputados.gob.mx/LeyesBiblio/pdf/LGDNNA.pdf*

DOF. 14/07/2018. *Acuerdo por el que se establecen los planes y programas de estudio de las licenciaturas para la formación de maestros de educación básica que se indica.* Secretaría de Gobernación. Recuperado de: *https://www.dof.gob.mx/nota_detalle.php?codigo=5533902&fecha=03/08/2018#gsc.tab=0*

Durand, J y Massey, D. S. (2003). Clandestinos. Migración México-Estados Unidos en los albores del siglo XXI. México. Universidad Autónoma de Zacatecas y Miguel Ángel Porrúa librero-editor.

Escobar, A.y Masferrer, C. (Coords.) (2021). *La década en que cambió la migración: enfoque binacional del bienestar de los migrantes mexicanos en Estados Unidos y México.* México: El Colegio de México, Centro de Estudios Demográficos, Urbanos y Ambientales y Centro de Investigaciones y Estudios Superiores de Antropología Social. Primera edición digital.

Franco, M. J. (2019). "Ahora me siento más mexicano, más de lo que pensé". Identidad migrante en una escuela secundaria. *Argumentos. UAM-Xochimilco.* Año 32. Núm. 90. Pp. 197-214. Recuperado de: *https://argumentos.xoc.uam.mx/index.php/argumentos/article/view/1096/1069*

Giorguli, S.; Jensen, B.; Bean, F. ; Brown, S. Sawyer, A. y Zúñiga, V. (2022). Bienestar educativo para los hijos de inmigrantes mexicanos en Estados Unidos y en México. En: *La década en que cambió la migración: enfoque binacional del bienestar de los migrantes mexicanos en Estados Unidos y México.* Agustín Escobar y Claudia Masferrer (Coords.) (2021). El Colegio de México, Centro de Estudios Demográficos, Urbanos y Ambientales y Centro de Investigaciones y Estudios Superiores de Antropología Social. Primera edición digital.

Gobierno de México (2016). *Migración interna en México.* Gobierno de México. Recuperado de: *https://www.gob.mx/conapo/acciones-y-programas/migracion-interna-en-mexico*

Gonzalez, N. Moll, L.C., & Amanti, C. (Editors). (2005) *Founds of knowledge: Theorizing practices in households, communities, and classrooms.* USA Lawrence Erbaum Associates Publishers.

Grupo Banco Mundial (Junio 23, 2022). *El 70 % de los niños de 10 años se encuentran en situación de pobreza de aprendizajes y no pueden leer y comprender un texto simple. Comunicado de prensa. Recuperado de: https://www.bancomundial.org/es/news/press-release/2022/06/23/70-of-10-year-olds-now-in-learning-poverty-unable-to-read-and-understand-a-simple-text*

Gutiérrez, L. (21 de abril de 2021). Jorge A. Bustamante, su contribucióna los estudios sobre migraciones y froneras. Obituarios. Consejo Mexicano de Ciencias Sociales. Recuperado de *https://www.comecso.com/obituarios/jorge-bustamante-contribucion-estudios-migraciones.*

Hamann, E. T.; Román, B.; Sánchez, J.; and, Zúñiga, V. (2022). Research team as methodology. The value of pluri-national research teams for studying education migration. In: C. Magno, J. Lew, & S. Rodríguez (Eds). *(Re) Mapping migration and education. Methods, theory, and practice.* (pp. 194-211). Brill. Recuperado de: *https://digitalcommons.unl.edu/cgi/viewcontent.cgi?article=1531&context=teachlearnfacpub*

Hamann E. T.; Zúñiga, V. y Sánchez García, J. (Eds.) (2022). *Lo que los maestros mexicanos conviene que conozcan sobre la educación básica en Estados Unidos.* Universidad Autónoma de Nuevo León y Universidad de Nebraska-Lincoln. Recuperado de: *https://www.researchgate.net/publication/364676594_Lo_que_los_maestros_mexicanos_conviene_que_conozcan_sobre_la_educacion_en_Estados_Unidos#fullTextFileContent*

Jacobo, M. y Despagne, C. (Mayo-agosto 2022). Jóvenes migrantes de retorno: construyendo nociones alternativas de ciudadanía en México. *Estudios Sociológicos. El Colegio de México.* 40 (119), Pp. 487-517. Consultado de: *https://estudiossociologicos.colmex.mx/index.php/es/article/view/2090/2110*

López, Y. A. (2023). *Programa Binacional de Educación Migrante, Baja California. Tesis de grado de maestría en estudios de migración internacional.* El Colegio de la Frontera Norte.

Naciones Unidas, Asamblea General (Resolución aprobada el 19 de diciembre de 2018). Pacto Mundial para la Migración Segura, Ordenada y Regular. Naciones Unidas. Recuperado de: *https://documents.un.org/doc/undoc/gen/n18/452/03/pdf/n1845203.pdf?token=pDUJapTL200XkN0J76&fe=true.*

Padilla, M. E. (2023). *La formación docente en la construcción de nuevas concepciones y formas de resolver los desafíos de la práctica educativa con niñez migrante. Tesis de grado de maestría en estudios de migración internacional.* El Colegio de la Frontera Norte.

Parra Velasco M. L. y García Sellers, M. (2005). *Comunicación entre la escuela y la familia. Fortaleciendo las bases para el éxito escolar.* México: Paidós.

Ruiz, E.; Jensen, B. Johnstun, K. (2021). Normalista perspectives on preparing Mexican teachers for American Mexican students. In: The students we share. Preparing US and Mexican educators for our transnational future. Patricia Gándara y Bryant Jensen, editors. Sate University of New York. Pp. 71-96.

Sánchez, J. y Hamann, E. T. (Summer 2016). Educator responses to migrant children in Mexican Schools. *Mexican Studies/Estudios Mexicanos* Vol. 32. Issue 2. Pp. 199-225. Recuperado de: *https://digitalcommons.unl.edu/cgi/viewcontent.cgi?article=1207&context=teachlearnfacpub*

Sánchez, J. y Parra, M. L. (2020). Atención a la diversidad en la formación inicial de docentes. *En Seminario Permanente de Habilitación Docente EN-MFM 2019-2020: Un espacio de intercambio entre formadores.* José Ricardo Rivera, coordinador. México: Ediciones Normalismo extraordinario. Escuela Normal "Miguel F. Martínez", Centenaria y Benemérita.

Secretaría de Educación Pública (SEP). 2002. *Plan de estudios 1997. Licenciatura en educación primaria.* SEP. Cuarta reimpresión. *http://www.normalexperimental.edu.mx/files/plan_de_estudios_lic_en_educ_primaria.pdf*

SEP. (2012). *Atención a la diversidad. Quinto semestre. Plan de estudios 2012.* SEP. Subsecretaría de Educación Superior y Dirección General de Educación para Profesionales de la Educación. Recuperado de: *http://www.enesonora.edu.mx/Alumnos/Plan_estudios_2012/Cursos_planes_2012/PLAN_LEP_2012/5/52.pdf*

SEP. (2022). *Plan de estudios de la licenciatura en educación primaria.* SEP. Recuperado de: *https://dgesum.sep.gob.mx/planes2022/cursos44*

UNESCO. (2022). *Reimaginar juntos nuestros futuros. Un nuevo contrato social para la educación.* UNESCO Fundación SM. Recuperado de: *https://unesdoc.unesco.org/ark:*/48223/pf0000379381_spa

Vázquez, J. D. (Julio-diciembre de 2019). El capital cultural de niños migrantes provenientes de Estados Unidos en localidades de Tlaxcala. *Huellas de la migración. CIEP/UAEM.* Año 4. No. 8. Pp. 63-98. Recuperado de: *https://huellasdelamigracion.uaemex.mx/article/view/12859/10911*

Villafuerte Solis, D. (Diciembre de 2006). Migración y desarrollo en la era de la globalización. *Comercio exterior,* Vol. 56, Núm, 12. Pp. 1026-1038. Recuperado de: *http://revistas.bancomext.gob.mx/rce/magazines/98/1/Villafuerte.pdf*

Zúñiga, V. (2020). *Inclusión, reconocimiento y justicia en la escuela: una tarea docente.* Secretaría de Educación Pública y Organización de Naciones Unidas para la Educación, la Ciencia y la Cultura. Recuperado de: *https://www.researchgate.net/publication/350620220_2021_INCLUSION_escolar_SEP_UNESCO*

Zúñiga, V.; Hamann, E. T. y Sánchez, J. (2008). *Alumnos transnacionales. Escuelas mexicanas frente a la globalización.* Secretaría de Educación Pública. Programa de Educación Básica sin Fronteras. Primera edición. Recuperado de: *https://digitalcommons.unl.edu/cgi/viewcontent.cgi?article=1095&context=teachlearnfacpub*

Zúñiga V. y Giorguli. S. (2020). *Niñas y niños en la migración de Estados Unidos a México: la generación 0.5 (Spanish edition).* El Colegio de México, Centro de Estudios Demográficos, Urbanos y Ambientales. Primera edición digital. Edición Kindle.

"Debemos tener muy claro a qué nos vamos". Migración y desarrollo regional

MARTHA JOSEFINA FRANCO GARCÍA
(UPN-Puebla)
LUZ INÉS PÉREZ SANTACRUZ
(UPN-Puebla)

INTRODUCCIÓN

Los desplazamientos humanos son un fenómeno de la geopolítica mundial, que imbrica aspectos económicos, sociales y culturales que impactan tanto los lugares de origen como de destino. "En 2020 había en el mundo cerca de 281 millones de migrantes, de los cuales casi dos tercios eran trabajadores migrantes" (Mc Auliffe, y Triandafyllidou, 2021, p. 2), lo que muestra como eje de estos movimientos, la búsqueda de empleo y bienestar.

Se advierte en estos desplazamientos, flujos que "producen corredores migratorios. Los más grandes tienden a ir de los países en desarrollo a las economías más desarrolladas como los Estados Unidos de América" (Mc Auliffe, y Triandafyllidou, 2021, p.2). La migración mexicana transita precisamente por este corredor, a través de la frontera más transitada del mundo. Y, debido a la histórica migración de mexicanos hacia Estados Unidos, encontramos actualmente en aquel país, alrededor de 38.7 millones de personas de origen mexicano, tomando en cuenta a los migrantes de primera generación y a su desendencia (Martínez, Delgadillo y Noriega, 2023). Parte de esta población, realiza una migración transnacional que mantiene relaciones estrechas y de involucramiento con la sociedad de origen, a través de "un conjunto de lazos, posiciones en redes y organizaciones que atraviesan las fronteras de ambas naciones" (Bobes, 2016, p.13).

En esta dinámica social, el retorno aparece como "una fase de este proceso migratorio inscrita en la dinámica sistémica y compleja del mismo proceso, el cual incluye relaciones económicas, sociales y culturales entre las sociedades de origen y destino, mediadas por un constante intercambio de recursos"(Rivera, 2019, p. 24).

Sin embargo, esta movilidad se realiza con evidentes restricciones que se desprenden de políticas antimigrantes en Estados Unidos, cada vez más taxativas y estrictas, a pesar de que la Declaración Universal de los Derechos Humanos consigna que "toda persona tiene derecho a circular libremente y a elegir su residencia en el territorio de un Estado. [Y que] toda persona tiene derecho a salir de cualquier país, incluso el propio, y a regresar a su país" (Declaración de las Naciones Unidas sobre Derechos Humanos, 1948, s/p). Y, en la Declaración de Nueva York para los Refugiados y los Migrantes (2016), se hace hincapié, que los Estados se comprometen a un trato humanitario, digno y respetuoso de las libertades fundamentales de todos los migrantes y a cooperar "para facilitar y garantizar la migración segura, ordenada y regular, incluidos el retorno y la readmisión, teniendo en cuenta la legislación nacional" (p.10). No obstante, la política migratoria estadounidense, argumentando la seguridad nacional, acota la inmigración a través de leyes nacionales y estatales.

Pese a todo, la migración de mexicanos hacia a Estados Unidos persiste y se caracteriza como "un proceso social masivo y centenario en un contexto de vecindad asimétrica" (Durand y Massey, 2009, p. 60), a la que se ha sumado población indígena.

La emigración internacional de origen étnico no es reciente, desde la puesta en marcha del Programa Bracero (1941-1964) se desplazaron indígenas para trabajar en los campos agrícolas del país vecino y Barabas (2016) sostiene que "para 1970 buena parte del contingente de migrantes eran indígenas. [y que] en 1990 la migración internacional se había hecho un fenómeno global y de allí en adelante continuó creciendo este grupo" (p.78).

En el caso de la entidad poblana donde realizamos este estudio, Smith (2006) encuentra que a mediados de los años 40s se inicia la migración en comunidades de la Mixteca hacia Estados Unidos, y entre los años 80s y mediados de los 90s se genera una explosión del fenómeno por la crisis económica en nuestro país. En ese periodo se realizó un fuerte desplazamiento no sólo de mixtecos, también de nahuas proveniente del Valle de Atlixco, Sierra Negra y Sierra Norte de la entidad, sumándose en menor medida otros grupos étnicos.

Lo trascendente en la migración indígena, son los vínculos comunitarios y las prácticas sociales y culturales que traspasan fronteras a partir de redes migratorias tendidas entre el lugar de origen y el lugar de arribo. En este escenario, "el impacto de la migración, puede apreciarse a partir de las transformaciones generadas en las facetas de la organización social comunitaria" (Hernández-Díaz, 2013, p.22) y en el desarrollo social, "cuando las lógicas de la globalización crean nuevas y complejas formas de territorialidad y de co-gestión multinacionales (Barabas, 2001, p.1).

La globalización económica a través de la circulación mundial de mercancías y de los factores productivos (capital financiero y personas), crea una interdependencia mundial asimétrica, sostenida a partir de las profundas transformaciones en los procesos productivos, la movilidad del capital financiero, la consolidación de fuertes empresas multinacionales y el progreso de las comunicaciones, impulsando y acelerando los movimientos migratorios hacia los polos de desarrollo económico (Muñoz, 2002), en ellos, de manera marginada y periférica, se incluyeron los indígenas.

Y es que, "las estrategias de acumulación flexible se aprovecharon de las oportunidades globales en los mercados de trabajo, en el desarrollo, los materiales, el ensamblado y el mercadeo" (Kearney, 2008, p. 58). En ese contexto se reconfiguraron los espacios tanto agrarios como urbanos, propiciando desplazamientos de personas.

Derivado de esto, en muchos de los territorios rurales con población indígena, se dio un proceso de desagrarización, advirtiéndose una pluriactividad y un vínculo social, productivo y económico de los pobladores con las ciudades (Carton, 2010), a nivel regional con el comercio y actividades laborales, y a nivel nacional e internacional a partir de los procesos migratorios de algunos de sus pobladores, alejándonos de la idea que el espacio rural es eminentemente agrícola y endógeno. Y es que, "con la globalización, las transformaciones del campo latinoamericano fueron tan profundas que no solamente hay que hablar de cambio, sino de transición de una sociedad agraria organizada en torno a la actividad primaria, hacia una sociedad rural más diversificada" (Carton, 2010, p.2).

A partir de lo planteado, nos interesó situarmos en Chalchihuapan, comunidad de origen indígena que mantiene prácticas ancestrales y una dinámica migratoria hacia Estados Unidos. Nuestro propósito fue identificar cómo interpelan jóvenes migrantes a sus familias y comunidad desde sus trayectorias formativas relacionadas a experiencias laborales, reconociendo el impacto de los saberes socialmente productivos y de migración, en la determinación de sus proyectos de vida que articulan a su pertenencia territorial e identitaria.

Para ello trabajamos con cinco jóvenes de Chalchihuapan con experiencias escolares, migratorias y laborales. La elección que hicimos de nuestros informantes fue a partir del contacto que tuvo una de las investigadoras con ellos, ya que laboró como docente en una de las primarias indígenas de la localidad.

La ruta metodológica la realizamos desde el enfoque cualitativo, problematizamos las trayectorias formativas y laborales de estos jóvenes inscritos en una realidad transnacional, para entender "las formas en que el mundo social es interpretado, comprendido, experimentado y producido...para la comprensión de la complejidad, el detalle y el contexto" (Vasilachis,2006, p. 25).

Empleamos el estudio de caso que se enfoca en "la particularidad de la complejidad de un caso singular para llegar a comprender su actividad en circunstancias importantes" (Stake, 2010: 11). Lo que nos permitió profundizar sobre la realidad de estos sujetos portadores de experiencias, saberes y prácticas laborales.

Este método permite "abordar el fenómeno de investigación de forma holística y contextual, captando la complejidad propia de la vida social al recuperar el papel y el significado de los actores en el desenvolvimiento de los procesos sociales" (Neiman y Quaranta, 2006, p.233).

Como técnica de recolección de datos, la entrevista a profundidad nos posibilitó realizar un diálogo con los sujetos y conocer los aspectos de interés para la investigación. Empleamos preguntas abiertas partiendo de temáticas específicas que guiaron la conversación, para "comprender el marco de referencia (los valores, los temores, las creencias, etc.) de los entrevistados y de esta manera, compartir su manera de ver la realidad" (Giroux y Tremblay, 2004, p. 164).

1.CHALCHIHUAPAN, COMUNIDAD QUE SE DEDICA A LA JARCIERÍA

San Bernardino Chalchihuapan (piedra preciosa donde salpica el agua), es Junta Auxiliar del municipio de Ocoyucan en el estado de Puebla, México. Esta comunidad de origen náhuatl, se encuentra situada a 19 km de la capital poblana. La entrada al poblado se localiza sobre la carretera Federal Atlixco-Puebla, a la altura del km 16. Y el número de pobladores del lugar, es de 6,031 personas (INEGI, 2021, p. 236).

El municipio al que pertenece Chalchihuapan, tiene 75.5% de pobreza (INEGI, 2016). Cifra alta, sin embargo se intenta contrarrestar con acciones de gobierno, prácticas productivas de los pobladores y con la migración laboral hacia Estados Unidos, por ello:

> Aumentó del 2010 al 2015 la pobreza moderada al 41.5%, lo cual significa que las personas salieron de la condición de pobreza extrema y pasaron a formar parte del grupo de población con pobreza moderada... Y de acuerdo con la Encuesta Intercensal de 2015, el grado de rezago social del municipio fue medio (Plan Municipal de Desarrollo. Ocoyucan 2019 -2021, p. 7).

En el caso de San Bernardino Chalchihuapan, Torres (2014) refiere que "la jarciería que es la actividad predominante y la migración que es una de las fuentes importantes de ingresos económicos, contribuyen a calificar a la localidad como próspera, en comparación con el resto de las Juntas de Ocoyucan" (p. 1121). La percepción de los habitantes del lugar, concuerda con lo señalado, ya que "los resultados del censo 2016, realizado por la Unidad Médica de Salud de la comunidad, muestran que la mayoría de las familias de San Bernardino se clasificaron como clase media-baja" (Ponce, 2022, p. 2) Sin embargo, es importante reconocer que en el poblado aún existen familias en condiciones de marginación.

Respecto a las prácticas culturales, consideramos a Chalchihuapan un territorio geocultural que posibilita la configuración identitaria de sus pobladores, este "territorio constituye un espacio de inscripción de la cultura, tatuado por las huellas de la historia, de la cultura y del trabajo humano" (Giménez, 1996, p.14), con instituciones y prácticas que originan tramas sociohistóricas y productivas, que crean un nosotros de pertenencia.

Chalchihuapan cuenta con 19.4% de población indígena, cifra alta en comparación al porcentaje municipal que es de 7%, el estatal (16%) y nacional (9.4%). Y, en relación al uso de la lengua indígena, todavía el 6.7% de los habitantes de Chalchihuapan hablan la lengua náhuatl (INEGI, 2021). Pero es necesario advertir que existe un evidente desplazamiento de esta por el español ya que en el 2010 la hablaban el 13%, es decir, en diez años se redujo el número de hablantes a la mitad.

Pese a todo, es notoria la influencia de la cultura indígena como tatuaje territorial, tanto en la vida cotidiana, como en las festividades. Las costumbres más arraigadas se transmiten en las unidades domésticas a las nuevas generaciones. Podemos señalar entre otras, el uso de la lengua náhuatl, la alimentación a base del maíz, el baño de temazcal, el cuidado de animales de corral, el trabajo agrícola, la religión y la elaboración y comercialización de la jarciería. Estas actividades se realizan de manera habitual en la comunidad, además de las fiestas relacionadas con el santoral católico, prácticas que crean tejido social, en cuanto vinculan a sus pobladores mediante rituales, danzas y convites.

En la comunidad la parte política, entendida como la participación en los asuntos de la comunidad, se considera una responsabilidad, por ello, para cuestiones importantes realizan asambleas con el fin de tomar decisiones públicas, sin dejar de existir tensiones entre los pobladores, sobre todo, al haber una división entre dos posturas que se originaron en el pueblo a partir de asuntos de infraestructura religiosa. Por ser el poblado Junta Auxiliar del municipio de Ocoyucan, el pueblo cuenta con un presidente auxiliar. Este se vincula con las autoridades municipales para realizar gestiones requeridas.

En el ámbito educativo, la comunidad tiene servicios de educación básica: dos preescolares indígenas, Guillermo Jiménez Morales y Angélica Castro de la Fuente; tres primarias, Aquiles Serdán (general) y dos primarias indígenas, Bernardino Jiménez y Niños Héroes de Chapultepec; y dos secundarias: Ricardo Flores Magón (general) y Amado Camacho (telesecundaria).

Según las cifras de inscripción escolar, el mayor número de estudiantes se concentra en educación primaria y en secundaria se reduce el número de forma considerable. Esto concuerda con el promedio de escolaridad de los habitantes de Chalchihuapan mayores de 15 años que es de 6 años. Menor que el promedio estatal que es de 9.2 años, y el nacional que es de 9.7 años (INEGI, 2021).

Es posible que el bajo nivel de escolaridad en Chalchihuapan se explique entre otros factores, por la determinante socioproductiva del lugar (la jarciería) que a edad temprana marca las trayectorias de vida de los pobladores e incluso los habilita a diversificar la actividad comercial. Así, los aprendizajes escolares se subordinan a las necesidades de la praxis laboral instituida socialmente.

En el municipio de Ocoyucan los datos de unidades económicas según sector económico en el 2019 (Data México, s/f), muestran que las dos grandes fuentes productivas del lugar son "el comercio al por menor con el 52.6% y las industrias manufactureras con el 22.7%" (s.p), que suman el 75.3% del total de las unidades productivas. En estas cifras se incluyen las jarcierías de Chalchihuapan.

La actividad agrícola es mínima y se realiza por ejidatarios que cultivan nopales, cebollas, rábanos y aguacate. Estos productos los comercializan en la central de abastos de Puebla, en el mercado de Atlixco y en forma directa. Esta actividad la ejecuta un reducido porcentaje de la población (el 15%), los demás se dedican a la jarciería, al trabajo asalariado fuera de la comunidad y a los servicios. La jarciería representa la actividad económica predominante en la población, la cual se lleva a cabo desde la producción hasta la comercialización.

La comunidad tiene una vocación laboral en relación a esta actividad productiva que inició con la elaboración y venta de estropajos y lazos de fibra natural. El proceso partía de la recolección de materia prima para el ixtle, continuaba con la jarcia que "es el conjunto de objetos hechos de fibra vegetal y la jarciería que es la comercialización de dichos objetos" (Torres, 2014, p. 1135).

En esta labor, se hizo costumbre que los padres de familia integraran a sus hijos a temprana edad en la elaboración y comercialización de los productos, cuestión que generaba ausentismo escolar entre las y los estudiantes de los grados intermedios y superiores.

Actualmente, en la comunidad encontramos empresas de jarciería que trabajan con fibras sintéticas, donde se realiza el trabajo asalariado. Las jarcierías más grandes son JM, Ponce e Higiénica que contratan a pobladores del lugar, por ello:

> Es posible observar la existencia de una división en los tipos de empleos generados por la jarciería. De acuerdo con el lugar ocupado en la cadena productiva, el control de la materia prima y la cantidad de productos fabricados y comercializados se puede hablar de dos grupos: los "patrones" y los "trabajadores", nombrados así por la gente, marcando una posible estratificación socioeconómica de la población (Torres, 2014, p.1121).

2. "MIGRAR SE HIZO PARTE DE LA VIDA DE AQUÍ"

La jarciería junto a otras actividades productivas ha permitido la subsistencia de la población, sin embargo, "la situación de penuria que se vivió a principios de los años ochenta en el país" (Cortés, 2004, p. 169) originó la migración en Chalchihuapan. Este éxodo se sitúa en la tercera etapa de la migración poblana (Smith, 2006), generada por la contracción económica que se vivía en México y porque los empleadores norteamericanos aquilataban en la mano de obra mexicana grandes beneficios, pero sobre todo, al expedirse en Estados Unidos la ley de amnistía el 6 de noviembre de 1986.

> La explosión de finales de los ochenta y mediados de los noventa desencadenó [la migración poblana] por varios factores...el más importante fue la cláusula de la amnistía de la Inmigration Reform and Control Act (IRCA) que permitía que ciertos inmigrantes solicitaran primero la residencia temporal y luego permanente (Smith, 2006, p. 37-38).

Con ello, se abrió una ruta para la legalización de connacionales y la ruta para solicitar el ingreso de familiares cercanos.

Este proceso migratorio es parte constitutivo del modelo de desarrollo dentro del capitalismo global. Carton refiere que "para entender la evolución de los flujos migratorios laborales, el punto nodal es la reconfiguración de los mercados de trabajo que forman sistemas complejos y coherentes para el capitalismo global" (Carton, 2021, p. 172).

Esta migración de trabajo, que podemos considerar como "desplazamientos que tienen un objetivo económico, incorporan distintas dimensiones, no sólo económicas sino sociales, culturales y políticas movilizando redes sociales e intercambios de distinta índole" (Lara, 2010, p.7), lo que propicia una rearticulación social que traspasa fronteras.

El proceso de movilidad que se generó en Chalchihuapan, fue hacia Jersey City en el estado de New Jersey y a Milwaukee en el estado de Wisconsin; a partir de redes sociales, lo que configuró una migración transnacional, en la que las y los migrantes ligan la sociedad de origen y de establecimiento, transgrediendo las fronteras nacionales. Estudiosos de esta migración como Smith (1995), Pries (1999) y Goldring (1997), acuñaon el término transnacional para explicarla. Goldring (1997, p.65) refiere que "la migración transnacional desafía ecuaciones usuales entre territorio y comunidad y pone en tela de juicio el cercamiento de las comunidades por los límites de las fronteras nacionales...la migración transnacional ubica a la gente bajo más de un proyecto de construcción de nación". Este enfoque tiene implicaciones teóricas que tratan de explicar la cualidad de los procesos sociales que se desarrollan en contextos migratorios "donde se realiza un circuito migratorio estructurado y estructurante" (Pries, 1999, p. 3). Con ello, se construye desde la realidad de los sujetos y sus familias, la vida transnacional que siguiendo a Smith (2006):

> Incluye aquellas prácticas y relaciones que vinculan a los migrantes y a sus hijos con el país de origen, donde tales prácticas tienen una importancia significativa y se dan con regularidad... la vida transnacional también está encarnada en las identidades

> y estructuras sociales que ayudan a formar el mundo de vida de los inmigrantes y sus hijos que se construye en las relaciones entre personas, instituciones y lugares (Smith, 2006, p. 17).

Y si bien, en la actualidad las políticas antimigrantes en Estados Unidos dificultan las condiciones para el desplazamiento, en el municipio de Santa Clara Ocoyucan se registra un 15.2% de migración hacia ese país (INEGI, 2021), y se mantienen procesos de movilidad controlada en Chalchihuapan. Además, persiste en el imaginario de adolescentes y jóvenes, la idea de migrar al país del norte. El plan de vida de algunos adolescentes es terminar la primaria o secundaria para trabajar como vendedores de jarcia o emplearse en las localidades vecinas para reunir dinero y migrar hacia Estados Unidos. Conocen las posibilidades y riesgos del traslado, ya que les son familiares las redes migratorias tendidas entre Chalchihuapan, New Jersey y Wisconsin.

En este espacio transnacional, quienes tienen la experiencia migratoria, suelen realizar *desplazamientos temporales* de corta o larga duración, un "esquema conceptualizado por los estudiosos como procesos de movilidad" (Carton, 2021, 159). En esta dinámica, el retorno temporal permite crear proyectos productivos o dinamizar los existentes (como en los casos que referimos más adelante), y con ello, activar prácticas laborales que inciden en el desarrollo de la comunidad.

3. TRAYECTORIAS FORMATIVAS EN LOS PROCESOS DE MIGRACIÓN Y DESARROLLO REGIONAL

Partir de la importancia de la pedagogía como "práctica dirigida hacia la posibilidad de la interpretación como intervención en el mundo" (Giroux, 2019, p. 157), nos permite situar las trayectorias formativas de estos migrantes, como procesos que posibilitan la comprensión de la realidad y la posibilidad de intervenir en ella, en tanto sujetos de la agencia, insertos en un contexto socio-histórico.

Desde este campo de conocimiento construimos la noción de trayectoria formativa, al articular la concepción de trayectoria que plantea Bourdieu (1977) con la noción de formación. Para esta última, recuperamos nociones de Yurén (2000), Zemelman (1999), Ferry (1994) y Arendt (2005).

Para Bourdieu (1977), la trayectoria es una "serie de posiciones sucesivamente ocupadas por un mismo agente (o un mismo grupo) en un espacio en devenir y sometido a incesantes transformaciones" (p. 78). Así, las trayectorias de los sujetos se constituyen desde sus condiciones de producción en un espacio y una temporalidad, como proceso de constitución abierta e inacabada que no es lineal.

Cabe señalar en la trayectoria, la importancia de la acción, la consciencia, la reflexión y determinación, en la serie de posiciones que inciden en la constitución del sujeto, que devienen en su formación.

La formación implica un trabajo intelectual que realiza el sujeto, como ejercicio permanente que le permite constituirse de manera abierta, inacabada y posibilitadora. Desde este posicionamiento Yurén (2000) refiere que en la formación:

> El sujeto recibe de la sociedad y la cultura los elementos que le permiten desarrollarse y configurar su personalidad. A su vez el sujeto actúa consciente, crítica y creativamente sobre su entorno social y cultural para transformarlo y transformarse. Es, en suma, el movimiento del para sí (p.29).

Desde las prácticas sociales en las que participa el sujeto (familiares, escolares, laborales, de ciudadanía, etc), diversos discursos lo interpelan, y él desde un acto reflexivo, realiza un proceso de apropiación, otorgando sentido, significación o resignificación a su realidad como una forma de situarse en el mundo. De esta manera se forma en una experiencia plena, de búsqueda, "el objeto de una exploración que nunca termina" (Ferry, 1994, p.102) para constuirse en relación a los otros y sus instituciones.

La formación como proceso, es un acto educativo en la medida en que potencia al sujeto, teniendo presente que "la potencialidad exige reinsertar la subjetividad del sujeto en la realidad que se construye, por consiguiente, el conocimiento se transforma en consciencia, a través de la institucionalidad de las prácticas sociales" (Zemelman, 1999, p. 56) y para ello, la acción y el discurso le permiten adquirir una distinción, existencia y confirmación de sí (Arendt, 2005).

Múltiples experiencias formativas constituyen a los sujetos desde diversos escenarios (como la escuela, la familia, los medios de comunicación, el lugar de trabajo, la iglesia, etc.,) actos que se imbrican, yuxtaponen y contradicen. Por ello, los sujetos desde la complejidad, construyen sus esquemas conceptuales producto de sus trayectorias formativas, que les posibilitan construirse en relación a sus condiciones socio-históricas para situar-se y transformar-se en un incesante llegar a ser, condición de la existencia humana articulada a lo social.

A partir de lo planteado, creemos que lo importante es precisar cuáles son los vínculos y fusiones del conocimiento, del hacer y del crear, que posibilitan la constitución del sujeto (en el caso que nos ocupa migrante), desde los fundamentos comunitarios, sus experiencias formativas y su capacidad como agente social, para incidir en el desarrollo.

En la trayectoria formativa de las y los jóvenes, además de la escolarización, el trabajo es un aspecto importante, que a manera de dispositivo, permite la subsistencia, a partir de actividades productivas. No obstante, el mercado laboral desde las estructuras económicas actuales, delimita las tramas asalariadas, desde la inciertidumbre, precariedad, flexibilidad e informalidad, lo que repercute en las formas de ser y estar de estos sujetos.

Y es que la transformación de las condiciones laborales "está globalmente marcada por una precariedad creciente de la inscripción en el orden del trabajo que hace para los jóvenes... trayectorias laborales a menudo marcadas con el sello de la incertidumbre" (Castel, 2010, p. 113). En este sentido, advertimos las crecientes dificultades que encuentran los jóvenes para insertarse y mantenerse en el mercado laboral, debido a que:

> La flexibilización y desregulación laboral, modificaron las formas tradicionales de contratación y uso de la fuerza de trabajo, sustituyendo el empleo permanente "clásico" por otras formas atípicas de ocupación, entre las que destacan el empleo por contratación temporal y el trabajo a tiempo parcial, así como la promoción del autoempleo (Castillo, Arzate y Arcos, 2019, p. 6)

Observamos que la estructura y mecanismos que rigen al mercado laboral mundializado, propicia que "los jóvenes terminen refugiándose en el desempleo, la migración internacional o informalidad (Castillo, Arzate y Arcos, 2019, p. 7). Pero a todo esto, es importante precisar que las biografías laborales se construyen desde una variedad de condicionantes.

Por ejemplo, en Chalchihuapan con anterioridad a la migración se había terciarizado el trabajo a través de la jarciería, la praxis laboral en el lugar permitió que los sujetos aprendieran a realizar trabajos que se han transmitido de una generación a otra, sosteniendo tramas culturales y sociales en el hacer. Para la comprensión analítica de este fenómeno, recuperamos desde la articulación de lo educativo con la praxis laboral, la noción de saberes socialmente productivos, que son "aquellos saberes que modifican a los sujetos enseñándoles a transformar la naturaleza y la cultura, modificando su habitus y enriqueciendo el capital cultural de la sociedad o la comunidad" (Puiggrós y Gagliano, 2004).

Estos saberes se recrean en "la praxis laboral, convivencial, organizativa, recreativa, conformando tejidos y lazos sociales... que constituyen estrategias compartidas que se vuelcan en proyectos, resignificando el papel del conocimiento como práctica social"

(Orozco, 2009, p.71). De esta manera, la actividad productiva deviene en actividad que sostiene una práctica social de pertenencia.

En esta noción, es de suma importancia la transmisión de conocimientos y prácticas laborales que se realizan de manera intergeneracional, lo que permite sostener tramas laborales de manera histórica, en las que se reconoce un saber-hacer valioso para la comunidad. El acto de la transmisión "está mediado por las condiciones de producción, apropiación, resignificación, circulación y transformación de los signos y códigos que componen la cultura" (Gómez y Hamui 2009, p.40). Con ello, no sólo se reproducen prácticas productivas, también se resignifica el proceso, se crea identidad y se innova como una manera de que perdure la práctica laboral, transformándola.

Los saberes socialmente productivos inciden "en la construcción de relaciones sociales y en la producción de vínculos o articulaciones y, también por su inscripción en los procesos productivos que implica reconocerlos como bienes del campo de la cultura"(Marengo, 2022, p.113). Esta noción nos permite reconcer las prácticas sostenidas históricamente en la comunidad, articuladas de forma estratégica con otras actividades como la migración con fines laborales o el empleo asalariado en las ciudades aledañas, que a pesar de ser precarios, les permiten consolidar los proyectos productivos propios de la comunidad.

4. EXPERIENCIAS PRODUCTIVAS DESDE PROCESOS DE MIGRACIÓN

Bernardino, Gerardo, Liberio, Lilia y Rodrigo, adquirieron desde niños la cultura de la comunidad, entre otros, los aprendizajes socialmente productivos (Puiggrós y Gagliano, 2004) relacionados a la jarciería, que les transmitieron como legado comunitario (conocimientos, prácticas sociales y productivas) dando rumbo y devenir a sus trayectorias, articuladas a otras experiencias formativas como la escolarización.

En sus primeros años, estuvieron insertos en el México profundo que refiere Bonfil Batalla (1990), a partir de forjarse una identidad de raíz mesoamericana, en tal sentido, tuvieron como lengua materna o primera lengua (L1) el náhuatl, que adquirieron para comunicarse en la unidad doméstica y con ello apropiarse de la visión del mundo de los suyos: "mi mamá nos hablaba en náhuatl, tambien escuchaba a mi papá, más aparte mi abuelita materna y mi bisabuelita materna hablaban puro náhuatl y entendíamos lo que nos decían" (Jiménez, Liberio, comunicación personal, junio, 2023) y también la usaban en la comunidad "De niño hablaba náhuatl con mis amiguitos, todos lo sabíamos"(Ocotl-Tecalero, Rodrigo comunicación personal, diciembre 2022). Posteriormente en la escuela y el comercio aprendieron el español como L2.

En la adolescencia adquirieron una vivencia de suma importancia, la migración hacia Estados Unidos. Estos jóvenes se iniciaron en ella a principios del siglo XXI, cuando ya estaban consolidadas las redes migratorias entre Chalchihuapan y New Jersey y Chalchihuapan y Wisconsin. En ese tiempo las redes migratorias les proveyeron hospedaje y los insertaron a nichos laborales en los que sus paisanos y familiares se encontraban trabajando, esto también los interpeló de manera constitutiva.

Respecto al nivel educativo, ellos tienen diferentes grados de escolaridad, Rodrigo cuenta con estudios de primaria concluida; Bernardino, Liberio y Lilia, high school (sus trayectorias escolares iniciaron en Chalchihuapan y siguieron en Estados Unidos) y Gerardo, la universidad (inició sus estudios en Chalchihuapan para concluir la educación superior en la ciudad de Puebla). Llama la atención la disparidad escolar entre ellos (uno estudio primaria y otro profesional) y como mediana high school, a pesar de que son de la misma generación y sus edades oscilan entre 31 y 36 años.

Cuatro de ellos (Bernardino, Liberio, Lilia y Rodrigo) superaron el nivel educativo de sus padres que tienen en promedio la primaria trunca, y sólo Gerardo, que concluyó la universidad y es licenciado en educación primaria para el medio indígena, tiene el mismo nivel de escolarización de sus padres (quienes llegaron a trabajar a Chalchihuapan como profesores de educación indígena y allí se establecieron). Como podemos observar, la tendencia mundial de las políticas educativas de ofrecer educación para todos a partir de la inclusión y equidad (Declaración Mundial sobre Educación para Todos, 1990; Marco de Acción de Dakar. Educación para Todos, 2000; Educación 2030. Declaración de Incheon y Marco de Acción para la realización del Objetivo de Desarrollo Sostenible 4, 2016) y elevar los niveles educativos de una generación a otra, en los casos en los que la escolarización de los padres ha sido baja, es representativa entre estos jóvenes.

Todos tuvieron en común iniciar su escolarización en Chalchihuapan y aprender en la escuela el español como L2 (hablar, comprender lo que escuchaban, leer y escribir), además de otros aprendizajes como algoritmos matemáticos y conocimientos sobre ciencias naturales, historia y civismo, siempre en la L2, de esta manera, el español como lengua de enseñanza en la escuela, tuvo doble función, como contenido de aprendizaje y como medio de transmisión de contenidos de las otras materias planteadas en el curriculum[1] (Ruiz y Camps, 2009), a pesar de que la literatura sobre bilingüismo en la escolarización, señala la importancia de aprender la lecto-escritura en la L1 y posteriormente en L2 (Cummins, 1983). No obstante, lograron competencias comunicativas en esa lengua, apoyados con el uso que hacían de la L2 en actividades sociales y laborales.

---

1 A pesar de que estudiaron en una primaria de educación indígena reconocida como bilingüe (náhuatl-español), la escuela no afianzó un bilingüismo coordinado ya que la lengua de enseñanza fue fundamentalmente el español.

En la comunidad la relación entre escolarización y trabajo se pondera a partir de la importancia social de la jarciería, que incorpora a los sujetos a edades muy tempranas en actividades productivas, supeditándose la escolarización a los procesos productivos de la comunidad. De esta manera, los pobladores esperan que la escuela les otorgue conocimientos y habilidades para el trabajo de la jarciería y en esa cadena productiva, que los habilite para el comercio.

> Como todos en el pueblo sólo hablábamos náhuatl, tuvimos que ir a la escuela a aprender el español y las cuentas para poder ir a vender al mercado Hidalgo de la ciudad, los productos que hacíamos, como hamacas, tendederos de ixtle, también vendíamos estropajos y pues la necesidad de vender me hizo a mi y a otros ir a la escuela y aprender a hablar español (Ocotl-Tecalero, Rodrigo, comunicación personal, diciembre, 2022).

Quienes siguieron estudiando al concluir la primaria, lo hicieron en una secundaria fuera de Chalchihuapan. Posteriormente al migrar a Estados Unidos, tres de ellos siguieron en ese país sus trayectorias educativas al mismo tiempo que se emplearon en los servicios. La escuela en esos casos fue un canal para aprender la L3 (el inglés) a partir de procesos académicos que les permitieron lograr las cuatro competencias comunicativas, influyendo para ello, el programa escolar, el repertorio lingüístico alcanzado (ya contaban con la L1 y la L2), pero también "factores socioculturales y de actitud" (Cummins, 1983, p.37) "yo tenía que aprender inglés porque tenía que aprender, fue mi empeño en High School porque yo estudié bien hasta que me gradué, ahí fue cuando adquirí mejor el inglés" (Jiménez, Liberio, comunicación personal, junio, 2023), "Estudié en la escuela en New Jersey, ahí pude aprender al cien por ciento el inglés" (Ocotl-Ocotl, Bernardino, comunicación personal, febrero, 2023), "Allá me fui a la escuela y aprendí a hablar inglés muy rápido" (Zambrano, Lilia, comunicación personal, mayo, 2022).

El aprendizaje de la L3, aunado a otros conocimientos marcados en el currículum y la socialización entre pares, les permitió vía la escuela, la inmersión a la cultura estadounidense, y esto influyó para que estos jóvenes se insertaran de manera favorable al ámbito laboral (en mejores condiciones, respecto a otros connacionales que han migrado a Estados Unidos y tienen dificultades para comunicarse en inglés), además de apropiarse de ciertos valores y actitudes que tienen en ese país. Y, en el caso de los otros dos jóvenes[2], la adquisición de la L3 y entender la forma de vida en Estados Unidos, fue en el trabajo, mediante aprendizajes autónomos y en las actividades diarias.

> Para poder tener un mejor trabajo debes aprender inglés, así que tres amigos y yo compramos inglés sin barreras y estudiábamos por las tardes y tratábamos de conversar con la gente y en el trabajo hablarlo, por eso llegamos los tres a ser encargados de nuestras áreas, responsables de veinte o hasta treinta personas. Con el tiempo nos fuimos adentrando a la vida de allá (Martínez, Gerardo, comunicación personal, junio, 2023).

La escuela es el espacio que determina las formas y los contenidos en que se transmite la cultura institucionalizada a las nuevas generaciones. Y tiene la función irrenunciable de "prepararlas con antelación para la tarea de renovar un mundo común" (Arendt, 1993, p. 53). Esto tiene que ver con la formación del sujeto desde sus condiciones socio-históricas y su imbricación con el desarrollo, por ello, la importancia de la institución escolar aunada a los otros espacios en que se adquieren experiencias de aprendizaje, reflexión y agencia, para que el sujeto se sitúe en su mundo y lo transforme.

Revisando las trayectorias de estos jóvenes, encontramos que desde niños estuvieron inscritos en toda la cadena productiva de la jarciería (cuando esta se realizaba de manera artesanal). Participaron en la recolección de la materia prima, su transformación en ixtle, en la producción y en la comercia-

---

2 Rodrigo dejó de estudiar y Gerardo siguió estudiando cuando regresó de Estados Unidos, la licenciatura en modalidad semipresencial.

lización. "Desde chiquita mis papás me enseñaron a hacer los tendederos y estropajos de ixtle," (Zambrano, Lilia, comunicación personal, mayo, 2022). "Recuerdo que era niño y mi papá ya me llevaba a vender" (Ocotl-Tecalero, Rodrigo, diciembre, 2022). La edad promedio en que participaron en la venta fue a los 8 años. Esto nos muestra que la jarciería como un saber socialmente productivo se articuló con la escuela (estudiaban a la vez que se insertaban a la actividad de la jarciería), para sostener tramas de vida que posteriormente tuvieron que ver con la migración. Desde estos referentes imbricados construyeron sus proyectos de vida sobredeterminados al ámbito laboral

> Me fui a los Estados Unidos desde que tenía catorce años, me llevó una de mis tías porque trabajaba rápido haciendo jarcia, y don Jiménez nos ofreció trabajo en Estados Unidos porque iba a poner una fábrica allá y me fui con mi tía, allí estudié la escuela y aprendí a hablar inglés muy rápido, don Jiménez, el dueño de la fábrica se dio cuenta, así que me pedía que tradujera lo que los clientes gringos decían, ahora soy la traductora entre Chalchihuapan y Estados Unidos, hasta el día de hoy sigo trabajando con él, me legalicé, voy y vengo (Zambrano, Lilia, comunicación personal, mayo, 2022).

Tres de ellos al regresar abrieron sus negocios y uno más lo hizo en Estados Unidos, pero abrió una tienda a sus padres en Chalchihuapan. En todos los casos contrataron en sus negocios a paisanos. En los relatos de estos jóvenes, encontramos que la relación educación trabajo como constante, sostiene sus tramas de vida que permiten reconocer su participación en el desarrollo social de Chalchihuapan desde dos aspectos: uno, por ser *empresarios* al crear negocios que les dan empleo a otros; dos, desde la representación simbólica que comunitariamente marcan sus trayectorias como *sujetos exitosos* que son valorados por sus paisanos como ejemplos a seguir. Las dos distinciones sitúan a estos jóvenes como parte constitutiva del desarrollo comunitario.

Respecto al reconocimiento como *empresarios* advertimos que los migrantes incorporaron socialmente dicho término en la comunidad. Esta palabra tiene dos traducciones, una es *business man* (hombre de negocios o empresario) y la segunda, *entrepreneur* que tiene la acepción de emprendedor-empresario y es precisamente esta última, la que tiene sentido para ellos y se ha fijado como significado social.

Es importante identificar desde su genealogía, que la comunidad tiene experiencia y comprensión de la actividad productiva a través de la jarciería, actividad laboral artesanal que se realizó en la comunidad como legado intergeneracional que se sustentó por mucho tiempo como negocio familiar y responsabilidad de los jefes de familia. La comercialización la realizaban desde la informalidad al ofrecer en las calles o mercados sus productos "El autobús que salía cada hora a la ciudad de Puebla se llenaba de gente que iba a vender sus productos, los llevaban en bolsas grandes que se echaban al hombro, todo el día iban ofreciendo sus productos y la ganancia era poca, solo para sobrevivir" (Martínez, Gerardo, comunicación personal, junio, 2023).

Posteriormente, la inmersión en el mercado mexicano de fibras sintéticas elaboradas en China para elaborar lazos, fibras, esponjas, escobas, mechudos, etc., y productos de polímero a bajo costo, les permitió fabricar sus productos con otros materiales y vender objetos de plástico para el hogar. Por otro lado, la dinámica migratoria laboral de Chalchihuapan, capitalizó a algunas familias que decidieron invertir en la jarciería, y con ello instalaron fábricas de jarciería en la localidad que emplean maquinarias, fibras sintéticas y mano de obra de la comunidad, conformando comercializadoras de productos de limpieza elaborados allí y de múltiples artefactos y objetos de plástico[3]. Con

---

3 Es necesario señalar que no todas las fábricas de jarciería crecieron con dinero obtenido directamente del trabajo laboral de sus propietarios en Estados Unidos, sin embargo, de manera colateral les benefició la migración, porque migrantes de retorno o personas del

ello, como señala Torres (2014), en la comunidad se observa una división de la población: los patrones y los trabajadores.

Con el auge, las fábricas grandes abrieron sucursales en otros estados del país y la jarciería Ponce también lo hizo en Estados Unidos[4]. Junto a estos grandes negocios, se establecieron en Chalchihuapan jarcierías medianas que únicamente venden los productos. También existen familias que, capitalizadas por la migración, exploran otros lugares para abrir sus negocios de jarciería, venta de hamacas, e incluso de otros productos. Con ello advertimos que los saberes socialmente productivos, articulados a la migración, crearon el emprendedurismo que se vive en Chalchihuapan.

En el caso de los cinco jóvenes migrantes, Lilia tiene un puesto de confianza en una de las más importantes fábricas de jarcia de Chalchihuapan, la Jarciería Ponce, que de forma procesual abrió sucursales en la Ciudad de Puebla, Veracruz, Tuxtla Gutiérrez, Apizaco, San Cristóbal de las Casas y Estados Unidos. La sucursal en el país vecino es posible a partir de la vida trasnacional que han construido los pobladores de Chalchihuapan. De esta manera, la actividad y capital trambién atraviesan fronteras de un lado y otro, no sólo de forma unidireccional.

Y Bernardo, Gerardo, Liberio y Rodrigo, aunque no trabajan en la jarciería, tuvieron en esta actividad desde niños, la experiencia de ser comerciantes y cuando regresaron de Estados Unidos lo hicieron con intención de emprender un negocio y en la actualidad se asumen como empresarios y dan empleo a sus paisanos.

Liberio señala "ya tengo dos negocios, uno en Chalchihuapan y uno en Ciudad del Carmen, surtimos materias primas y todo lo que tenga que ver con condimentos, eso yo lo conozco

---

lugar capitalizadas con el envío de remesas, abrieron jarcierías que se surten en sus fábricas.

4 Los dueños de la jarciería Ponce no trabajaron en los servicios en Estados Unidos, ellos llegaron a ese país a instalar una sucursal de su negocio.

perfectamente, conozco todo este tipo de materiales, eso es lo que yo encontré, tengo amigos que surten eso y me gustó mucho, surto principalmente a restaurantes, ya tengo ocho años en esto" (Jiménez, Liberio, comunicación personal, junio, 2023).

Por su parte Bernardino, refiere "en Estados Unidos era taxista y traductor para los mexicanos, pero decidí regresar a mi pueblo, quise seguir estudiando pero mis padres me dijeron que para qué estudiar, que mejor trabajara más, así que compré cuatro taxis con el dinero que me gané en Estados Unidos. Ese es mi negocio (Ocotl-Ocotl, Bernardino, comunicación personal, febrero, 2023).

Gerardo, menciona "en Wisconsin trabajé en una lavandería y de regreso puse mi lavandería, ahora tengo dos negocios, un restaurante y una agencia de viajes. Y Rodrigo comenta "cuando estuve en New Jersey me asocié con un primo y pusimos una tienda de conveniencia, fue creciendo el negocio y hoy tenemos allá cuatro tiendas. Nos va bien. A mis papás les puse una tiendita [en Chalchihuapan] para que ahí trabajen y ya no se vayan a vender a los mercados" (Ocotl-Tecalero, Rodrigo, comunicación personal, diciembre, 2022).

Advertimos también, que en este espacio transnacional, los procesos de movilidad hacia Estados Unidos son opción para capitalizarse cuando requieren mejorar sus negocios o por alguna eventualidad: "Me regresé a Estados Unidos a ganar dinero, solo por un periodo corto, trabajo en un restaurante, me entregan unos papeles y hago las mezclas de café... para el fin de año completo todo lo que vine a hacer y me regreso a seguir con lo mío, mi propósito es darle un jalón a mis negocios con el dinero que voy a llevar" (Jiménez, Liberio, comunicación personal, junio, 2023).

Respecto al segundo aspecto señalado: influir en la población como personas exitosas, Gerardo refiere que en la comunidad todos se conocen y saben a quienes les fue bien y los respetan. Liberio a manera de reflexión señala:

> En Chalchihuapan he dejado parte de huella, he impulsado a gente que luche por sus metas, soy ejemplo de trabajo, me di-

> cen eres como un impulso, yo siento bonito, a mi me da mucho gusto que todos hagan lo suyo... Pero realmente son muy pocos los que vienen a lo que vienen y regresen para mejorar en el pueblo. Pienso que debemos tener muy claro a qué nos vamos, yo vine a hacer dinero para dar trabajo allá, o sea ese dinero lo vine a traer para que allá genere trabajo y ganancias. (Jiménez, Liberio, comunicación personal, junio, 2023).

Observamos en los testimonios de los cinco jóvenes que narraron sus trayectorias formativas y laborales, que de manera consciente y planeada, construyen una trama de vida en la que se posibilita el desarrollo familiar y comunitario.

REFLEXIONES FINALES

En Chalchihuapan como en otras comunidades indígenas "existen múltiples espacios de encuentro intergeneracional y actividades compartidas por niños, adolescentes, adultos y ancianos" (Bertely, Saravia y Abrantes, 2013, p.42), por ello, la jarcia y su comercialización representó una actividad que los adultos les transmitieron desde la infancia a los cinco jóvenes de este estudio, representando para ellos, saberes socialmente productivos que son relevantes en sus trayectos de vida.

Así, siendo niños la escuela y esta actividad laboral se entretejieron como parte de sus procesos formativos. Y en la adolescencia al migrar a Estados Unidos, adquirieron otros conocimientos y aspectos culturales que ampliaron sus experiencias y visiones del mundo. En este sentido, como refiere Zemelman (1999) sus conocimientos se transforman en consciencia, en un acto autónomo que les permitió reflexionar sobre sus realidades, realizar comparaciones entre un país y otro y crear proyectos de vida que los colocan como agentes sociales vinculados a su lugar de origen.

Es importante situar a estos jóvenes en Chalchihuapan, espacio que mantiene prácticas culturales y productivas que generan una estructura social que si bien es jerárquica, permite ciertos compromisos sociales endógenos, de esta manera, los saberes socialmente productivos de la jarciería posibilitan que patrones y empleados mantengan cercanía y cohesión social. Y en este sentido, los cinco jóvenes como emprendedores, reconocen la importancia de generar empleos que mejoren la calidad de vida de los suyos.

La migración les posibilitó capitalizarse y hacer uso de esos recursos para crear negocios en los que emplean a sus paisanos. E incluso, realizan procesos de movilidad, es decir, siguen yendo a Estados Unidos a trabajar, como estrategia para obtener recursos económicos para consolidar sus empresas. De esta manera, encontramos que el hecho de considerarse empresarios no sólo tiene que ver con emprender un negocio, también con permitir que se genere, aunque sea de manera mínima, un desarrollo social en Chalchihuapan, creando empleos para sus coterráneos.

Las trayectorias de estos jóvenes son reconocidas por sus paisanos y valoradas en la medida en que observan que llegaron de Estados Unidos con un proyecto que lograron realizar, viven de manera digna, y participan en el desarrollo de la comunidad.

Podemos concluir señalando que los cinco jóvenes poseen formaciones transnacionales que les permiten tener nuevos derroteros desde su pertenencia indígena y su integración a contextos urbanos nacionales e internacionales, lo que los habilita para construir proyectos en su comunidad, teniendo un impacto laboral y cultural, resignificando lo propio, en relación a formas de trabajo y organización productiva aprendidas en Estados Unidos.

Referencias

Arendt, H. (1993). Between past and future. Nueva York: Penguin Books.

Arendt. H. (2005). *La condición humana.* Barcelona: Paidós.

Barabas, A. (2001).Traspasando fronteras: los migrantes indígenas de México en Estados Unidos. *Amérique Latine Historie et Mémoire. https://doi.org/10.4000/alhim.605*

Barabas, A. (2016) La migración de los indígenas de Oaxaca, México, a Estados Unidos y su movilización social. *Comparative cultural studies: European and Latin America Perspectives.* 1, 77-86.

Bertely, M., Saravi, G. y Abrantes, P. (2013). *Adolescentes indígenas en México: derechos e identidades emergentes.* México: CIESAS/ UNICEF.

Bobes, V. (2016). El transnacionalismo como enfoque. Una reflexión para construir un modelo analítico. En Bobes, V. (Coord.). *Debates sobre transnacionalismo* (pp. 9-24). México: FLACSO.

Bonfil-Batalla, G. (1990). México profundo. *Una civilización negada.* México: Grijalbo.

Bourdieu, P. (1977). *Razones prácticas sobre la teoría de la acción.* Barcelona: Anagrama.

Carton, H. (2010). ¿La nueva ruralidad es un concepto útil para repensar la relación campo-ciudad en América Latina?. *Revista Ciudades,* (85), 2-6.

Carton, H. (2021). Los efectos de la mundialización sobre las migraciones laborales de la población rural mexicana. En *Interdisciplina.* 9 (25),157-178.

Castel, R. (2010). *El ascenso de las incertidumbres. Trabajo, protecciones, estatuto del individuo.* México: Fondo de Cultura Económica.

Castillo, D., Arzate, J. y Arcos, S. (2019). Empleo, trabajo precario y desaliento laboral de los jóvenes. En Castillo, D., Arzate, J. y Arcos, S. (Coords.). *Precariedades y desaliento laboral de los jóvenes en México* (pp. 5-19). México: Siglo XXI/CLACSO.

Cortés, S. (2004). Emigración de los poblanos en el decenio de los noventa. En Cortina, R. y Gendreau, M. (Coords), *Poblanos en Nueva York. Migración rural, educación y bienestar* (167-186). Puebla: Universidad Iberoamericana Puebla.

Cummins, J. (1983). Interdependencia lingüística y desarrollo educativo de los niños bilingües. *Infancia y aprendizaje,* (21),37-61.

Data México (s/f). Ocoyucan, municipio de Puebla. Economía. México: Gobierno de México. Recuperado de: *https://www.economia.gob.mx/datamexico/es/profile/geo/ocoyucan*

Declaraciones de las Naciones Unidas sobre Derechos Humanos. 10 de diciembre de 1948. Organización de las Naciones Unidas (ONU). París. (1948).

Declaración Mundial sobre Educación para Todos. Marco de Acción para Satisfacer las Necesidades Básicas de Aprendizaje. 5 al 9 de marzo de 1990. Organización de las Naciones Unidas para la Educación, la Ciencia y la Cultura (UNESCO). Jomtien (1990). Recuperado de: *https://unesdoc.unesco.org/ark:/48223/pf0000127583_spa*

Declaración de Nueva York. para los Refugiados y los Migrantes. 19 de septiembre de 2016. Organización de las Naciones Unidas (ONU). Nueva York (2016).

Durand, J. y Massey, D. (2009). *Clandestinos. Migración México-Estados Unidos en los albores del siglo XXI.* México: Miguel Ángel Porrúa.

Educación 2030: Declaración de Incheon y Marco de Acción para la realización del Objetivo de Desarrollo Sostenible 4: Garantizar una educación inclusiva y equitativa de calidad y promover oportunidades de aprendizaje permanente para todos. 19 al 22 de mayo de 2015. Organización de las Naciones Unidas para la Educación, la Ciencia y la Cultura (UNESCO) París (2016). Recuperado de: *https://unesdoc.unesco.org/ark:/48223/pf0000245656_spa*

Giménez, G. (1996). Territorio y cultura. *Estudios sobre las culturas contemporáneas,* 2, (4), 9-30.

Giroux, H. (2019). Hacia una pedagogía de la esperanza educada bajo el capitalismo de casino. *Pedagogía y saberes,* (50), 153-158.

Giroux, S. y Tremblay, G. (2004), *Metodología de las Ciencias Humanas. La investigación en acción.* México: Fondo de Cultura Económica

Goldring, L. (1997). Difuminando fronteras: construcción de la comunidad transnacional en el proceso migratorio México-estados Unidos. En Macías S. y Herrera F. *Migración laboral internacional* (pp. 55-105). Puebla: BUAP/Colección Pensamiento Económico.

Gómez, M. y Hamui, L. (2009), Saberes de integración y educación. Nociones ordenadoras y articulación conceptual. En Puiggrós A. y Rodríguez, L. (Coords). *Saberes: reflexiones, experiencias y debates* (pp. 37-72). Buenos Aires: Galerna.

Hérnandez-Díaz, J.(2013). *Comunidad, migración y ciudadanía.* México: Miguel Ángel Porrúa.

INEGI (2016), *Encuesta Intercensal 2015.* México: INEGI.

Instituto Nacional de Estadística, Geografía e Informática (INEGI) (2016), *Encuesta Intercensal 2015.* México: INEGI.

Instituto Nacional de Estadística, Geografía e Informática (INEGI) (2021), *Censo de población y vivienda 2020. Panorama sociodemográfico de Puebla.* México: INEGI.

Lara, S. (Coord.) (2010). *Migraciones de trabajo y movilidad territorial.* México: Miguel Ángel Porrúa.

Kearney, M. (2008). Lo local y lo global: La antropología de la globalización y el transnacionalismo. En Hiernaux, D. y Zárate, M (Eds.) (pp. 51- 88). México JP/UAM.

Marco de Acción de Dakar. Educación para Todos: cumplir nuestros compromisos comunes. 26 al 28 de abril de 2000. Organización de las Naciones Unidas para la Educación, la Ciencia y la Cultura (UNESCO). Dakar (2000). Recuperado de: *https://unesdoc.unesco.org/ark:/48223/pf0000121147_spa*

Marengo, R. (2022). Los saberes socialmente productivos. Del análisis pedagógico a las prácticas del trabajo. *Revista Argentina de Investigación Educativa,* 2 (3),109-129.

Martínez, G., Delgadillo, N. y Noriega, V. (2023). Perfiles de niñas, niños y adolescentes nacidos en el extranjero con ascendencia mexicana residentes en México. *Rutas. Estudios sobre movilidad y migración internacional 10.* México: Unidad de Política Migratoria.

Mc Auliffe, M y Triandafyllidou, A. (Eds.) (2021). *Informe sobre las migraciones en el mundo 2022.* Ginebra:Organización Internacional de las Migraciones (OIM).

Muñoz, A. (2002). Efectos de la globalización en las migraciones internacionales. *Papeles de población,* (33), 9-45.

Neiman G. y Quaranta, G. (2006) Los estudios de caso en la investigación sociológica. En Vasilachis, I (Coord.). *Estrategias de Investigación cualitativa* (pp. 213-237). Barcelona: Gedisa.

Orozco, B. (2009). Aprendizajes socialmente significativos y saberes. En Puiggrós, A. y Rodríguez, L. (Coords). *Saberes: reflexiones, experiencias y debates* (pp. 63-78). *Buenos Aires: Galerna.*

Plan Municipal de Desarrollo. Ocoyucan 2019-2021 (2019). Recuperado de:*https://planeader.puebla.gob.mx/PDF/Municipales2020/Plan%20de%20 Desarr9ollo%20Municipal%20Ocoyucan%20(1).pdf.*

Ponce, O. (2022), Experiencia de economía social desde la autogestión de Grupo Moskalti, ahorro comunitario en San Bernardino Chalchihuapan, Puebla. *Ecoss Revista Iberoamericana de economía social y solidaria,* 1, 1-18.

Pries, L. (2000). Una nueva cara de la migración globalizada: el surgimiento de nuevos espacios sociales transnacionales y plurilocales. *Trabajo,* 2 (3), 51-77.

Puiggrós A. y Gagliano, R. (2004). *La fábrica del conocimiento. Los saberes socialmente productivos en América Latina.* R osario: APPEAL/Homo Sapiens.

Rivera, L. (2019). Del análisis, las experiencias y las modalidades de volver a casa en América Latina. Una introducción a los estudios sobre retorno migratorio y deportaciones. En Rivera, L. (Ed.) *¿Volver a casa? Migrantes de retorno en América Latina.* México: COLMEX.

Ruiz, U. y Camps, A. (2009). Investigar los géneros discursivos en el proceso educativo. *Revista de psicodidáctica,* 4 (2), 211-228.

Smith, R. (1995). *Transnational localites: Community, technology and the politics of membership within the contex of Mexico-US migration* (mimeo).

Smith, R. (2006). *México en Nueva York. Vidas transnacionales de los migrantes mexicanos entre Puebla y Nueva York.* México: UAZ/ Miguel Ángel Porrúa/Cámara de Diputados H. Congreso de la Unión.

Stake, R. (2010). *Investigación con estudios de caso.* Madrid: Morata.

Torres, V. (2014). Imaginarios sociales sobre la primaria indígena en Puebla. Un estudio desde las elecciones escolares de los padres de familia. *Revista Mexicana de Investigación Educativa,* 19 (63), 1117-1139.

Vasilachis, I. (2006). La Investigación cualitativa. En Vasilachis, I. (Coord). *Estrategias de Investigación cualitativa* (pp. 23-64), Barcelona: Gedisa.

Yurén, T. (2000). *Formación y puesta a distancia. su dimensión ética.* México: Paidós educador.

Zemelman, H. (1999). *Reflexiones en tiempos de globalización. Reformas de Estado y reformas educativas. La crisis de las ciencias sociales.* La Paz: CEBIAE.

Emprendedurismo y empoderamiento entre mujeres poblanas migrantes de retorno

CRISTINA CRUZ CARVAJAL
(BUAP)

INTRODUCCIÓN

La presencia de personas migrantes mexicanas en Estados Unidos ha provocado que las remesas hacia México se mantengan estables, debido a que se dedican a laborar principalmente en el sector de servicios. El ingreso obtenido permite a los migrantes promover el desarrollo en sus comunidades de origen. Sin embargo, es particular el caso de las mujeres migrantes, así como de su situación sobre el retorno, ya que ellas no sólo buscan seguir generando ingresos, sino también mantenerse empoderadas.

Desde su estancia en Estados Unidos, la mujer migrante poblana piensa en su retorno, y en llevar a cabo actividades de emprendimiento, como negocios de ropa, restaurantes, tiendas de abarrotes, entre otros. La comunidad de recepción, por el conocimiento de que la mujer es migrante retornada, tiende a tenerle mayor reconocimiento, el cual le permite empoderarse en casos tan variados, que van desde evitar la violencia intrafamiliar, hasta fungir como jefa de sus propios negocios.

Para la realización del presente texto, se ha utilizado la estrategia metodológica de entrevistas, así como procesos de observación participante, los cuales nos han mostrado que el retorno de mujeres migrantes promueve el desarrollo a nivel familiar y local, sin considerar que es bien sabido lo referente a las remesas enviadas y sus repercusiones para la economía del país. Sin embargo, debido al retorno se dejan de percibir estas remesas, así que para para continuar promoviendo el desarrollo, se pone especial énfasis en el liderazgo e innovación en torno a los recursos ahorrados. El objetivo de este capítulo de libro es mostrar situaciones de emprendedurismo y empoderamiento entre mujeres migrantes poblanas a su retorno en sus comunidades de origen.

La presencia de mujeres poblanas en los circuitos migratorios data de mediados de los años ochenta. Puebla cuenta con distintas regiones que presentan particularidades al respecto de los movimientos migratorios. El caso específico del circuito Puebla-Nueva York, que es el que presentamos en este capítulo, sitúa sus orígenes a finales de los años ochenta, y se observa mayor presencia femenina en estos flujos migratorios a principios de los años noventa (Smith, 2006).

Al inicio de esta presencia femenina, se observa renuencia por parte de los hombres integrantes de las redes migratorias, conformadas principalmente por sus padres, esposos, parejas, hermanos, vecinos, entre otros. Se criticaba el hecho de que las mujeres tengan que salir a trabajar, al tiempo que entre la comunidad se observaba que hacían quedar mal a los hombres que las rodeaban, ya que entonces no eran vistos ni se auto percibían como aportadores principales del sustento de la familia (Marroni, 2009). En la comunidad, las mujeres eran mal vistas, porque en el Valle de Atlixco, del cual presentamos el caso específico, así como en otros contextos migratorios que involucran la presencia femenina, se consideraba que estas movilidades se hacían principalmente con el objetivo de ir a buscar pareja en Estados Unidos, cuando en realidad, la situación no será así (González-Martínez, 2019).

En la década de los años dos mil, hay gran presencia de mujeres poblanas en los flujos migratorios, y eso provocó que la visión y los puntos de vista se transformaran de negativos a positivos, donde se prefería que en las redes migraran mujeres, ya que, desde la perspectiva de género, ellas pueden dedicarse a actividades de cuidado, labores domésticas, entre otras que son "propias de la mujer" (Gil, 2017).

Entonces, la mujer migrante poblana, se integra dentro de una red migratoria con el objetivo de no sólo mejorar su situación económica y la de su familia tanto en el origen como en el destino, sino también para lograr la reunificación familiar. Dentro de los estudios migratorios (Díaz-Gómez y Marroni, 2017), se ha observado que gran parte de la migración femenina se debe para reunirse con familiares en el destino, así como para lograr ganancias económicas.

En Estados Unidos, la mujer migrante poblana se desempeña principalmente en el sector de servicios, así como en el de cuidados, justamente por la perspectiva de que la mujer es más apropiada para atender, limpiar, cuidar, entre otras actividades inherentes a la óptica de género. Sin embargo, de acuerdo con nuestro trabajo de campo, que consta de observación participante y de distintos tipos de entrevistas, hemos visto que las mujeres poblanas migrantes han aprendido no sólo de las actividades remuneradas que realiza en Estados Unidos, sino que también han aprendido cuestiones cruciales para el ahorro y la economía de su familia, como realizar compras de fin de temporada, así como a aprovechar la situación para vender distintos tipos de productos, ya sea por catálogo, o bienes que ellas mismas compran con el fin de venderlos (Fairlie y Woodruff, 2007). Por ello, utilizamos este término:

> Emprendedor es el que emprende con resolución acciones dificultosas o azarosas que posee espíritu innovador y optimismo, siendo el primero en la capacidad personal de buscar, imaginar, analizar, intentar objetivos nuevos o caminos alternativos a los tradicionales y que también sabe apropiarse o aprovecharse de la innovación y el segundo la propensión personal a ver y juzgar las cosas en su aspecto más favorable (Pico González, 2018, p. 125).

En suma, comentan que el haber estado en Estados Unidos les ha enseñado a reconocer situaciones adversas para poder emprender un negocio que otorgue alguna ganancia extra. Y las mujeres migrantes entrevistadas, comentan que, gracias a esas ganancias, no sólo han mejorado su situación económica, sino también, empoderarse, tanto de forma personal, como familiar y comunitaria.

METODOLOGÍA

Para obtener un conocimiento profundo respecto al tema del emprendedurismo y empoderamiento entre mujeres poblanas migrantes de retorno, hemos utilizado, como se ha mencionado anteriormente, el recurso de entrevistas y observación participante. Cabe mencionar que estas entrevistas se han realizado en distintos momentos y con diversos objetivos. Desde el año 2012 a la actualidad (año 2024), se han llevado continuamente procesos de entrevistas tanto en comunidades del Valle de Atlixco, principalmente en Santa Ana Acozautla, Santa Isabel Cholula y San Bernabé Temoxtitla, así como en la zona urbana de la ciudad de Puebla, donde hemos encontrado a mujeres migrantes en colonias masivamente habitadas en distintas áreas de la capital poblana. Ahí, se han entrevistado a mujeres poblanas migrantes de retorno, así como a sus familiares, principalmente a sus madres, padres y hermanas.

En ese mismo lapso, también se han llevado a cabo entrevistas en Nueva York, refiriéndonos a Brooklyn, Manhattan y Queens principalmente; y en Nueva Jersey, principalmente en los boroughs o distritos de Red Bank, Monmouth, Little Silver y Sea Bright, así como en Passaic, ya que ahí es donde los migrantes poblanos han construido fuertes redes migratorias, de ahí que sea relativamente frecuente encontrarlos. Durante el transcurso de la pandemia cambió la forma de realizar entrevistas, ya que éstas se realizaban mediante plataformas como Zoom y Skype, así como por aplicaciones como WhatsApp, y mediante redes sociales como Facebook. En estos últimos recursos, la mensajería instantánea y las videollamadas promovieron este continuo acercamiento con esta población.

Se ha entrevistado a más de cuarenta mujeres poblanas que migraron a Nueva York y Nueva Jersey desde los años noventa. De estas cuarenta mujeres, 20 no han retornado nunca a México, mientras que las otras 20 han retornado de manera definitiva o temporal. Cabe resaltar que cuando migran de manera temporal, lo hacen para llevar a sus hijos con ellas a Estados Unidos. Las entrevistas han sido estructuradas y semiestructuradas con cerca de 40 preguntas; y la cercanía y constante contacto con ellas, nos ha brindado también testimonios obtenidos mediante pláticas informales, los cuales han dado también importantes acercamientos hacia el objetivo de estudio. Todos los testimonios recabados nos han brindado conocimientos sobre sus perspectivas respecto al retorno, al emprendedurismo y al empoderamiento, de ahí que la voz de las migrantes es de suma importancia para conocer al respecto del tema que aborda este capítulo. Sobre las mujeres que han retornado de forma definitiva a las comunidades de origen, es de quienes principalmente se han obtenido testimonios acerca de las dificultades que han tenido al establecer un negocio, así como de sus formas de empoderamiento (Azmat, 2013). Por ello, se presentarán algunos de los testimonios obtenidos más representativos de estas mujeres migrantes.

Han sido también importantes los procesos de observación participante en ambos entornos, ya que estos nos han dado información sobre los objetivos del uso de los recursos obtenidos, así como la constatación de las situaciones de empoderamiento y emprendedurismo, al observar, por ejemplo, los negocios que han establecido las mujeres migrantes poblanas a su retorno, así como las formas en que se han empoderado entre los miembros de su familia y entre la comunidad.

REMESAS PROVENIENTES DE MUJERES MIGRANTES PARA PROMOVER EL DESARROLLO

Como es bien sabido, las remesas ayudan a promover el desarrollo a nivel nacional, y por ende, a nivel local como es el caso poblano. Con los ingresos obtenidos del trabajo en Estados Unidos, traducidos en remesas que recibe la familia en la comunidad de origen, se promueve el desarrollo familiar y comunitario en distintos niveles. Las remesas enviadas por las mujeres migrantes se utilizan para diversos fines, dependiendo sus propias necesidades, así como de las necesidades de la familia. A pesar de la pandemia, las mujeres migrantes han salido adelante.

> Entre la población migrante mexicana en Estados Unidos, las mujeres fueron las más afectadas laboralmente en los inicios de la pandemia. Su tasa de desempleo llegó a 20.7% en abril de 2020, mientras que entre los hombres fue de 15.0%. En 2021 y 2022 se observan disminuciones en la tasa de desempleo para ambos sexos. En diciembre de 2022 la tasa de desempleo para las mujeres fue de 2.9% y para los hombres de 4.0% (CONAPO, 2023).

Un elemento que resulta en un objetivo relevante para enviar recursos es el apoyo para los estudios escolares y académicos de las hermanas menores, así como de hijas y parientes en el lugar de origen. Muchas mujeres poblanas coinciden, a través de las entrevistas realizadas, que ellas desean que las mujeres menores de su familia no migren, debido principalmente a los riesgos a los que se enfrentan las mujeres en todas las fases migratorias. Por ello, es que apoyan económicamente a que, sobre todo, sus hermanas, continúen sus estudios en todos los niveles escolares, sobre todo, de preparatoria y universitarios, para que ellas puedan quedarse en la comunidad, obtener recursos de su trabajo y apoyar así también a su familia. El testimonio de Paulina Pérez, originaria de Santa Ana Acozautla, entrevistada via Facebook Messenger, destaca que:

> A mí me daba pena que yo no pude estudiar más, yo nomás estudié hasta la mitad del bachiller. Por eso, yo siento que, si hubiera estudiado más, me hubiera ido mejor. Yo por eso tengo la intención de que mis hermanas sí estudien, y por eso les mando dinero para que puedan terminar su licenciatura. Mi hermanita Brenda ya está por terminar la carrera de enfermería, y me da gusto, porque seguramente, ella no tendrá que pasar por tantos riesgos como nosotras (refiriéndose a sus otras hermanas) que sí tuvimos que movernos hasta aquí. El estudio, aunque no lo crean los muchachos y muchachas de ahora, sí sigue siendo una forma de salir adelante, yo por eso apoyo a mi hermana en lo que necesite para que termine su carrera. (Entrevista, Paulina Pérez, febrero de 2023).

Las mujeres migrantes ayudan a romper con la idea que se tiene de que en la actualidad los estudios escolares no conllevan a una buena situación económica, sino que ellas tienen otra perspectiva, concluyendo también de que ellas mismas hubieran deseado estudiar más para tener no sólo un mejor ingreso, sino también mejores oportunidades en general. Por eso, es que, para ellas, resulta vital apoyar los estudios académicos de sus familiares. Con esto, también entienden de que no sólo las ayudan a prepararse en torno a lo escolar, sino también a defenderse en la vida, y ser menos vulnerables ante cualquier tipo de abuso o de discriminación.

Apoyar a los estudios escolares principalmente de las mujeres de su familia, radica en no sólo promover el desarrollo de las jóvenes y niñas, sino también de la comunidad, al ayudar a formar con el envío de sus remesas, a nuevas profesionistas, lo cual, ayuda a su vez a promover el desarrollo comunitario y social (Sandoval, Ballesteros y Esquivel, 2020) ante la pocas oportunidades en el origen. Por ello, es relativamente común conocer o saber que, a algún estudiante universitario, lo apoyan sus familiares migrantes para que continúe y culmine sus estudios.

Otro elemento que resulta importante en torno a la promoción del desarrollo es la inversión para la infraestructura familiar y comunitaria, sobre todo porque, dentro de nuestros estudios propios, hemos observado que la mujer migrante en general, piensa más en el retorno respecto a los hombres, por esa situación, para ellas es muy importante contar con un patrimonio que a su vez le signifique en una inversión a futuro.

En primera instancia, las mujeres migrantes tienden a invertir en la construcción de una casa, así como en compra de terrenos, ya sea para que sus familiares, principalmente sus madres habiten, así como para el retorno de ellas mismas, y de sus hijos que viven en Nueva York. Aunque por muchos años las casas tienden a permanecer deshabitadas y las obras avanzan lentamente, esto ha tendido a cambiar el paisaje de las comunidades rurales y semi rurales del Valle de Atlixco. Las construcciones ahora se observan con estilos propios de Estados Unidos, ya que cuentan con un porche, chimenea, baño completo y medio baño, cocina con barra, entre otras comodidades. Es entonces visto, que las mujeres migrantes aprenden de sus experiencias en Estados Unidos y tratan de aplicarlas aquí (Franco-Aguilar, 2021), lo cual constituye a su vez un referente para los demás miembros de la comunidad, lo cual, en parte, los motiva a migrar también, o a tomar esos estilos de construcción para sus propias casas.

También se observa la compra de terrenos para dedicarlos a la agricultura, a pesar de que esta actividad ya no la quieren realizar las personas migrantes retornadas, por las dificultades que implica. Sin embargo, sí piensan en rentar por temporadas estas tierras, lo cual implica una ganancia. Las condiciones del Valle de Atlixco permiten esto, dado que, dependiendo de las estaciones del año se producen distintos tipos de flores, entre las que destacan las flores de muertos, así como flores de ornato para todas las festividades. La compra de estos terrenos también sirve para establecer un vivero a manera de negocio a su retorno, los cuales son muy visitados, lo cual conlleva importantes ganancias para ellas y sus familiares.

Entre las mujeres migrantes poblanas, mientras están en Estados Unidos, como a su retorno, es común también la compra de bienes inmuebles para establecer un negocio. Ellas comentan que aprendieron el espíritu emprendedor del estadounidense, al cual ligan características que consideran propias de los mexicanos, como el esfuerzo, la lealtad y la resiliencia, lo cual las empuja a animarse a poner un negocio, tanto para tener ganancias mientras están en Estados Unidos, pero principalmente a su retorno. Los negocios tienden a variar respecto a la experiencia aprendida mientras estaban en Nueva York, así como al empuje y trayectoria familiar en el origen.

RETORNO MIGRATORIO Y SITUACIÓN DE LAS MUJERES MIGRANTES POBLANAS

A través del proceso de entrevistas y de observación participante, es notorio que la principal causa de retorno entre mujeres poblanas migrantes es porque ellas o alguien de sus familiares, principalmente sus padres, ligado a la edad, se encuentran mal de salud. Las mujeres migrantes, al ir envejeciendo, van haciendo más tangible su retorno hacia México, a diferencia de los hombres migrantes, quienes piensan en una estancia más prolongada en Estados Unidos. Al respecto de los temas de salud, se ha observado que las mujeres migrantes tienden a regresar, cuando hay un daño relativamente severo, o el cuidado de esa enfermedad se torna caro en Estados Unidos, de ahí que prefieran regresar a México para atenderse (Cruz-Carvajal, 2020).

Sin embargo, saben que, por la enfermedad, así como por problemáticas derivadas del retorno, es necesario obtener recursos para seguirse manteniendo económicamente a ellas y a sus familiares. Por ello, es que emplean la estrategia de aplicar sus conocimientos aprendidos en Estados Unidos. Como en ese país se desempeñaron principalmente en el sector de servicios, así como en el de cuidados, tratan de aplicar esos conocimientos en México al momento de decidirse a establecer un negocio. De acuerdo con el Anuario de Migración y Remesas

2022, "en el año 2000, las manufacturas, el comercio y la agricultura tenían gran relevancia entre los sectores de actividad de la población migrante mexicana, pero fueron perdiendo su importancia hacia 2010 a favor de otros sectores como la construcción, hostelería y esparcimiento, servicios profesionales y administrativos, y otros servicios" (CONAPO, 2022).

También, como se ha mencionado, ellas sí piensan en el retorno debido a su edad o enfermedad, así que poco a poco se van haciendo de recursos para poner un negocio en la comunidad. Comentan en las entrevistas, y se observó, que en Estados Unidos aprendieron a cocinar, a estrategias de limpieza, a cuidar a personas de la tercera edad, niños y mascotas. Sin embargo, explican que también aprendieron a reconocer el espíritu emprendedor de los estadounidenses con quienes se relacionaban laboralmente.

Asimismo, suelen comentar que todas las personas triunfadoras que conocen antes fueron asalariadas, de ahí a que tuvieran el ímpetu de llevar a cabo un negocio, a sabiendas de los riesgos y de los beneficios que eso puede conllevar a ellas, a sus familiares y a sus comunidades. Sobre todo, comentan que aprendieron a tornarse resilientes, ya que la dificultad más grande por la que han tenido que pasar ha sido justamente el tránsito migratorio, así como su estancia en Estados Unidos, de ahí que también, tiendan a superar las dificultades que se les presenten en torno a sus negocios. El testimonio de Diana Ortega, licenciada en Psicología, originaria de la ciudad de Puebla, entrevistada vía Zoom, comenta que:

> Al trabajar aquí, aprendes no sólo de tu mero trabajo, cómo se hace, y todo eso, sino también aprendes al ver a la gente, a tus patrones, a sus amigos y a los gringos en general. Todos ellos, aunque se dedican a alguna actividad como profesionista, todos, le tiran a poner algún negocio. Mi patrón es veterano de guerra, y antes fue contador, pero ahora se dedica a vender vidrios para construcción. Mi anterior patrona era enfermera y con ella aprendí cómo cuidar a los mayores, pero también de ella aprendí que hay que dedicarse a otra cosa para tener más ganancias.

> Creo que nosotras las migrantes de mediana edad en parte somos afortunadas, porque llegamos a este país nomás para ganar dinero, mientras que las personas de ahora están viniendo para salir de problemas feos que hay en sus países. Y creo que haber venido en situación de mejorar económicamente, nos hace abiertas a ver otras alternativas. Esa patrona aparte de enfermera se dedicó a poner una tienda de velas perfumadas que ella misma fabricaba. Y eso me hizo entender que así hay que ser uno, yo entonces voy a mi regreso a México ya viejita yo [risas], voy a poner una tlapalería, que es algo que en las colonias se necesita y utiliza. (Entrevista, Diana Ortega, agosto de 2022).

El Covid-19, no sólo trajo crisis económica, sino también afectó a lo social y laboral, ya que muchos empleos se vieron destruidos, y también ocasionó fallecimientos de amigos, familiares y conocidos. Comentan que fue necesario salir de ese dolor y de ese estancamiento en general, y la resiliencia es entonces un factor esencial para motivarse a emprender un negocio, ya que saben que no todo será fácil, sino que habrá distintos tipos de problemas que deberán superar para poder establecer la actividad a su retorno a Puebla.

Comentan que para poder salir adelante ante escenarios como el que trajo el Covid-19 se necesita ser resiliente, pero también, ser visionarias ante las necesidades de los demás mexicanos, ya que las dificultades hacen extrañar más el lugar de origen. De ahí que a varias de nuestras entrevistadas se les ocurriera solicitar envíos de su lugar de origen hacia el destino en lo que se denomina como "mercado de la nostalgia" (Maceda-Rodríguez, 2022). La venta de chiles secos, quesos, utensilios, especias, entre otros, fueron comunes durante la pandemia. Eso muestra que, al retorno, las mujeres migrantes no están llevando su primera experiencia en emprendimiento, sino que muchas veces, este ya es su segundo o posterior intento. Rosalía Aguilar, originaria de la ciudad de Atlixco, nos comenta que aprovechó esta situación para que ella en Estados Unidos vendiera esto:

> Así como a los gringos les gusta vender sus cosas en los mercados de pulgas, así también a nosotras las mexicanas nos gusta

> vender cosas de nuestra tierra, y conste que estamos vendiendo cosas nuevas, y no usadas o viejas como ellos (risas). A los paisanos les gusta comprar esto, porque así sienten menos la lejanía y extrañan menos las comidas o los olores de su tierra, y yo gano bien. Mi mamá me manda chiles secos de varios [tipos], y yo los embolso y los vendo los domingos que hay tianguis en Red Bank, y vendo muy bien. También vendo distintos tipos de frijol en semilla, hojas secas de epazote, orégano, tomillo y eso. Y aparte me gusta la venta porque veo y conozco gente, hasta los gringos me compran, y me hago de mis clientes (risas). (Entrevista a Rosalía Aguilar, Nueva York, 2018).

Entre sus actividades laborales, se desempeñaban como cocineras en restaurantes de diversos tipos y de comidas tradicionales de diferentes países, en actividades de limpieza de casas, restaurantes, baños públicos y oficinas; diferentes actividades desempeñadas en escuelas; así como en actividades de cuidado como asistencia a personas de la tercera edad, a niños, y hasta mascotas. De las actividades laborales aprendidas, sobre todo en restaurantes, por ejemplo, durante la pandemia, se dedicaron a vender comida para llevar para otros migrantes mexicanos, y es que a su retorno se motivaron para establecer algún restaurante o negocio de comida similar a la actividad que aprendieron en Estados Unidos (Vázquez-Medina, 2017), como pizzerías, negocios de venta de pollo frito, de comida china y japonesa, restaurantes de venta para llevar, entre otros.

Y demuestran no sólo haber aprendido eso, sino también las formas de preparar higiénicamente los alimentos y de economizar en su preparación, para obtener así mejores ganancias. Por ello, es común observar en el valle de Atlixco, así como en colonias de la ciudad de Puebla que tienen población migrante retornada, esos tipos de negocios. Un emprendimiento que también tienden a establecer a su retorno a Puebla es el de panaderías, ya que en Estados Unidos aprendieron a hacer masa para pizzas y pan dulce y salado. Por ello, se reitera que en comunidades expulsoras y de migrantes retornados, es común observar distintos negocios de preparación de alimentos.

Laborar en distintos lugares para llevar a cabo actividades de limpieza, las ha empujado a emprender negocios de venta de productos relacionados con este tipo de actividad, como jarcierías y tlapalerías. Sin embargo, resalta el caso de una migrante retornada en el Valle de Atlixco, que aprendió de sus actividades de limpieza en casas en Estados Unidos, que las mujeres mayores en ese país no sólo necesitan que limpien sus casas, sino también que lleven a cabo actividades de mantenimiento en torno a plomería o electricidad. De ahí que una de las migrantes retornadas estableció una empresa donde únicamente mujeres, se dedican a llevar a cabo actividades de plomería y electricidad a casas de otras mujeres, porque notó que entre mujeres tienden a sentirse más seguras y a tener más confianza. Al respecto, Diana Ortega, originaria de Izúcar de Matamoros, comentó:

> Creo que es bueno innovar, y siempre pensé en hacer un negocio innovador. Desde que estaba en Nueva York en la limpieza de oficinas, sabía de señoras que necesitaban que alguien las ayudara en su casa no sólo a limpiar, sino a arreglar desperfectos propios de la casa. Pero como ellas trabajaban en contabilidad, no sabían ni se dedicaban a arreglar un enchufe que ya no servía y así por el estilo. Yo sí sabía eso porque en la secundaria aquí nos enseñaron poquito. Y yo les decía y obtenía una ganancia extra arreglando ese tipo de cosas, y ellas se pasaban la voz, y por lo general, trabajaba yo con puras señoras. Ahora que regresé sigo viendo ese problema, y me puse a investigar sobre cómo hacer una mini empresa bien y todo, tomé un curso para establecer empresas, y publiqué en el periódico de Izúcar sobre que necesitaba mujeres que supieran de electricidad y plomería para contratarlas. Empecé yo misma yendo a casa de mujeres ya viejitas a pintar, arreglar la llave que goteaba, a poner otro socket para foco y así; y como soy mujer, pues era más fácil trabajar con mujeres solas, porque a fin de cuentas muchas de ellas no hacían esos arreglos en su casa por temor a meter a un hombre que ni conocen y las vayan a robar. Y ahora estoy viendo que ya necesito hasta saber o contratar a maestras en albañilería y herreras, porque esos trabajos también se necesitan. (Entrevista realizada a Diana Ortega, Izúcar de Matamoros, mayo de 2023).

Asimismo, una de las migrantes retornadas comentó que, gracias a las actividades de limpieza, comprendió la importancia de la construcción, por lo que, a su retorno, empleó todos sus recursos ahorrados para establecer una tienda de materiales para construcción; y se observa que es ella la que vive en una mejor situación económica, debido a la prosperidad de su negocio. Ella comenta que esa prosperidad se debe gracias a los mismos migrantes de la comunidad, ya que ellos siempre tienen mucho interés en la construcción y remodelación de sus casas.

Sin embargo, una actividad en la que no establecen negocios es sobre las actividades de cuidado y proximidad, ya que consideran que realizar esas actividades hacia los familiares, no debe ser un acto remunerado, sino algo que provenga del cariño y del amor (Monreal, Cárdenas y Martínez, 2019). No obstante, sí comentan tener mayor experiencia sobre el cuidado en general a las personas mayores, sobre todo en situación de enfermedad, como aplicación de medicamentos inyectados, cambio de pañal a adultos, corte de uñas, baños de esponja, entre otros. Lo mismo sucede con el cuidado hacia los niños y mascotas, lo cual, viene a demostrar situaciones aprendidas en torno al género.

De su situación de resiliencia mientras vivían en Estados Unidos, reconocieron la importancia del ahorro para sobrevivir ante la crisis como fue lo referente a la pandemia. Por ello tendían a ahorrar mediante aprovechamiento de ofertas de fin de temporada en tiendas de ropa, así como uso de cupones para tiendas de abarrotes, supermercados y tiendas departamentales. Se observó que todas las migrantes entrevistadas tienden a revisar periódicos locales, así como páginas de internet de supermercados para hacer valer cupones, promociones y ofertas en abarrotes, artículos de decoración, ofertas en ropa, electrónicos, productos de belleza y cuidado personal, así como productos especiales de temporada.

Es por ello que, a su retorno a las comunidades de origen, se observan no sólo los negocios anteriormente mencionados, sino también tiendas de ropa, de accesorios de vestir y para el hogar, de electrónicos, entre otros, emanados de las ofertas que aprovechan en Estados Unidos, y que envían poco a poco a sus comunidades de origen. Por ejemplo, aprovechan la compra de ropa, zapatos y accesorios cada fin de temporada, donde los precios oscilan en descuentos de entre el 70 y 90%, y posteriormente hacen los envíos de esos productos. También compran ropa seminueva de fines de temporada, lo que comúnmente se conoce en México como "ropa de la paca", y con esos productos, establecen sus negocios en las comunidades.

Asimismo, cuentan con otros negocios e inversiones como taxis, camiones de transporte público, verdulerías, pollerías, carnicerías, tortillerías, cibercafés, tiendas de accesorios de cómputo, máquinas de videojuegos, paleterías y heladerías, zapaterías, venta de alimento para animales, así como la compra de concesiones de transporte público, casas y de maquinaria mientras estaban en Estados Unidos, con la finalidad de poder rentarlos a su retorno.

EMPODERAMIENTO ENTRE LAS MUJERES MIGRANTES RETORNADAS

Cabe mencionar que, con estas actividades, no sólo promueven el desarrollo personal y familiar, sino también de la comunidad, ya que es posible que las personas accedan a distintos tipos de productos a precios competitivos, lo cual también permite que se generen ahorros entre sus compradores, permitiendo entonces que se apliquen los recursos restantes para otros bienes. También, por ende, se genera desarrollo, ya que al establecer de manera formal sus negocios, tienden a darse de alta en el Sistema de Administración Tributaria (SAT), así como llevar a cabo todas las actividades que eso implica. Y, por ende, las mujeres migrantes se conciben como aportadoras económicas, no sólo a través de las remesas que enviaron, así como de los ahorros, sino también de los impuestos que generan con sus negocios.

Las mujeres entrevistadas comentaron que las personas de la comunidad tienden a comprar en sus negocios porque saben que fueron migrantes. Comentan que el ser retornadas les da un prestigio en la comunidad, ya que infieren que son mujeres fuertes y valientes dado que se atrevieron a ir a trabajar a Estados Unidos. A su retorno, se rompe con la idea inicial de que fueron con el fin de buscar pareja a ese país. Se concibe entonces que son mujeres muy organizadas en torno a sus recursos económicos, pero también son vistas como emprendedoras, y como ejemplo para las personas de la comunidad, sobre todo de las mujeres de la familia, así como de las vecinas y conocidas. Ese ejemplo puede generar más movimientos migratorios por el efecto de demostración, pero también tiende a empoderar a estas mujeres. Al respecto, Claudia Sánchez, originaria de San Bernabé Temoxtitla, nos comenta lo siguiente:

> A los vecinos, sobre todo a las vecinas, sí les gusta venir a mi negocio (de venta de ropa) porque saben que traigo ropa bonita y de calidad, de tallas que les van a quedar y a buen precio. Además, como estrategia de ventas que les gusta a mis clientas, es que uso el sistema de apartado, así poco a poco me van pagando lo que es, ya que no les subo intereses ni nada. Y a la gente veo que también le llama la atención de venir a mi tienda porque saben que vine de los Estados y eso como que les da la imagen de que no sólo vi otros estilos en modas, sino que también soy luchona. Y ser luchona significa que sacas adelante a tu familia, y eso el pueblo, la gente, lo aprecia mucho. Mi mamá me presume diciendo que ahora yo soy la patrona de la casa porque soy la mera que sigue aportando, y eso hace que como que se compadezcan de mi [los clientes] y se animen a comprar en mi tienda para poder seguir ayudando a mis papás viejitos. (Entrevista realizada a Claudia Sánchez, San Bernabé Temoxtitla, agosto de 2023).

El empoderamiento entonces viene porque se rompe con la idea errónea que se tenía de los movimientos migratorios femeninos de ir a buscar pareja. La familia de la mujer migrante, y por ende, las personas de la comunidad, perciben que las mujeres se fueron con la idea de mejorar la situación económica de ellas y de sus allegados, que se fueron para solventar alguna crisis en la familia, como enfermedades graves de sus padres, para compra de terrenos y bienes para la familia. Este empoderamiento se va reforzando porque las mujeres tienden a ahorrar mejor sus recursos, y aplicarlos de mejor manera que los hombres. Por ejemplo, las mujeres migrantes nos comentaron, y también observamos, que ellas hacen menos gastos innecesarios, como diversiones y paseos en relación con los hombres a su retorno. Ellas no salen a tomar bebidas alcohólicas, ni gastan dinero yendo a ver partidos de equipos deportivos, y si hacen eso, lo hacen menos frecuentemente.

Y no sólo el establecer su negocio las empodera en varios niveles, sino que también, mencionan que se empoderaron desde que estaban en Estados Unidos porque mandaban remesas con fines específicos, como cuestiones referentes a la salud de los padres, así como para la construcción y remodelación de las casas familiares, o compra y renta de terrenos por temporadas. Por ejemplo, las mujeres de Atlixco tienden a enviar remesas para que los miembros de la familia que se quedaron usen, pero también, renten terrenos para la siembra de flores de temporada, como son las de día de muertos y de navidad.

La familia entonces reconoce la importante aportación económica de las mujeres, y eso les permite a ellas, tomar decisiones en torno al dinero, a los bienes y a las situaciones de la familia (Alfaro, Quintana y Flores, 2018). Entonces, el hecho de convertirse en aportadoras económicas, así como de administradoras de ese recurso, les permite empoderarse. El empoderamiento también se observa en Estados Unidos, ya que las mujeres, como obtienen dinero, se tornan valientes y evitan la violencia intrafamiliar hacia ellas y hacia sus hijos. Todas comentan que, en una ocasión en el destino, sus esposos o parejas las quisieron golpear, pero ellas pudieron defenderse bajo el argumento de que nadie las mantiene y de que son aportadoras económicas, tanto ahí, como en el origen.

Asimismo, comentan que han obtenido empoderamiento, porque antes de irse, sus decisiones a nivel familiar, sobre todo con sus padres y esposos, eran casi nulas. En cambio, en el retorno, como saben que ellas aportaron económicamente, es que todas las decisiones que ellas toman son consideradas. Por eso, los negocios que las mujeres retornadas han establecido, ha sido por decisión y gusto de ellas. Y también el empoderamiento se da porque se les sigue percibiendo no sólo como emprendedoras, dando el ejemplo de resiliencia, de fuerza y de valentía femenina, sino que también siguen siendo aportadoras de recursos. Al respecto, Paulina Pérez nos comentó:

> Antes a mí no me tomaba nadie en cuenta. Mi mamá me pegaba mucho porque me gustaba irme con mis amigas, y por cualquier cosa buscaba pretexto para pegarme. Mi papá era más golpeador conmigo. [...] Cuando quise venir para acá, por supuesto que me pegaron. Y todavía de encima, mi marido también me quería pegar. Y no, yo misma me reconocí y puse mis límites. Si uno como mujer no pone sus límites, todo mundo se te va a ir encima. Y le dije a mi marido que no me pegue, que le llamo a la policía, además qué se cree, si no estoy aquí "de gorra". Una vez que regresé por mis hijos a Acozautla, mi mamá me quiso volver a pegar y le dije, no mamacita, que yo como mis hermanos también coopero para esta casa, y a ellos usted nunca les ha levantado la mano. Entonces, toda la familia empieza a ver la importancia de que uno les mande dinero y les ayude en sus problemas, a salir adelante y todo eso, y de ahí es que pues ahora sí ya respetan. Pero si no trabajara o no ganara dinero bien, yo creo que todo mundo me seguiría pegando. (Entrevista realizada a Paulina Pérez vía Facebook Messenger, febrero de 2023):

En la comunidad también se tiende a presentar este empoderamiento, como ya se mencionó anteriormente, la mujer tiende a tornarse más participativa en torno a cuestiones de tipo comunitario como festividades de diversos tipos, ya que económicamente tienden a cooperar. Es muy común el caso de festividades locales de santos patronos, festividades de tipo histórico como las de la Independencia o de la Revolución Mexicana. Y esta participación suele ser tomada en cuenta, ya que ellas cooperan económicamente. Sin embargo, destaca de que no siempre tienden a tornarse como líderes, ya que, desde la perspectiva de género, la mujer suele permanecer ella misma más dentro del ámbito privado en relación con los hombres, donde ellos sí se suelen mostrar más participativos y como líderes de organizaciones y de movimientos propios de la comunidad, y fungir, por ejemplo, como cofrades u organizadores, así como miembros de partidos políticos (Bordas, 2024).

Sin embargo, las mujeres se tienden a empoderar a nivel de comunidad porque aportan económicamente para las festividades del pueblo, para obras escolares, para obras de desarrollo como pavimentación de las calles, ya que ellas, por su experiencia de vida en Estados Unidos, comprenden la necesidad del mejoramiento de la infraestructura comunitaria, y tienden a solicitar al gobierno obras hidráulicas, entre otras. También en cuestiones escolares, sobre todo si tuvieron hijos en Estados Unidos, porque comprenden la necesitad de la participación de las madres de familia en torno al mejoramiento de la infraestructura escolar.

En el entorno familiar también tienden a empoderarse, porque la familia está plenamente consciente de la mujer como aportadora del sustento económico mediante el uso de sus ahorros, pero también de la instalación de sus negocios. Las mujeres son ahora las jefas y dueñas de negocios familiares, que permiten la subsistencia familiar. Entonces, en el retorno migratorio, siguen manteniendo económicamente a la familia. También, por procesos de observación, es evidente que ellas sí piensan más concretamente en su retorno, respecto a los hombres migrantes poblanos, quienes incluso en entrevistas, han comentado que no quieren regresar, y que, por ende, desean permanecer en Estados Unidos, sobre todo si sus padres ya no viven.

En la comunidad, cuando se sabe que la mujer es retornada, no sólo se le tiene mayor respeto y consideración, sino que las personas tienden a contribuir y apoyar sus negocios, así como sus decisiones en torno al mejoramiento comunitario. En suma, las mujeres entrevistadas comentan que se han empoderado tanto a nivel personal, como familiar y comunitario, por los conocimientos de todo tipo aprendidos en Estados Unidos. Eso las ha ayudado no sólo a evitar la violencia intrafamiliar, hasta participar a nivel comunitario, apoyando con sus acciones, al desarrollo de sus familias y comunidades. Sin embargo, reconocen que aún no han cambiado procesos en torno al género, que permitan una mayor participación en organizaciones, partidos políticos y como lideresas de movimientos en relación con los hombres migrantes, ya que comentan que aún persiste la idea de que el lugar propicio de la mujer es el espacio privado.

En Puebla, existen apoyos a nivel del gobierno del Estado, así como entre las comunidades de retorno, y de parte de organizaciones. El gobierno del Estado de Puebla, mediante el Instituto Poblano de Asistencia al Migrante (IPAM)[1], cuenta con diversos programas en torno a documentación y asistencia a las personas migrantes en distintos contextos y situaciones, y también brinda apoyos especiales a migrantes retornados. Al respecto se encuentran el programa Migrante Emprende, el Programa de Certificación de Competencias y Capacitación, el Programa de Vinculación de Migrantes en Retorno y el Programa Reencuentro Familiar, los cuales destacan al reconocer la importancia en torno a la aportación al desarrollo de los migrantes retornados. Asimismo, cuentan con oficinas de apoyo no sólo en Puebla, sino también oficinas denominadas Mi Casa es Puebla, en Los Ángeles, Nueva York, y Passaic. Otros de sus servicios son el apoyo a migrantes enfermos en Estados Unidos para su retorno, así como asesoría en torno a trámites como certificados de estudios, licencias de conducir, acta de antecedentes no penales, entre otros.

[1] *https://ipam.puebla.gob.mx/*. Consultado el 17 de septiembre de 2023.

Para el caso de organizaciones, destaca Iniciativa Ciudadana para la Promoción de la Cultura del Diálogo A.C., junto con el Observatorio Ciudadano para Migrantes Puebla, quienes en el mes de septiembre de 2023 presentaron el curso gratuito para migrantes mexicanos retornados de Estados Unidos, así como para migrantes latinoamericanos en México. Se denomina "Curso para Encontrar Financiamiento para tu Negocio", impartido por el Instituto para el Desarrollo, Evaluación, Asesoría y Soluciones (IDEAS), en la ciudad de Puebla y en la ciudad de Cholula[2]. Este curso a su vez está formado en alianza con otras organizaciones de apoyo a migrantes, como Fuerza Migrante, Universidad Fuerza Migrante, Casa Refugiados, Abriendo Puertas e Integralab.

CONSIDERACIONES FINALES

Las mujeres migrantes retornadas, a diferencia de los hombres, que también fueron entrevistados, y con ellos también se aplicó el método de observación participante, comentan que retornaron por voluntad propia, sobre todo al tener alguna enfermedad grave, o algo que la obligue a retornar. Los hombres por su parte prefieren tener una estadía más prolongada en Estados Unidos.

Las mujeres migrantes desean también el retorno debido a que consideran que son importantes los vínculos que fueron construyendo mientras se encontraban en Estados Unidos, mostrados, sobre todo, mediante el envío de remesas. Estas remesas tenían como finalidad no sólo la construcción de la casa, o la compra de terrenos, sino también, provocaron el gasto en educación, así como para pagos en torno a gastos de salud.

---

2 Información disponible en: *https://www.facebook.com/profile.php?id=100064697708948* y en: *https://ideasnet.org/es/curso-financiero/*. Consultado el 12 de septiembre de 2023.

Debido al retorno se dejan de percibir estas remesas, así que para para continuar promoviendo el desarrollo, se pone especial énfasis en el emprendedurismo. Muchas mujeres migrantes poblanas piensan desde su estancia en Estados Unidos en establecer un negocio con la finalidad de seguir percibiendo ingresos, pero también seguir manteniendo parte del estilo de vida y las relativas comodidades a las que estuvieron acostumbradas mientras vivían en ese país, al tiempo que sus aspiraciones y necesidades son distintas a la de las personas de la comunidad que nunca ha migrado (Bringas-Nosti, 2018).

La mujer está más consciente de su retorno, reflexiona sobre su futuro y piensa sobre qué hacer. Está más consciente también de sus problemas de salud, de situaciones inherentes a su edad. Sobre todo, si la mujer migró para buscar la reunificación familiar, también tiene interés en regresar a sus comunidades de origen, y, por ende, en aportar económicamente hacia su familia y hacia la misma comunidad.

Se ha observado generalmente en la migración México-Estados Unidos que el retorno migratorio antes era visto como un fracaso, pero ahora las personas de la comunidad tienden a entender que son personas con otros conocimientos, con aptitudes y actitudes distintas, que algunos regresan con otros ánimos de salir adelante para ellos y para quienes les rodean. De ahí que haya este reconocimiento a quienes son migrantes retornados, y que las mismas mujeres se tornen en emprendedoras, y que ellas mismas se empoderen a distintos niveles.

Los migrantes retornados en general, no sólo buscan una buena reinserción en la sociedad de origen, sino que también buscan una fuente de ingreso para no tener que volver a migrar. Por eso, el empeño de establecer un negocio con ingresos estables y adecuados para seguirse manteniendo a ellos y a sus familias. Si su negocio falla, les provoca inseguridad, y de ahí, se genera un deseo de migrar nuevamente, retomando la idea de que aún cuentan con redes en Estados Unidos. Por eso, a su retorno, tratan de lograr el mayor éxito posible en sus negocios, para evitar el duelo en torno a sus procesos de reinserción. Con sus actividades comerciales, buscan retomar la idea de ser independientes económicamente, la cual es una idea que estaba antes de irse a Estados Unidos.

Las mujeres migrantes entrevistadas comentan que decidieron emprender un negocio no sólo para mantenerse empoderadas, sino que también lo hicieron ante los bajos salarios y la falta de oportunidades, ante las pocas prestaciones, sobre todo las relacionadas a la salud, así como para evitar los casos de violencia intrafamiliar y de discriminación. Todo ello les dio motivación para invertir sus remesas y seguir siendo el sustento de la familia, lo cual resulta importante para ellas.

Sin embargo, es primordial que el estado mexicano a través de sus distintos niveles encuentre la forma de aprovechar el espíritu emprendedor, el ánimo, los conocimientos y experiencias de las personas migrantes, y de promover acciones que faciliten su incorporación como emprendedores, quienes, a su vez, continúan contribuyendo con la economía nacional, debido a los impuestos que generan con sus negocios. Por eso, se deben establecer políticas que permitan no sólo la reinserción de los migrantes de retorno, sino que también, se generen mecanismos para facilitar las inversiones, que se creen empleos formales que los favorezcan, que puedan con estos acceder a beneficios como a un seguro social o fondos para la vivienda y servicios de salud, así como salarios justos. Es necesario comprender la situación de los migrantes retornados, para así poder aplicar estrategias, y así, retener a esta población.

Incluso, sería óptimo que se generaran políticas binacionales, ya que ambos países se benefician del trabajo y de los ingresos generados por las personas migrantes. Ambos países deberían generar mecanismos para reducir los riesgos que padecen los migrantes en general.

Referencias

Alfaro, R. S., Quintana, M. A., & Flores, C. G. (2018). Migración internacional y empoderamiento de la mujer. Cimexus, 13(1), 75-88.

Azmat, F. (2013). Opportunities or obstacles? Understanding the challenges faced by migrant women entrepreneurs. International journal of gender and entrepreneurship, 5(2), 198-215.

Bordas, J. (2024). The power of latino leadership: culture, inclusion, and contribution. Berrett-Koehler Publishers.

Bringas Nostti, R. (2018). Los primeros migrantes de retorno que trajeron a México el espíritu emprendedor en la década de 1930. Universidad Popular Autónoma del Estado de Puebla; El Colegio de Tlaxcala, A.C. *Emprendimiento y migración de retorno* (1° ed., pp. 13-30) Miguel Ángel Porrúa.

Consejo Nacional de Población, Fundación BBVA y BBVA Research (2023). Anuario de Migración y Remesas México 2023. Conapo-Fundación BBVA-BBVA Research, México, pp. 140

——— (2022). Anuario de Migración y Remesas México 2022. Conapo-Fundación BBVA-BBVA Research. México, pp. 160

Cruz Carvajal, C. (2020). Las enfermedades de los migrantes poblanos en Nueva York: problemáticas individuales y del Estado mexicano, Diarios del Terruño, México, UAM, Segunda época, número 11, enero-junio 2021, pp. 138-157.

Díaz Gómez, L., y Marroni, M. D. G. (2017). Abuelas en la migración. Migración circular, servicios de cuidados y reunificación familiar en una localidad del occidente michoacano. Relaciones. Estudios de historia y sociedad, 38(151), 263-295.

Fairlie, R. W., y Woodruff, C. (2007). Mexican entrepreneurship: A comparison of self-employment in Mexico and the United States. En Mexican immigration to the United States (pp. 123-158). University of Chicago Press.

Franco Aguilar, J. (2021). Mujeres mexicanas retornadas: reconfiguraciones en la dinámica familiar. Trace (México, DF), (80), 234-262.

Gil, C. G. (2017). ¿Por qué hablar de cuidados cuando hablamos de migraciones transnacionales?. Quaderns-e de l'Institut Català d'Antropologia, (22 (2)), 49-64.

González Martínez, M.N. (2019). El contrabando del deseo. Género, transacciones eróticas, migración y fronteras, en González Torralbo, H., Fernández Matos D.C. y González Martínez, M.N. (comps.). Migración con ojos de mujer. Una mirada interseccional, Barranquilla, Ediciones Universidad Simón Bolívar.

Maceda Rodríguez, E. (2022). Migrantes empresarias mexicanas en Nueva York: proceso de integración y construcción del vínculo transnacional, en Marín Ibarra, M., Tirado Villegas, G. y Rivera Gómez, E., Ausencias en Clío. Género e Historia en México, Colombia, Universidad Santiago de Cali, pp. 291-310.

Marroni, M. G. (2009). Frontera Perversa, familias fracturadas. Puebla, ICSYH.

Monreal, M., Cárdenas, R., y Martínez, B. (2019). Estereotipos, roles de género y cadena de cuidados. Transformaciones en el proceso migratorio de las mujeres. Collectivus, Revista de Ciencias Sociales, 6(1), 83-99.

Pico González, B. (2018). El emprendimiento como solución a la migración de retorno. Universidad Popular Autónoma del Estado de Puebla; El Colegio de Tlaxcala, A.C. *Emprendimiento y migración de retorno* (1° ed., pp. 123-131) Miguel Ángel Porrúa.

Sandoval, J. R. G., Ballesteros, L. A. A., y Esquivel, F. A. (2020). Perspectivas del desarrollo social y rural en México. Revista de Ciencias Sociales (Ve), 26(3), 45-55.

Smith, R. C. (2006). Mexican New York. Transnational lives of new immigrants. Berkeley: University of California.

Vázquez-Medina, J. A. (2017). Prácticas operativas y flujos de información culinaria transnacional en restaurantes de migrantes mexicanos retornados de Estados Unidos. En Anales de antropología (Vol. 51, No. 2, pp. 114-122).

Política pública laboral y migración de retorno en México. El caso de la seguridad social, 2019-2023

JOSEFINA PEDRAZA LÓPEZ
(INECOL)
RICARDO NAVA OLIVARES
(Universidad Autónoma de Tlaxcala)

INTRODUCCIÓN

La migración de retorno en México forma parte de la movilidad humana en la cual los migrantes regresan al territorio por diversas razones, como el retorno forzado debido a las políticas migratorias de Estados Unidos o bien como resultado de las crisis económicas. Según datos del INEGI (2023), se registró un aumento en la cantidad de mexicanos que retornan, pasando de 267 mil personas en el año 2000 a 826 mil personas para el 2010.

Al respecto e independientemente de la causa, surge la interrogante ¿en qué condiciones socioeconómicas y de seguridad social retornan? y por ende ¿cuál ha sido el efecto de la política pública laboral que ha implementado el gobierno de México entre el año de 2019 al 2023 en particular en el acceso a la salud, ahorro para el retiro y pensión por invalidez de los migrantes que en algún momento retornan?

El presente capítulo tiene el objetivo de analizar el programa piloto de trabajadores independientes que implementa el gobierno de México, delimitado a los mexicanos que viven en el extranjero o que ya retornaron y que se incorporaron al programa, también presenta un análisis de las políticas públicas y las formas en que ésta identifica el problema de la migración de retorno y su capacidad de respuesta institucional por parte del Estado. Además, la propuesta se articula a los problemas del desarrollo regional pues atiende una de las brechas provocadas por la economía informal y su impacto en la precarización laboral en la que se encuentra la mayoría de los migrantes de retorno.

DIAGNÓSTICO: MIGRACIÓN DE MEXICANOS EN ESTADOS UNIDOS

Debido a sus efectos en la economía, la sociedad y la política de los países de origen y de destino, la migración es un fenómeno complejo que ha sido estudiado desde una variedad de disciplinas. Un estudio de la Organización Internacional del Trabajo (OIT) de 2020 encontró que el 60 % de las personas emigran en busca de trabajos mejor remunerados y oportunidades laborales.

Como afirman Durand y Massey (2003), la migración de México hacia Estados Unidos está estrechamente relacionada con los ciclos económicos, y tiende a aumentar, porque las personas buscan oportunidades de empleo y una mejor calidad de vida en Estados Unidos. Por otro lado, durante periodos de recesión económica o contracción, la migración disminuye, ya que las oportunidades de empleo pueden volverse escasas.

Una "corriente migratoria" puede estar relacionada con desequilibrios en los excedentes y déficits de mano de obra en ambos países. Esto implica que se puede generar un desequilibrio entre la oferta y la demanda de mano de obra de trabajadores entre México y Estados Unidos, lo que puede motivar a las personas a buscar oportunidades laborales en los países vecinos para cubrir la demanda de empleo.

Además de la desigualdad económica y laboral, otros factores que influyen en la migración son la violencia, la guerra y los efectos del cambio climático, mismos que incrementan los movimientos migratorios, de igual manera, la degradación ambiental, la elevación del mar y los eventos extremos obligan a las comunidades a abandonar sus hogares (Myers, 2002).

La relación que ha sostenido México y Estados Unidos en temas migratorios, es un fenómeno único en el mundo, se ha sostenido durante más de un siglo, lo relevante de este proceso es la masividad del fenómeno. Sassen (1999) indica que los ciclos migratorios son etapas de temporada, sin embargo, en México su duración ha sido muy prolongada. Autores como Durand y Massey (2003), describen que el comportamiento migratorio y el ciclo denominado enganche, se caracterizan por incorporar un trabajo semi forzado, donde está etapa etapa aconteció entre 1900-1920 siendo resultado de la participación de Estados Unidos en la primera Guerra Mundial y el movimiento de revolución en México.

La segunda etapa comenzó en 1921 y terminó en 1941, como consecuencia de la crisis de la gran depresión que sufrió Estados Unidos la cual llevo a que muchos mexicanos regresaran a su país, por el alto desempleo que había causado la recesión (Durand, 2016). Este retorno se inscribe en la "… *deportación de cerca de 40,000 individuos, el movimiento de norte a sur más grande en la historia de ambos países*" (Alanís, 2005:120)

El Programa Bracero fue uno de los primeros acuerdos bilaterales de este tipo entre los dos países, creado en los años 40's, estableció criterios para la selección de trabajadores masculinos de zonas rurales para el trabajo agrícola y la incorporación de jóvenes en trabajos temporales.

Este programa se originó debido a que Estados Unidos participaba en la Segunda Guerra Mundial y necesitaba mano de obra adicional para cubrir las demandas laborales. Desde la perspectiva de Durand y Massey en su trabajo de 2003, este programa es considerado uno de los eventos más significativos en la relación migratoria entre México y Estados Unidos.

Para 1964, la relación migratoria entre ambos países sufre un cambio significativo. Durante este año, Estados Unidos tomó la decisión de poner fin al Programa Bracero, el cual había permitido la migración temporal de trabajadores mexicanos especialmente en el sector agrícola, pero la dinámica migratoria entre ambos países continuó, ya que se habían consolidado sinergias que impulsaban el movimiento de personas entre los dos países.

Un punto crucial en este movimiento migratorio fue el convenio de migración de Ley de Control a través de la reforma migratoria, que fue muy significativa porque permitió legalizar aproximadamente a 2.3 millones de mexicanos que se encontraban en Estados Unidos de manera no documentada y dar paso a una regularización, siendo un paso importante para muchos inmigrantes (Arias, 2009).

En este contexto, se abordó el tema de la inclusión de los derechos humanos de las personas que ingresan, transitan, salen y regresan al territorio mexicano, adhiriéndose artículos en la Constitución de los Estados Unidos Mexicanos, esto implicó que, desde la carta magna se comenzaran a proteger los derechos de las personas en movimiento, ya sean nacionales o extranjeras. Sin embargo, a pesar de la importancia de esta inclusión, hay dificultades que complican la implementación de medidas específicas de protección a migrantes.

La relación entre ambos países ligada a una serie de crisis políticas, económicas y de movimientos migratorios, dicta la responsabilidad de México para garantizar adecuadamente los derechos de las personas que ingresan o se mueven dentro y fuera de su territorio. No obstante, la relación entre ambos países ha experimentado dificultades, situación que ha propiciado un impacto negativo en la capacidad de México para gestionar efectivamente la migración y proteger los derechos de los migrantes.

Otro reto al que se enfrenta México es el tema de la recopilación de información sobre los flujos migratorios, debido a la complejidad de la situación, la información obtenida, aunque es limitada, ha permitido diseñar políticas de atención para los mexicanos en el extranjero, algunos de los avances se han materializado en herramientas y técnicas, como el diseño de una metodología que ha permitido recopilar información detallada sobre los flujos migratorios, lo que es crucial para comprender y abordar este fenómeno.

El diseño de políticas de atención dirigidas a los mexicanos que residen en otros países, considera la importancia de plantear estrategias para los mexicanos que se encuentran distribuidos en diferentes regiones del mundo, por ejemplo, en Europa, hay 149 mil 418 habitantes de origen mexicano, en Asia, África y Oceanía, la población mexicana es menor en comparación con Europa.

Sin bien es cierto, que los mexicanos que se trasladan al extranjero no están obligados a registrarse en la representación diplomática o consular, esto puede explicar los datos plasmados en los registros que reflejan como principales actividades de migración los aspectos profesionales y académicos, debido a que estas actividades son recabadas de manera oficial, situación contraria a la migración no documentada, tal como se muestra en la siguiente gráfica.

Gráfica 1. *Principales ocupaciones*

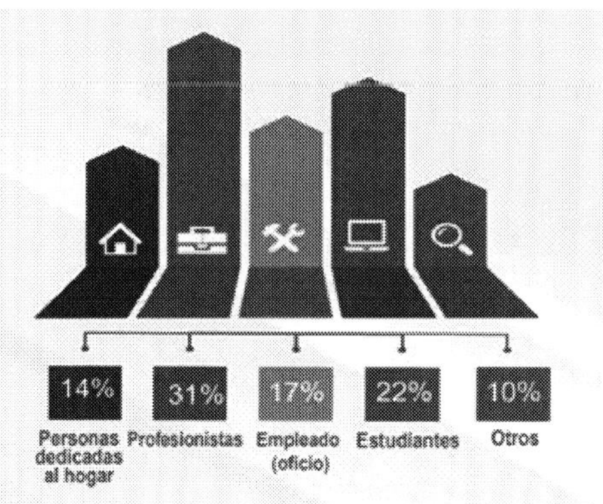

Fuente: INM, 2020

Los datos recabados por el INM (2020), muestran que el 31% de los migrantes, realizan actividades desempeñándose en aquellas relacionadas con su profesión, continuado el 22% que estudian y el 17% que migran para trabajar en oficios o como empleado no relacionado con una actividad profesional. Sin embargo, consideramos que el porcentaje de las personas que trabajan debería ser mayor, pero esta situación se explica a través del el INM como *no obligatoria* es decir: *"...estas cifras sólo reflejan el número de quienes por diversos motivos decidieron registrarse" (INM, 2017).*

Los registros que se realizan están incompletos, por lo tanto, es difícil conocer las características particulares de las personas migrantes y las de retorno, porque no son registradas, principalmente las que ingresan o permanecen de forma irregular (PNUD, 2022),

No obstante, a partir del año 2018, el gobierno de México diseñó una política migratoria la cual tiene el objetivo de implementar estrategias para los 11 millones 913 mil 989 mexicanos que se encuentran fuera de México, de los cuales el 97.79% radica en Estados Unidos de América (INM, 2020)

Los compromisos internos de México se enfocan a contribuir para que millones de mexicanos, particularmente los que radican en Estados Unidos de América y que a través de las remesas aportan a la economía, sean contemplados en los programas sociales. De igual manera, se busca la promoción de habilidades y competencias a través de capital humano, además del impulso a los proyectos productivos.

SITUACIÓN DE LA MIGRACIÓN MÉXICO-ESTADOS UNIDOS

En este apartado nos interesa analizar las condiciones socioeconómicas y de seguridad social en las que retornan los migrantes mexicanos. Con anterioridad se mencionó que esta migración hacia Estados Unidos ha sido masculina y en edad laboral. Aunque, plantea Terán (2019) desde los años 80's se ha dado el fenómeno en el que emigran familias completas.

Para el año 2017 la migración mexicana en Estados Unidos representaba alrededor del 30% del total de la población migrante, siendo el segundo lugar de los diez principales países de origen de migrantes. Además, a nivel mundial la migración mexicana representaba aproximadamente el 5% de la población migrante (Franco y Granados, 2021).

Otro dato relevante es que, de la población latina presente en Estados Unidos, que es de 57 millones, el 63% de esta es de origen mexicano incluyendo migrantes de segunda y tercera generación, con raíces mexicanas (Franco y Granados, 2021).

Por lo tanto, del fenómeno migratorio entre ambos países se pueden destacar tendencias y características importantes, como el crecimiento sostenido de la migración. Los migrantes han fomentado la masificación y la prolongación de la migración entre ambas naciones, creando una dinámica propia que no depende de las circunstancias políticas y económicas de la migración.

Además, las redes familiares juegan un papel importante en el fenómeno migratorio, ya que alientan la migración al proporcionar vínculos afectivos u otros que facilitan la movilidad de nuevas personas migrantes contribuyendo a su crecimiento continuo. Datos proporcionados por la Encuesta Nacional de la Dinámica Demográfica (ENADID) de 2018, indican que aproximadamente 760 mil personas emigraron de México entre agosto de 2013 y septiembre de 2018, pero analizan que en comparación con el periodo anterior del 2009-2014, emigraron 719 mil 242 personas, esta información indica que la migración ha persistido a pesar de las políticas antinmigrantes en Estados Unidos.

Los estados mexicanos que han experimentado mayor concentración significativa de migrantes internacionales, son Guanajuato, Michoacán, Estado de México, Jalisco, Ciudad de México, Veracruz, Baja California y Chihuahua. Dichas entidades en conjunto concentran el 51.5% de la población total de migrantes en México, esto significa que poco más de la mitad de todos los migrantes internacionales en México, residen en estos ocho estados (ENADID, 2018).

Por ello, la Asamblea General de las Naciones Unidas (ONU) ha establecido el 18 de diciembre como el día internacional del migrante, reafirmando el compromiso gubernamental para promover una migración segura, ordenada, regular y digna para todas las personas que se desplazan de un país a otro en busca de mejores oportunidades de calidad de vida.

El INEGI (2021) presenta informes relacionados con la población migrante, en ese año se publicó a través de un comunicado especial información sobre la distribución de la migración de acuerdo al género y tamaño de las localidades de residencia, de las personas que migran desde México (el 67% son hombres y 33% son mujeres), indicando que la migración es predominantemente masculina principalmente de localidades rurales, sin embargo, los datos con respecto a la migración en áreas urbanas indica que el 40% es población femenina.

Con respecto a la evolución de la migración de mexicanos a Estados Unidos, así como la migración de retorno de los mexicanos que regresan a México, Vega y Hirschman (2019), consideran que las principales razones de retorno son la dificultad para adaptarse a la cultura del país receptor, por ejemplo, problemas para comprender las costumbres, valores y formas de vida.

Aunado a lo anterior, los lazos familiares son un incentivo para regresar, pues al sentir nostalgia por los seres queridos, aunque se tenga estatus migratorio, esto constituye un factor de retorno al país de origen. Ligado a la barrera del idioma, lo cual lleva a enfrentar dificultades en su vida cotidiana y laboral, aunque los objetivos económicos de los migrantes se hayan alcanzado.

Ante esta complejidad del fenómeno de la migración, uno de los temas relevantes es la inseguridad social a la que se enfrentan las personas migrantes y sus familias, ligado a la salud y bienestar físico y mental, representando uno de los ejes centrales de la migración de retorno, debido a ello el gobierno de México plantea políticas de atención integral.

POLÍTICAS PÚBLICAS Y PROGRAMAS DIRIGIDOS A MIGRACIÓN DE RETORNO

La migración de retorno es un fenómeno que ha cobrado relevancia en las últimas décadas debido a diversos factores económicos, sociales y políticos. Este ensayo analiza las causas, implicaciones y oportunidades que presenta la migración de retorno. Utilizando datos empíricos y bibliografía reciente, se explora cómo este tipo de migración puede influir en el desarrollo regional.

A continuación, se exponen algunos factores que motivan la migración de retorno (González, 2019):

Factores Económicos: La falta de oportunidades económicas sostenibles en los países o ciudades de destino puede motivar a los migrantes a regresar. Según datos del Banco Mundial, la tasa de desempleo en algunas regiones urbanas ha aumentado, lo que impulsa a los migrantes a considerar el retorno

Factores Sociales: El deseo de reunificación familiar y el arraigo cultural son factores significativos. Estudios han mostrado que los migrantes a menudo regresan para cuidar a familiares mayores o para educar a sus hijos en un entorno culturalmente familiar

Políticas Migratorias: Cambios en las políticas migratorias y un aumento en las deportaciones han forzado a muchos migrantes a regresar a sus países de origen. La política migratoria de Estados Unidos, por ejemplo, ha tenido un impacto significativo en los patrones de retorno de migrantes mexicanos.

En este apartado se busca responder a la pregunta ¿cuál ha sido el efecto de la política pública laboral que ha implementado el gobierno de México entre el año de 2019 al 2023 en particular en el acceso a la salud, ahorro para el retiro, pensión por invalidez de los migrantes que en algún momento retornan?

La migración de retorno es un concepto utilizado para describir el proceso por el cual los migrantes que han dejado su país regresan a él, existen diferentes motivos, los cuales incluyen causas voluntarias, decisiones personales o familiares, repatriación obligatoria por razones legales, administrativas o de seguridad.

Gráfica 2. Principales causas de retorno (agosto de 2013-septiembre 2018)

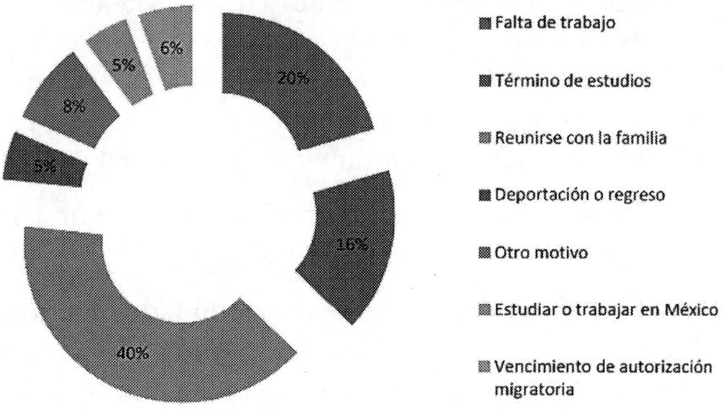

Fuente: Franco y Granados. 2021

Este fenómeno influye en la dinámica de la población tanto de los países de destino como de origen, teniendo implicaciones económicas, sociales y culturales para las comunidades de origen y de retorno. De acuerdo a la Organización Internacional de Migración (OIM) que publicó su informe en el año 2019, se plantea que a partir del 2020 se ha observado un aumento en la tasa de migración de retorno aproximadamente el 42% de migrantes internacionales en la región han regresado a sus países de origen en la región durante ese período.

Para el 2019, Estados Unidos, deportó a 267 mil personas a sus países de origen, estos migrantes deportados procedían de Honduras, Guatemala, El Salvador y México. Fernández et al. (2022) comentan que es preciso analizar la vulnerabilidad que representa para los deportados regresar a su país al enfrentar desafíos.

Cuadro 1. *Devolución de personas mexicanas desde Estados Unidos, según entidad federativa de recepción (2021-2022)*

Entidad federativa	Enero-diciembre		
	2021	2022	Var. %
Total	**160 689**	**258 000**	**60.6**
Baja California	42 184	118 633	n.a.
Chihuahua	10 479	11 948	14.0
Coahuila	20 038	21 406	6.8
Sonora	46 995	58 309	24.1
Tamaulipas	25 858	45 952	77.7
Ciudad de México[1]	4 265	681	- 84.0
Durango[1]	1	-	- 100.0
Jalisco[1]	4 663	1 070	- 77.1
Michoacán[1]	2 045	-	- 100.0
Nuevo León[1]	-	-	n.a.
Puebla[1]	633	1	- 99.8
Querétaro[1]	1 242	-	- 100.0
Tabasco[1]	2 286	-	- 100.0

Fuente: Gobierno de México, 2022[1]

De acuerdo a los arreglos de la repatriación de nacionales mexicanos desde Estados Unidos a partir del mes de octubre de 2015, se tiene que los puntos de repatriación específicos para mexicanos son doce, localizados a lo largo de la frontera entre ambos países, ejemplo de estos puntos son Tijuana, Ciudad Juárez, Nogales, Nuevo Laredo y otros. Existen otros lugares donde solo se realizan devoluciones si la persona de-

1 Se refiere al Procedimiento de Repatriación al Interior de México (PRIM), como parte de los compromisos consignados en el "Memorándum de Coordinación suscrito por la Secretaría de Gobernación de México y el Departamento de Seguridad Interna de EUA", a través del cual se busca salvaguardar la integridad física y seguridad de las y los migrantes. El actual PRIM inició operaciones el 19 de diciembre de 2019.

portada es residente u originaria de esa zona fronteriza o en caso de emergencia. Esto significa que no todos los puntos de la frontera están designados para la repatriación de mexicanos deportados desde Estados Unidos. En algunos lugares, las devoluciones se limitan a ciertas circunstancias.

De acuerdo con la población total general de retorno de 18 años o más, para el año 2021 fue de 160 mil 689 personas, de los cuales 122 mil 040 fueron hombres; para el año 2022 fue de 258 mil, siendo 200 mil 593 migrantes masculinos.

La deportación para el caso de las mujeres se presenta de la siguiente manera, las principales deportaciones son para los estados de Guerrero, Oaxaca, Chiapas y Puebla, tal como lo muestra la siguiente gráfica número 3.

Gráfica 3. *Devolución de mujeres mexicanas desde Estados Unidos, según entidad federativa de origen, enero-diciembre de 2022*

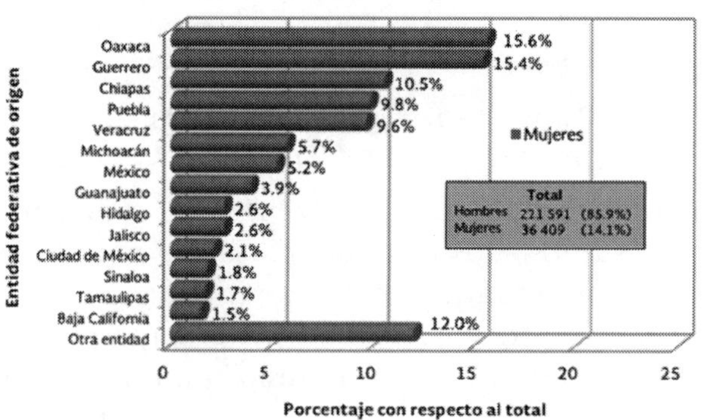

Fuente: Unidad de Política Migratoria, Registro e Identidad de Personas, SEGOB, con base en el Boletín Mensual de Estadísticas Migratorias 2021-2022.

Para el caso de los eventos de la devolución de niñas y mujeres adolescentes mexicanas desde Estados Unidos, la entidad que ocupa el primer lugar de deportaciones es Guerrero con (21.3%), seguida de Chiapas (12.4%) y Oaxaca (12%). Aunado a ello, se identifica que para el 2022, se deportaron 17 mil

583 niños o adolescentes no acompañados, situación que coloca en vulnerabilidad a esta población.

Gráfica 4. *Devolución de niñas, niños o adolescentes mexicanos desde Estados Unidos, según condición de viaje y sexo, enero-diciembre de 2022*

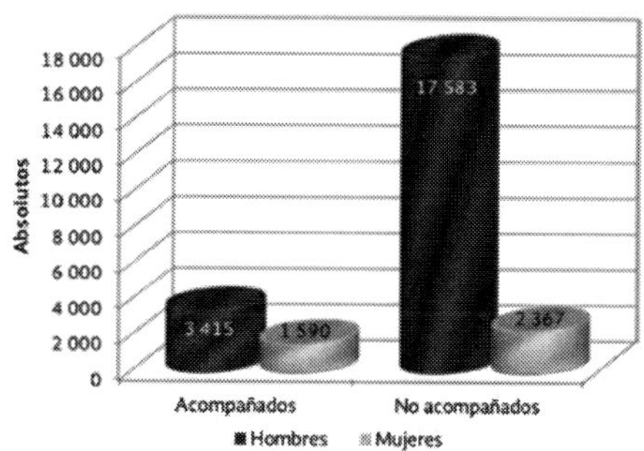

Fuente: Unidad de Política Migratoria, Registro e Identidad de Personas, SEGOB, con base en el Boletín Mensual de Estadísticas Migratorias 2021-2022.

Ante esta situación el gobierno de México establece en el Plan Nacional de Desarrollo 2019-2023, en el principio rector *"no más migración por hambre o por violencia"*, indicando que todos los ciudadanos puedan vivir con dignidad y seguridad en el territorio donde nacieron; en el numeral cuatro indica que se debe garantizar el ejercicio y goce de los derechos de todas las personas las cuales transiten, radiquen, ingresen o retornen al país (Diario Oficial de La Federación, 2019).

Del mismo modo, apunta es necesario asegurar los derechos humanos de los mexicanos en el extranjero, principalmente en Estados Unidos, a través de las dependencias de gobierno federal, implementar programas de atención integral dirigido a personas migrantes, especialmente en situación de vulnerabilidad y perspectiva de género.

A partir de los datos que plasma la Unidad Política Migratoria, registro e identidad de personas que depende de la Secretaría de Gobernación, indica "… *se han registrado poco más de 986 mil eventos atendidos en la repatriación*" (DOF, 2021), colocando el énfasis en la atención a las personas que retornan al país.

Es por ello, que el 22 de marzo de 2021, se realizó un convenio entre diferentes instancias gubernamentales tales como relaciones exteriores y gobernación en la que se establece una mesa interinstitucional con el propósito de generar estrategias para atender de manera íntegra a las familias repatriadas y en retorno, a través de incluir la atención, facilitar servicios y garantizar el ejercicio de derechos para la población que regresa a México.

En dicha mesa participaron representantes de diferentes secretarías de gobierno, como Hacienda y Crédito Público (SHCP), Educación Pública (SEP), Instituto Mexicano del Seguro Social (IMSS), el Banco de Bienestar y el Infonavit. Esta amplia representación de entidades gubernamentales muestra un enfoque interinstitucional en la atención a los migrantes repatriados y en retorno, por lo tanto, se han activado grupos de trabajo coordinados por la Secretaría Técnica del Instituto Nacional de Migración (INM) y el Instituto de los Mexicanos en el Exterior (IME).

Algunos de los resultados y acciones que se diseñaron a partir de las reuniones interinstitucionales se enuncian a continuación: el primero, es la emisión de la clave Única de Registro de población (CURP), que busca garantizar el derecho a la identidad de las personas, además se diseñó el programa "Hoy México" que permite expedir actas de nacimiento. Mientras que la segunda acción implementada de parte de la Secretaría de Educación Pública (SEP), planea directrices que faciliten y agilicen el proceso de inscripción de menores de edad en escuelas públicas de educación básica, así como revalidar los estudios y certificaciones de habilidades.

Otra instancia que intervino fue la secretaria del Trabajo y Previsión Social (STPS) a través del Servicio Nacional de Empleo (SNE), promoviendo ofertas de empleo en el Portal del Empleo, ferias de empleo virtuales y programas de movilidad laboral, así como la colaboración junto con el Consejo Nacional de Normalización y Certificación de Competencias Laborales (CONOCER) y el programa de Jóvenes construyendo el futuro para capacitar a personas migrantes de entre 18 a 29 años.

Además de lo anterior, la SHCP junto con el Banco de Bienestar, diseñarán estrategias para facilitar la apertura de cuentas bancarias a través de la red consular, con el propósito de proporcionar a las comunidades migrantes mecanismos de bancarización para las remesas a bajo costo.

El convenio entre la Secretaría de Relaciones Exteriores y el Instituto Mexicano del Seguro Social (IMSS), busca promover un esquema de afiliación voluntaria para migrantes, proporcionando servicios de salud y la posibilidad de reactivar el Fondo de Ahorro para el Retiro, así como, el convenio entre el IME y el Infonavit el cual tiene como objetivo compartir información sobre la oferta de créditos y programas otorgados por ésta última en México.

EL PROGRAMA DE SEGURIDAD SOCIAL (IMSS), PROGRAMA TRABAJADOR INDEPENDIENTE

La importancia en el acceso a los servicios de salud está relacionada con el bienestar de la población y el desarrollo humano, por lo tanto, que un país diseñe políticas que fortalezcan la relación entre la salud y el desarrollo humano, implicará mayor bienestar de una sociedad.

Si bien es cierto como sostienen Fajardo-Dolci, Gutiérrez y García (2015), el proceso de acceso a los servicios de salud es complejo, no se debe limitar solo a acceder a un centro de salud, deben considerarse diversos aspectos, como promoción y prevención a la salud, así como disponibilidad de los servicios en tiempo y espacio. Sin embargo, en el contexto de los servicios médicos, el acceso no solo se refiere a la acción de acercar los servicios, pues no necesariamente se garantiza la respuesta por parte de los proveedores de servicios de salud, es decir, buscar atención médica no asegura que se reciba atención adecuada, debido a la disponibilidad de servicios o a la calidad.

El acceso efectivo a los servicios de salud se enfoca en dos aspectos fundamentales, como mejorar el estado de salud de las personas, así como satisfacer las necesidades y expectativas de los usuarios, mejorar los servicios de salud de las personas y con ello mejorar la calidad de vida.

Aunado a esto, la utilización de los servicios de salud destaca por la importancia de elementos como la información de los derechos, la disponibilidad de los recursos, así como la afiliación a los servicios (Fajardo-Dolci, Gutiérrez y García, 2015), por lo tanto, las personas requieren de información completa sobre los derechos a la atención médica y la disponibilidad de recursos, esto significa que las personas requieren conocer sus derechos y estar informados sobre la disponibilidad de servicios para acceder a la atención médica.

De igual manera, la pertinencia y efectividad deben ser lo suficientemente adecuados para que la población pueda obtener resultados satisfactorios, o sea que los servicios deben estar disponibles, pero también ser apropiados para las necesidades de las personas y proporcionar un beneficio en términos de salud.

Es por ello que los servicios de afiliación son un elemento importante, ya que la falta de ésta puede ser una barrera significativa, especialmente desde una perspectiva financiera en la que las personas sin afiliación pueden enfrentar dificultades económicas para acceder a la atención médica, situación que puede impedir que las personas expresen sus necesidades de salud debido a la falta de recursos económicos.

Una de las principales necesidades para los migrantes que retornan es la salud y beneficios como el pago por riesgo de trabajo. Para Montoya y González (2015), el anterior es uno de los aspectos que han tenido poca atención, considerando que el trabajo de los mexicanos constituye una parte importante de la esfera económica y social del país con la finalidad que brinda la seguridad social.

En este sentido, el gobierno de México ha buscado ampliar el acceso de los servicios a la población migrante de los esquemas de seguridad social que ofrece el IMSS. Para ello se concretó un convenio en marzo del 2021, entre la Secretaría de Relaciones Exteriores (SRE), el Instituto de Mexicanos en el Exterior (IME) y el IMSS, con el objetivo de poner a disposición migrante un nuevo esquema de seguro voluntario que incorporará a las personas independientes y migrantes que no se encuentran sujetos a una relación laboral en México.

Bajo este nuevo programa los migrantes y sus familias, tendrán acceso integral, de la misma manera que un trabajador asalariado en México contemplado a través de la Ley del Seguro Social: atención a enfermedades y maternidad, accediendo a servicios médicos, hospitales y medicina, además contempla los riesgos de trabajo, teniendo acceso al pago de una incapacidad con motivo de una enfermedad o accidente que imposibilite desempeñar la actividad. También considera invalidez; asimismo se consideran los retiros económicos por vejez, es decir, acceder a una jubilación, el apoyo a la guardería y prestaciones sociales como servicios de velatorio, así como actividades culturales y deportivas.

El programa comenzó a operar el 21 de enero del año 2021, pretende que los trabajadores de industrias, profesionistas independientes, comerciantes pequeños, artesanos y migrantes puedan afiliarse de manera voluntaria. Uno de los requisitos en el proceso de inscripción que deben de tener las personas interesadas, es contar con el registro de con la Clave Única de Registro Poblacional (CURP) y acercarse a las ventanillas de educación financiera en los consulados de México y Canadá.

Este esquema de aseguramiento integral de los trabajadores migrantes permite asegurar a su familia y tener acceso a todos los servicios, lo que permitirá contar con la cobertura y beneficios que prevé la Ley del Seguro Social, que involucra a los cónyuges o concubinos, hijos hasta los 16 años o 25 si continúan estudiando, así como padres si cohabitan o dependen económicamente. El programa, implica que los migrantes residentes en los Estados Unidos puedan darse del alta en el IMSS y éste puede seguir vigente en su retorno.

Los avances que han tenido en este programa de acuerdo con los datos publicados en el comunicado (2021), establece que el programa piloto, destinado a los mexicanos residentes en el extranjero, ha afiliado a 981 connacionales, de los cuales 311 son mujeres y 670 hombres, la inscripción se ha realizado a través de los consulados. Lo que significa que si por cada hogar habitan 3.6 miembros, el programa permite el acceso a por lo menos 3,531 personas sin incluir a padres de los migrantes.

Dado que el programa aun cuenta con poca información, para conocer cuáles han sido los efectos de la política pública laboral que ha implementado el gobierno de México entre el año de 2019 al 2023 en particular en el acceso a la salud, ahorro para el retiro, pensión por invalidez de los migrantes, este tipo de acciones son importantes para mejorar las condiciones de retorno, asegurar el acceso a la salud y contribuir al fondo del retiro.

Es importante resaltar que México ha retomado las recomendaciones de Maldonado, Martínez y Martínez (2018), así como de organismos e instituciones internacionales, diseñando e implementado programas integrales de amplia cobertura que permitan beneficios en los sistemas de seguridad social, garantizando los servicios básicos y universales de bienestar. Ya que las personas migrantes presentan mayores vulnerabilidades, siendo una población que requiere políticas de seguridad social inclusivas, considerando su movilidad y situación particular.

CONCLUSIONES

Aunque el marco normativo que garantiza el acceso a servicios de salud es considerable tanto a nivel internacional como nacional, existe un porcentaje de la población migrante de retorno que no tiene acceso a los servicios de salud, por lo que, se puede decir que el marco normativo en salud no es suficiente para garantizar el acceso a los servicios de salud de los migrantes de retorno, y que es necesario además fortalecer la inserción de los retornados al mercado laboral.

Existen riesgos importantes de no contar con servicios de salud, sin embargo, para los migrantes de retorno estas brechas se hacen más agudas, debido a que tienen menor acceso a los servicios de protección social que otros mexicanos.

Es importante considerar de manera permanente en la agenda pública la atención a las personas migrantes, considerando que es importante la atención constante, no como un proceso temporal o transitorio, sino constante y permanente de todos los países.

Es preponderante garantizar a través de políticas gubernamentales sostenidas que las personas y las familias de los migrantes de retorno cuenten con acceso a servicios, además, atender la problemática y las necesidades de manera integral y sostenible para promover el bienestar tanto individual como colectivo.

Por lo tanto, la inclusión de las personas migrantes de retorno en los sistemas de protección social y servicios implica la necesidad de desarrollar políticas estratégicas y específicas para asegurar que cuenten con el acceso y protección.

Finalmente, hay que recalcar que las agendas políticas enfaticen en la extensión de la protección social a todas las personas migrantes, sin importar género, edad o estatus legal, y que beneficien también a la población local, debido a que se contribuye a la inclusión social, fortaleciendo las condiciones para mejorar la convivencia.

Referencias

Alanís Enciso, F. S. (2005). Regreso a casa: la repatriación de mexicanos en Estados Unidos durante la gran depresión el caso de San Luis Potosí, 1929-1934. Estudios de historia moderna y contemporánea de México, (29), 119-148.

Arias, P. (2009). Del arraigo a la diáspora: dilemas de la familia rural. Guadalajara: Universidad de Guadalajara.

Diario oficial (DOF) (2018). Plan Nacional de Desarrollo. Consultado en 23 de septiembre de 2023 en PND_2019-2024.pdf (www.gob.mx)

Diario Oficial (DOF) (2021). Decreto por el que se reforman y adicionan los artículos 2 y 28 de la Ley de Migración. Consultado el 23 de septiembre de 2023 DOF - Diario Oficial de la Federación

Fernández-Sánchez, H., Vásquez-Ventura, I. S., Rivera-Ramírez, P. I., & Zahoui, Z. (2022). Migración de retorno en Latinoamérica y el Caribe: Una revisión sistemática exploratoria. Migraciones internacionales, 13.

Durand, J. (2016). Historia mínima de la migración México-Estados Unidos. México, El Colegio de México.

Durand, J., & Massey, D. S. (2003). Clandestinos: migración México-Estados Unidos en los albores del siglo XXI. México: Universidad Autónoma de Zacatecas / M. A. Porrúa.

Fajardo-Dolci, G., Gutiérrez, J. P., & García-Saisó, S. (2015). Acceso efectivo a los servicios de salud: operacionalizando la cobertura universal en salud. Salud pública de México, 57, 180-186.

Franco Sánchez, L. M. y Granados Alcantar, J. A. (2021) Características de la migración internacional en la actualidad en México. Universidad Autónoma del Estado de Hidalgo. Disponible en *http://ru.iiec.unam.mx/4789/1/2-032-Franco-Granados.pdf*

Gobierno de México (2022). Comunicado de personas trabajadoras independientes, del hogar y connacionales que viven en el extranjero pueden afiliarse al IMSS. Comunicado conjunto 095/2022. Consulado el 28 de septiembre de 2023 en línea (*Personas trabajadoras independientes, del hogar y connacionales que viven en el extranjero pueden afiliarse al IMSS | Secretaría del Trabajo y Previsión Social | Gobierno | gob.mx (www.gob.mx)*

Instituto de los Mexicanos en el Exterior (INM) (2017). Población Mexicana en el mundo 2017. En *Estadísticas de Mexicanos en el Exterior (ime.gob.mx)* consultado el 21 de septiembre de 2023

Instituto de los Mexicanos en el Exterior (INM) (2020). Estadísticas de la población mexicana en el mundo. Consultado el 20 de septiembre en *ESTADÍSTICAS DE LA POBLACIÓN MEXICANA EN EL MUNDO | Instituto de los Mexicanos en el Exterior | Gobierno | gob.mx (www.gob.mx)*

Instituto Nacional de Estadística y Geografía (INEGI). (2018). Encuesta Nacional de la Dinámica Demográfica (ENADID). Consultado el 22 de septiembre en *México - Encuesta Nacional de la Dinámica Demográfica 2018 (inegi.org.mx)*

Instituto Nacional de Estadística y Geografía (INEGI). (2023). Encuesta Nacional de la Dinámica Demográfica (ENADID). Consultado el 24 de septiembre en *Instituto Nacional de Estadística y Geografía (INEGI)*

Instituto Nacional de estadística y Geografía (INEGI). 2021. Estadísticas a propósito del día internacional del migrante 18 de diciembre (datos nacionales). Consultado el 22 de septiembre en *EAP_Migrante21.pdf (inegi.org.mx)*

Maldonado Valera, C., Martínez Pizarro, J., y Martínez, R. (2018). Protección social y migración: una mirada desde las vulnerabilidades a lo largo del ciclo de la migración y de la vida de las personas. CEPAL.

Montoya, M. S., y González, J. B. (2015). Evolución de la migración de retorno en México: migrantes procedentes de Estados Unidos en 1995 y de 1999 a 2014. Papeles de población, vol. 21, núm. 85, pp. 47-78.

Noe-Bustamante, L. Flores, A. y Shah S. (2017). Facts on Hispanics of Mexican origin in the United States. Pew Research Center.

Gobierno de México. Plan Nacional de Desarrollo (2019-2024)

Sassen, S. (1999). Guests and Aliens, New York.The york Press.

Organización Internacional de Migración (OIM). (2019). ¿Quién es un migrante? Recuperado de *https://www.iom.int/es/quien-es-un-migrante*

Programa de las Naciones Unidas para el Desarrollo (2022). Elementos para entender los retos de la migración. La complejidad del fenómeno migratorio en México y sus desafíos. Serie de documentos de política pública. LAC PDS No. 30.

Terán, J. (2019). Dinámicas municipales del retorno migratorio de mexicanos provenientes de Estados Unidos: 1990-2015: repensando la geografía. Tesis de doctorado, El Colegio de México.

Unidad de Política Migratoria, Registro e Identidad de Personas, Secretaría de Gobernación (2022). Estadísticas Migratorias. Síntesis 2022. Consultado el 25 de septiembre de 2023 en *Sintesis_2022.pdf (politica-migratoria.gob.mx)*

Vega, A. y Hirschman, K. (2019). The reasons older immigrants in the United States of America report for returning to Mexico. Ageing and Society, 39(4), 722-748. *https://doi.org/10.1017/S0144686X1700115*

Los otros retornos en la migración internacional: experiencias de estudiantes universitarios México-americanos en México

EMILIO MACEDA RODRÍGUEZ
(Universidad Autónoma de Tlaxcala)
EDUARDO ABEDEL GALINDO MENESES
(Universidad Autónoma de Tlaxcala)

INTRODUCCIÓN

Al finalizar sus estudios universitarios, Jocelyn decidió regresar a los Estados Unidos. Nacida en Nueva Jersey, habían pasado ya casi 9 años desde que llegó a México para estudiar y ahora que se había graduado de la Universidad quería volver a su país de nacimiento en busca de poder ejercer su profesión. En México, país donde habían nacido sus padres, está parte de su familia, pero la mayoría se encuentran en los Estados Unidos, y al ser ciudadana de aquel país sabía que tenía mayores oportunidades. Fue así que emprendió el retorno a su país de nacimiento, dejando atrás el país de origen de sus padres, convirtiéndose en una migrante de retorno, de esos otros retornos.

Los estudios que han abordado la migración de retorno en México, desde un enfoque educativo, se han centrado en analizar el proceso de inserción escolar de niñas y niños que vienen acompañando a sus padres, a partir de las dificultades y problemáticas que enfrentan al insertarse en estos espacios (Bustamante de la Cruz, 2020; Herrera y Montoya, 2021; Román y Valdéz, 2021; Ruiz y Valdéz, 2015; Valdéz, Ruiz, Rivera y López,

2018). Otros trabajos se han enfocado en el análisis de las estrategias que se han implementado desde las escuelas para poder trabajar con la población educativa mexicoamericana que se encuentra en sus aulas, o en propuestas de política pública que los países involucrados en el antes llamado Tratado de Libre Comercio, firmado por México, Estados Unidos y Canadá han establecido en torno a la educación, (Altbach, 1995; Cabrera y Valdéz, 2013; Martínez, 2012). Esta estrecha relación entre México y Estados Unidos ha dado paso al surgimiento, sobre todo en la frontera, de estudiantes transnacionales, quienes tienen una formación educativa que se da entre ambos lados de la frontera (Osuna y Rabelo, 2019; Sánchez y Zúñiga, 2010; Sánchez, Zúñiga, Hamann, Dorantes y Castellanos, 2010).

En el caso de los trabajos que toman como tema central a jóvenes migrantes de retorno en edad universitaria, los *Dreamers*, aquellos jóvenes que cruzaron la frontera siendo niños y que han desarrollado estudios en los Estados Unidos, son un grupo que ha sido abordado con gran atención desde diferentes perspectivas. Están por ejemplo los trabajos que han analizado el proceso de retorno de aquellos que buscan estudiar en alguna universidad de México (Cortez-Román, García y Altamirano, 2015; Montoya y Herrera, 2015; Montoya y Herrera, 2017; Montoya, Herrera, Jiménez, 2020), los que han analizado su proceso de reincorporación y ciudadanía en Estados Unidos y en México (Minjaréz, 2012; Cortez-Román y Hamann, 2014; Ortiz, 2018). También están aquellas pesquisas que han abordado el proceso que siguen los estudiantes transfronterizos, aquellos que viven en la frontera del lado mexicano y cruzan cada día para estudiar la universidad en los Estados Unidos (Rocha y Ocegueda, 2014; Rocha y Orraca, 2018; Tessman, 2016).

Como se puede ver en este breve estado del arte se han enfocado al tema de la educación y la migración, centrado su atención en la población que migró a los Estados Unidos, es decir, los niños que retornaron a México en algún momento de su vida. Por ello, el presente trabajo plantea la pregunta ¿qué sucede con aquellos mexicoamericanos que realizan estudios universitarios en México?, sobre todo pensando en aquellos que estudian en universidades más allá de las que están situadas cerca de la frontera con Estados Unidos y se adentran a nuestro territorio, por lo que resulta relevante cuestionarnos sobre el camino que siguen al finalizar su formación universitaria en México.

En el contexto de una Universidad pública del Altiplano Central Mexicano, se identificó la presencia de estudiantes mexicoamericanas, hijas de padres mexicanos, pero nacidas en los Estados Unidos. Se logró contactar a dos estudiantes de licenciatura, las dos provenientes de New Jersey, una ya retornada y la otra en proceso de titulación y aun con la duda de retornar o permanecer en México.

En el caso de la propuesta teórica que permitió analizar este proceso de retorno, esta se dialogó desde la teoría transnacional de la migración, propuesta por Basch, Shiller y Szanton (1994) y que plantea el flujo de ida y vuelta entre espacios de origen y destino de los migrantes. Dicha propuesta ha sido reflexionada de manera amplia por Faist (1999-2022) a partir de explicar ese desarrollo de los vínculos transnacionales, plantear que con ellos se pueden abordar las desigualdades, proponer una metodología para trabajar en este contexto transnacional, pero sobre todo explicando que surgen diferentes perfiles de migrantes que al mismo tiempo dan paso a nuevas conceptualizaciones, como es el caso de la migración de retorno desde una perspectiva transnacional (Cavalcanti y Parella, 2013).

El analizar el retorno desde el transnacionalismo permite ir má allá de las visiones (Cavalcanti y Parela, 2013) homogéneas que se han construido en torno a la migración de retorno, presentándola como definitiva y unilineal. Sin embargo, estos mismos autores explican que ante un contexto donde se han reforzado los lazos y vínculos de los migrantes con sus lugares de origen y de destino, se da paso a "nuevas formas de conceptualización del mismo" (2013: 10), cumpliendo entonces con la necesidad de estas nuevas formas de definir a la migración transnacional que a su vez plantea Faist (2000).

Bajo esta lógica de la relación que existe entre el transnacionalismo y la migración de retorno es que se busca explicar la presencia de las estudiantes mexicoamericanas en una Universidad pública ya que, como se verá en los apartados siguientes, es a partir de estos vínculos que se mantienen a través de las fronteras, que ellas llegan a México y también son el motivo del porqué al final tendrán la oportunidad o meta de retornar a los Estados Unidos.

La metodología utilizada para realizar esta investigación se encuentra estrechamente relacionada con la propuesta teórica de la migración transnacional, que desde el pensamiento de Levitt (2001) plantea como base metodológica la aplicación de entrevistas y observación, relacionando la postura con un estudio etnográfico. Bajo esta propuesta metodológica de la investigación de la migración transnacional, Faist (2022) realiza una revisión de la forma en que se han desarrollado este tipo de estudios y propone como un desafío metodológico el que en este tipo de pesquisas por lo regular los y las migrantes son vistos como integrantes de un grupo étnico (para nuestro estudio se tratarían de integrantes de la comunidad migrante mexicana) pero las diversas funciones que realizan no siempre son valoradas completamente, como el hecho de ser trabajadores/as, profesionales, padres o madres, hijos/as, etc.

Otro desafío metodológico que presenta Faist (2022) es el que la visión que se presenta de quienes realizan investigación de tipo transnacional es desigual por el tipo de apoyos y financiamientos que se tienen entre los países de origen y de destino de las comunidades que son estudiadas. Bajo esta idea, los investigadores que provienen de los países de origen muchas veces presentan la desventaja de no poder realizar trabajo de campo en los espacios de destino, con lo que no se puede conocer una posición ni una perspectiva completa del panorama transnacional.

Para este trabajo, se planteó el realizar un estudio de caso de dos estudiantes mujeres, provenientes de Nueva Jersey, a quienes se les entrevistó, una en México y la otra en Estados Unidos, lugares donde se encuentran en el momento de realizar esta investigación. El estudio fue de tipo etnográfico multisituado, siguiendo lo propuesto por Marcus (1995, 2001), quien sugiere seguir a las personas con las que se está realizando la investigación en los espacios por donde se mueven, con lo que el "investigador multilocal" (Rivero, 2017) construye un diseño de su investigación que permita captar el cómo se desarrollan las relaciones de quienes migran o retornan en los diferentes lugares donde se mueve.

Por lo tanto, la investigación si bien comenzó en México, donde se conocía la trayectoria escolar de las dos estudiantes, al retornar una de ellas a Estados Unidos, fue necesario el conocer su situación tras el regreso a su lugar de origen por nacimiento. Para lograr el desarrollo de esta etnografía multisituada se aprovechó la visita a los Estados Unidos por parte de quienes escriben este trabajo, para realizar una estancia donde se realizaron talleres con la comunidad migrante de Nueva York durante el mes de septiembre de 2023, con lo que se pudo conocer la situación de la estudiante retornada, cumpliendo así con el desafío planteado por Faist (2022), de conocer bajo la perspectiva y visión de un investigador proveniente del lugar de origen de la comunidad migrante, cómo es que se desarrolla el contexto en el lugar de destino.

CONTEXTO DEL ESTUDIO DE CASO

El contexto de este estudio de caso centrado en dos estudiantes nacidas en New Jersey, pero con un origen familiar en Tlaxcala, inicia precisamente con describir de manera general el proceso migratorio de Tlaxcala hacia los Estados Unidos. Tlaxcala se ubica en un nivel bajo de intensidad migratoria, con un registro apenas de 3596 personas que emigraron a nivel internacional en el periodo 2015-2020 (CONAPO, 2022), ocupando el antepenúltimo lugar en el listado de entidades expulsoras de población hacia el exterior.

La emigración en Tlaxcala es de tipo principalmente laboral y económico, y se mantiene en una media de edad de 24 años en el 30.4% de las mujeres y de 27 años en el 66.6% de los hombres, por lo que se habla de una emigración joven, según los datos de la Coordinación del Centro de Estudios Migratorios (2022). El destino principal de esta emigración internacional de Tlaxcala hacia los Estados Unidos son los estados de California con un 25.1% de matrículas consulares registradas, Nueva York con 19.9% y el estado de Ilinois con 8.2%, sin embargo si tomamos en cuenta que en la zona Triestatal de la costa Este, conformada por Nueva York, Nueva Jersey y Connecticut se concentran el 31.8% de las matrículas consulares, podemos hablar de una tendencia migratoria hacia esta región, que es precisamente de donde provienen las dos jóvenes de este estudio de caso.

La población de la comunidad migrante mexicana en Estados Unidos, según el Anuario de Migración y Remesas México (Fundación BBVA, 2023), divide sus cifras en 3 generaciones principalmente: la primera generación con 12.2 millones de personas para el año 2022, la segunda generación con 13. 6 millones de personas y la tercera generación con 13.8 millones de personas, lo que nos habla de un incremento significativo en el número de descendientes de migrantes mexicanos nacidos en Estados Unidos, los llamados mexicoamericanos. Las edades de estos 3 grupos se encuentran en la mediana de 44 años hombres y 46 años mujeres de la primera generación; en la segunda generación se encuentran entre los 18 años hombres y 19 años mujeres; y en el caso de la tercera generación, mujeres y hombres están en los 21 años.

En el tema educativo, hay una gran diferencia entre la primera generación de la comunidad migrante mexicana y la segunda y tercera generaciones. En el caso de la primera generación, en hombres y mujeres, los niveles de escolaridad se concentran entre la escuela elemental o *Elementary School* (es decir 8 años de escuela) (aproximadamente 25 % de la población), estudios hasta el 12do grado y el bachillerato (poco más del 30%), mientras que el menor número está en los niveles de algunos estudios de licenciatura (menos del 10%), licenciatura terminada (poco más del 10%) y posgrado (menos del 5%), según datos de la Fundación BBVA (2023), que presenta gráficas no muy claras y de difícil lectura.

En cuanto a la segunda y tercera generación los datos son muy similares entre ambas, pero diferentes con respecto a la primera generación, según lo observado en el Anuario de Migración y Remesas México (Fundación BBVA, 2023). Los niveles educativos donde se concentra la mayoría de la población de la segunda generación, son el bachillerato terminado (hombres casi el 40%, y aproximadamente el 28% de las mujeres), seguido de aquellos que tienen algún estudio de licenciatura sin obtención del grado (aproximadamente el 18% de hombres, y el 21% de mujeres), los que tienen licenciatura terminada (hombres el 18% y mujeres el 21 % aproximadamente) y estudios de posgrado (el 4 % de hombres y el 5 % de mujeres aproximadamente). En el mismo anuario, los datos de la tercera generación muestran que aproximadamente el 39 % de hombres y el 30 % de mujeres tienen el bachillerato terminado o su equivalente, el 18 % de hombres y el 21 % de mujeres han cursado algún grado de licenciatura, mientras que han alcanzado el grado el 18% de hombres y 21 % de mujeres, y en cuanto a los estudios de posgrado, el 5 % de hombres y mujeres han continuado hasta ese grado de estudios. Estas cifras muestran que en la segunda y tercera generación se ha tenido un avance significativo en cuanto a la escolaridad, aunque la diferencia entre el número de hombres que ha alcanzado el bachillerato o equivalente es un poco mayor a diferencia de las mujeres, en los estudios de licenciatura las mujeres han tenido un poco más de continuidad.

En cuanto al proceso de retorno de migrantes mexicanos de Estados Unidos a México, que inició con mayor fuerza tras la recesión económica en 2008, como lo han planteado Gandini, Lozano y Gaspar (2015), Jensen, Mejía y Aguilar (2017), Jensen y Jacobo-Suárez (2019) y Jacobo (2022) ha dado paso a un cambio en la conformación de la población de algunas escuelas de este último país, aunque también se cuentan como motivos el que en algún momento hubiera aumentado la perspectiva de criminalizar a la población migrante como lo plantearon Anderson (2015) y Torre y Calva (2021), o el proceso de reunificación familiar (González-Barrera, 2015), que en los últimos años ha tomado mayor fuerza a partir del trabajo de algunas organizaciones migrantes. Según cifras presentadas por Jensen, Mejía y Aguilar (2017) y Jensen y Jacobo-Suárez (2019), en la segunda década del siglo XXI llegaron a contabilizarse aproximadamente 600,000 estudiantes en las escuelas de México que habían realizado estudios en los Estados Unidos.

Sin embargo, en el caso de los mexicoamericanos, cuando son niños se les toma en cuenta dentro del estudio de la migración de retorno al ser contabilizados dentro de los grupos familiares que retornan a México (Valdez, 2012) y son el grupo, en el contexto de la niñez migrante, que más auge ha tenido en México en los últimos años (Zúñiga y Giorguli, 2019). Pero cuando están en el nivel de estudios universitarios han llegado a pasar desapercibidos, ya que, al contar con la doble nacionalidad, muchas veces se inscriben con documentos de identidad mexicanos, o son contabilizados como extranjeros, sin que tome relevancia el hecho de su pasado ligado a México, como en el caso de las dos jóvenes que se analiza en este trabajo. Ante el alto costo que tiene el estudiar la universidad en los Estados Unidos (Los Angeles Times, 2020), el tener la doble nacionalidad sin importar el número de generación[1], y el mantener los vínculos transnacionales, además de las facilidades que algunas universidades han dado para que los nacidos en Estados Uni-

---

1 A partir de la reforma que se realizó a la Fracción segunda del Artículo 30 de la constitución, publicado en el Diario Oficial (2021) son mexicanos "...todos los nacidos en el extranjero, de padres mexicanos, de madre mexicana o padre mexicano."

dos puedan realizar sus estudios en México (La Opinión, 2015; UNAM, 2023; Universia MX, 2015).

HISTORIAS DIFERENTES DE UN PASADO EN COMÚN

Las jóvenes en quienes se basa este estudio de caso tienen historias y características propias, lo que las hace diferentes, pero algunos elementos en común, sobre todo a partir de un pasado con experiencia migratoria en sus padres, quienes migraron desde México hacia los Estados Unidos. Se comenzará por tanto a presentar algunas características de su perfil, para poder conocer un poco de quienes son ellas, cuál es el contexto que las caracteriza actualmente y la historia migratoria de sus familias.

Los nombres que se utilizan en este trabajo son seudónimos, y algunos datos que permitirían su identificación serán omitidos, sin embargo, se presentan datos reales y fidedignos en torno a sus experiencias, a sus pensamientos, sus emociones y sentimientos, y sobre todo a su percepción como mexicoamericanas. Los espacios en donde se realizaron las entrevistas y el momento en que se desarrollaron también se buscó fuera adecuado y sobre todo cómodo para ellas.

En el caso de Jocelyn, tiene 24 años, nació en New Jersey, es egresada de la Licenciatura en Educación Especial y al momento de esta investigación vive en New Jersey, Estados Unidos, donde es maestra de guardería. La entrevista se realizó primero a través de una plática por las calles de Queens, en Nueva York, a donde acudió a participar en un Taller dirigido a niñas y niños latinos, y continuó durante una comida, lo que permitió que se creara un ambiente cómodo y de plática amena, dejando de lado la rigidez y tensión que se genera a veces en un contexto formal de entrevista. Cuando finalizó la estancia en Nueva York de quienes escriben este trabajo, se realizó una última conversación a través de los medios digitales, lo que de alguna forma fomentó el regreso a un contexto formal de la entrevista, pero con el toque ameno de una charla.

Por otra parte, la entrevista a Aileen se realizó en el contexto de la cafetería de su Facultad donde se encontraba colaborando con un proyecto de investigación, ya que se le propuso que fuera un espacio donde pudiera sentirse cómoda, libre. Al igual que en el caso anterior, la entrevista se condujo de tal forma que no se sintiera rigidez, y se lograra establecer ese ambiente de una conversación que le diera la confianza necesaria a la joven para contar su historia. Aileen tiene 23 años, también es nacida en New Jersey, específicamente en Passaic, y al momento de realizar la investigación estaba en proceso de terminar su tesis de grado, misma que al finalizar este escrito ya presentó, por lo que también ya es Licenciada en Educación Especial, vive en Tlaxcala, México y es profesora de inglés.

La historia migratoria de ambas familias comienza en México, y es a partir de las ideas y los relatos que se han construido en torno a la idea de que en Estados Unidos la vida es "más fácil" o como dicen algunos migrantes en Nueva York: "creen que venir aquí es llegar a barrer el dinero". Aunado a esto, la falta de trabajo, o el querer tener mejores ingresos llevó a ambas familias a buscar fortuna del otro lado de la frontera.

Jocelyn

En el caso de Jocelyn, la historia inicia cuando su papá decide salir de Zacatelco hacia los Estados Unidos. Fue en el año de 1995 y cuenta que en aquella época era más fácil cruzar, por lo que junto con un tío tomó un avión de la ciudad de México hacia Tijuana, ahí cruzaron por un túnel y guiados por un coyote, quien los cruzó junto con otro grupo de migrantes. Una vez en Estados Unidos llegó hasta Atlanta, donde trabajó un rato y luego decidió moverse a New Jersey, lugar a donde llegó en avión.

A los dos años su padre decide regresar a Zacatelco para llevarse a su novia, y es así como decide cruzar la frontera junto con quien sería después la mamá de Jocelyn. El cruce esta vez no fue fácil, ya que los relatos que le han contado muestran las dificultades y los peligros que corre una mujer al querer cruzar la frontera, ya que a los peligros naturales del proceso migratorio se suma la amenaza constante de la violencia sexual. Sin embargo, lograron cruzar sin problema y comenzar su vida en la zona de Passaic, New Jersey.

Después de unos años y habiendo nacido ya Jocelyn y su hermano, con quien tiene una diferencia de edad de 4 años, sus padres se separan y su mamá decide volver a México junto con sus hijos. No pasan muchos meses antes de que la situación económica de su familia en México y el estilo de vida de Estados Unidos la llevan a tomar la decisión de volver a migrar, por lo que Jocelyn de 6 años y su hermano de 2 años se quedan en Zacatelco, México, al cuidado de su abuela materna con quien viven un tiempo para después pasar a la tutela de su abuela paterna.

Cuando iba en cuarto grado de primaria su papá regresó y entonces se fueron a vivir con él. La relación con su padre no fue fácil, tenía una nueva pareja con quien tuvo otras dos hijas, por lo que, después de algunos desencuentros, se fueron a vivir con una tía, hermana de su papá. Para este momento, la vida de Jocelyn y su hermano había ya pasado por diferentes cambios, el proceso de adaptación al espacio donde ahora vivían en México, si bien no fue fácil siempre, si les permitió conocer la tierra de sus padres y convivir en diferentes contextos familiares, pasando de una casa a otra hasta que, cuando estaba en la secundaria y tenía 13 años, su mamá les dijo que se regresaran con ella a los Estados Unidos, donde ella también ya tenía un hijo y una hija con una nueva pareja.

Es en este momento cuando se da el primer retorno migratorio, que implicó un gran cambio para Jocelyn, ya que estaba justo en una edad de cambios, en su narración cuenta que tenía a sus amigos, tenía a su novio (quien después jugará un papel importante para su segundo momento migratorio), además de que el proceso administrativo para salir del país de sus padres se complicó. En aquel momento aun no tenía la doble nacionalidad, por lo que era una ciudadana americana viviendo de manera indocumentada en México. Cuenta que cuando entró al país le habían dado un papel que debía guardar al finalizar su estancia en México, pero como iban a quedarse su mamá no le tomó importancia. Al momento de querer registrar sus datos en el aeropuerto para preparar su vuelo les pidieron el papel que mostraba su estancia documentada en el país. Habían pasado 7 años desde el día en que se los dieron y nunca lo habían guardado, por lo que para poder salir del país tuvieron que demostrar que realmente lo que decían de sus padres era real.

Jocelyn cuenta que el primer sentimiento que cruzó por su mente es que ella estaba migrando hacia Estados Unidos de "ilegal" o de "mojada", porque los policías la llevaron a ella y a su hermano a un cuarto pequeño, alejados de su papá, y comenzaron a cuestionarles si en verdad era su papá o si de verdad su mamá estaba en Estados Unidos. Al final, por fax lograron recopilar la firma de su mamá para que les dieran permiso de salir del país, ya que les dieron dos alternativas: o entregaban el papel que les habían dado la primera vez que entraron al país o un documento donde ambos padres autorizaban su salida de México.

Al establecerse nuevamente en Estados Unidos pasaban la tarde con su mamá quien trabajaba en una cafetería y salía a las 3 o a las 5 de la tarde dependiendo de cuanto trabajo tuviera. En aquella época vivieron en un pequeño departamento con su mamá y compartía cuarto con su hermano, pero como ya estaban creciendo decidieron mudarse con su tío que tenía una casa de tres pisos. En ese lugar vive su tío con su esposa y 2 hijas, otro hermano de él y un amigo de su tío, además de la familia de Jocelyn. Los hombres que vivían en esta casa se dedicaban al trabajo de compostura y mantenimiento de techos, mientras que las mujeres permanecían en casa, excepto su mamá que era la única que trabajaba en la cafetería. Fue así como se desarrolló ese primer retorno el cuál, más adelante veremos, no fue tan sencillo en el aspecto de sus relaciones escolares.

El segundo momento de migración llegó al finalizar la *High School*, que es el equivalente al bachillerato o preparatoria en México. Cuenta que en el último año de escuela, antes de la Universidad, es común que comiencen a prepararte para el siguiente paso, ya que el realizar estudios universitarios en Estados Unidos es algo que Jocelyn define como muy importante, por lo que todos sus compañeros y compañeras ya habían decidido en donde estudiar y enviaron solicitudes a las Universidades, mientras que ella sentía que iba mal en la escuela, no tomaba clases extracurriculares, que después eran tomadas en cuenta en los currículums que se enviaban a las Universidades, y se sentía de alguna forma desubicada y llegó a pensar en no seguir estudiando. Una profesora de inglés que tuvo en su *High School* la convenció de continuar sus estudios, e influyó tanto en ella que considera que por eso decidió también ser maestra, solo que decidió realizar sus estudios universitarios en México. En esta decisión influyó el hecho de haberse reencontrado, a través de internet, con su novio de la secundaria, quien la convenció de que regresara a México, con lo que inició su segundo proceso migratorio.

Aileen

La familia de Aileen es de Puebla, de una comunidad cercana a Zacapoaxtla, pero parte de su familia lleva tiempo viviendo en Tlaxcala, y algunos ya habían migrado a Estados Unidos y vivían en la ciudad de Passaic, New Jersey. Fue en el año 2000 cuando sus padres toman la decisión de migrar porque creían que había una mejor vida en los Estados Unidos, así que estando su mamá embarazada de Aileen decidieron emprender el viaje, dejando a su primer hijo en México, bajo el cuidado de su abuela.

El cruce por la frontera no fue fácil, ya que el camino que tomaron fue a través del desierto, donde le han contado que había muchas espinas, hacía mucho calor y a eso se sumaron peligros como el hecho de que en algún momento del recorrido hubo alguien que les apuntó con un arma, que el coyote amenazó con abandonarlos si hablaban, y el peligro que corría su mamá de sufrir algún ataque sexual. Aileen cuenta que sus padres no le dan muchos detalles de todo lo que vivieron durante su proceso migratorio, pero que sí sabe que fue complicado y difícil por la forma en que siempre le han descrito lo que vivieron.

Una vez que lograron llegar a Texas, el coyote que los llevó por el desierto los trasladó hasta Nueva York, donde los fue a recoger un hermano de su mamá, cruzaron el río Hudson con rumbo a New Jersey y se establecieron en Passaic. En esta ciudad vivieron en casa de su tío y la relación de Aileen con sus papás fue como si fuera hija única desde su nacimiento hasta que a los 3 años nació su hermana y mandaron a traer a su hermano de México, quien ya tenía 8 años, y entonces decidieron mudarse a un departamento donde había un cuarto y la sala fue dividida en dos espacios que se usaron también como cuartos.

Los padres de Aileen trabajaban en negocios de lavado, tintorería y planchado de ropa, que estaban a 2 horas de distancia de su hogar, por lo que debían salir temprano de su casa y volvían ya por la tarde. En este periodo casi no convivieron con sus padres y los cuidaban niñeras, sobre todo recuerda a una colombiana y a dos mexicanas, quienes de alguna forma considera que les enseñaron a leer y escribir en español, porque su mamá no recuerda que lo haya hecho. Las niñeras estuvieron presentes en su vida hasta los 8 años, cuando comenzó a hacerse cargo Aileen de su hermana.

Su día a día transcurría entre ir a la escuela entre semana y al volver pasar la tarde con su hermana menor y su hermano mayor. Los sábados, que también trabajan sus papás, su hermano se encargaba de su cuidado desde temprano. En el caso de los domingos, cuando sus padres descansaban, era día de ir a la lavandería, escombrar y limpiar la casa, aunque durante un tiempo los domingos los ocuparon para vender tamales y tlayoyos (también llamados tlacoyos), y a veces incluso los acompañaba a entregarlos.

Cuando eran fechas especiales, como el 16 de septiembre, día de la independencia de México, o el 5 de mayo, cuando se celebra la victoria de México sobre Francia en la batalla de Puebla de 1862, o incluso el 12 de diciembre día de la Virgen de Guadalupe, en Passaic se realizaban grandes festejos que incluían desfiles. Aileen llegó a participar en estos desfiles, y aunque la actividad como tal sí le gustaba, el hecho de tener que vestirse con algún traje típico o de un pueblo originario de México le causaba conflicto ya que se preguntaba constantemente: estamos en México o en Estados Unidos. Y es que conocía muy bien cómo era la vida en la ciudad de Tlaxcala donde vivía su abuela materna, en el pueblo cercano a Zacapoaxtla, de donde era su papá porque antes de migrar a México ya lo había visitado cinco veces de vacaciones.

Sus papás decidieron regresar a México cuando estaba en quinto grado, es decir finalizando la Middle School, lo que en México sería el quinto grado de primaria, a la edad de 12 años, porque había repetido tercer grado, aunque Aileen cuenta que nunca supo por qué lo repitió. Las razones por las que decidieron regresar fueron porque a pesar de que habían llegado con la idea de que en Estados Unidos la vida era mejor, al final dice que "no les gustó la vida de allá", por lo que dejaron Passaic y se instalaron en la ciudad de Tlaxcala, México, donde vive desde hace 11 años sin haber regresado en ningún momento a New Jersey.

EL PROCESO EDUCATIVO EN MÉXICO Y EN ESTADOS UNIDOS

El proceso educativo de las jóvenes que participaron en este estudio de caso inicia en los Estados Unidos, a partir de que asistieron a la escuela, aunque en diferentes momentos de su vida. En el caso de Jocelyn no asistió a la Elementary School en Estados Unidos, por lo que la formación inicial y la influencia de este tipo de educación no tuvieron ninguna presencia en su vida escolar inicial. Por el contrario, Aileen sí estudió todo el periodo de la Elementary School, que va de los 6 a los 11 años. Esta diferencia en cuanto a la formación influyó en la percepción que cada una de ellas tenía de la escuela en México.

Jocelyn estudió la primaria en Zacatelco Tlaxcala, y el hecho de que fuera la primera escuela a la que asistía, de que no hubiera tenido experiencia previa con la educación y el que hablara sin problema en español facilitaron su inserción educativa, a pesar de que en realidad llegó al país como extranjera, porque en ese momento aun no tenía la doble nacionalidad. El proceso de inscripción no tuvo mayor problema, al no existir un antecedente escolar no tuvieron que presentar ningún papel escolar, y en cuanto a los papeles que acreditaban su identidad, para la primera década del siglo XXI aun existía un vacío en cuanto a la presencia de niñas y niños mexicoamericanos en las escuelas y, en las poblaciones donde todo mundo se conocía, los apuntaban en la escuela sin mayor problema.

Su proceso de formación escolar se mantuvo durante toda la primaria, de primero a sexto grado y había comenzado a estudiar la secundaria cuando la enviaron de regreso a New Jersey en Estados Unidos. Al no tener aun la doble nacionalidad el retorno a los Estados Unidos fue complicado y su ingreso a la escuela estuvo acompañado de problemas administrativos: las calificaciones no coincidían con la forma de evaluar de Estados Unidos, los documentos estaban en español y debían traducirlos al inglés, debían estar apostillados ante una notaría, lo que tardó una semana en poderse arreglar. Luego también para inscribirla les solicitaron un certificado médico donde demostraran no solo que estaban bien de salud, sino que tenían todas las vacunas, lo que les llevó otra semana más, que se sumó a una más de espera al ser necesario tramitar un seguro médico.

Una vez resueltos estos problemas administrativos vino el problema del idioma, ya que su primer idioma fue el español, y al haber migrado a México muy pequeña pues no había aprendido el inglés. En la escuela recibió una clase de ESOL (English Second OtherLanguages) que está diseñada específicamente para aquellos que quieren aprender inglés como una segunda lengua. En esa clase le cuestionaron por qué no hablaba inglés, sobre todo una profesora que ella considera de manera racista le decía: "si naciste aquí debes de hablar inglés", por lo que se sentía excluida y de alguna forma consideraba que no era buena en la escuela.

El otro problema fue el de la integración con su grupo, ya que al no hablar inglés le costó mucho hacer amigos e incluso otros niños de origen mexicano la excluían por no poder comunicarse. Aun así, cuenta que tuvo un novio que era de origen hindú, y con risa recuerda que él tampoco hablaba inglés por lo que no sabe cómo le hacían para comunicarse. Al final en el último año de High School fue cuando surgió la idea de regresar a México, y fueron varias las razones: una fue el idioma, ya que a pesar de ya tener más fluides con el inglés, consideraba que no era buena en la escuela; otra razón fue el hecho de que no había preparado nada para poder ingresar a la Universidad en Estados Unidos, no tenía cursos extracurriculares y no había mandado solicitud a ninguna escuela; y la última razón es que había terminado con el chico hindú y se había reencontrado con quien había sido su novio en la secundaria, quien la convenció de volver a México.

Dentro de las cosas positivas que recuerda de su formación en New Jersey está el que le gustaba ir en *bus* a la escuela, cuenta que era emocionante que el "autobús amarillo" pasara por ella para llevarla como en las películas. Otro elemento positivo fue el hecho de no tener que pagar nada en la escuela, ya que al asistir a una escuela pública el estado cubría todos los gastos, desde el pago de inscripciones hasta la entrega de los materiales para la escuela.

En su segundo momento migratorio hacia México, logró arreglar su situación migratoria al adquirir la doble ciudadanía. Eso facilitó el proceso de entrar a la universidad y, aunque esperó un año para ingresar, no tuvo mayor contratiempo con el papeleo. Eligió la carrera de educación especial porque siempre había querido ser maestra, desde que una profesora de Estados Unidos la impulsó a continuar con sus estudios, y fue la Universidad Autónoma de Tlaxcala porque sus redes estaban establecidas en Tlaxcala, ya que sus familiares vivían en Zacatelco. Su paso por esta universidad fue tranquilo, logró realizar sus estudios sin mayor contratiempo.

En el caso de Aileen su relación con la escuela fue distinta, ya que toda su formación inicial fue en Estados Unidos, donde cursó toda la fase de Elementary School. Había aprendido a hablar español e inglés al mismo tiempo, ya que mientras aprendía español en su casa, en la escuela aprendía inglés, lo que de alguna forma le permitió desarrollar una vida bilingüe desde pequeña.

La educación que recibió fue completamente en inglés, y cuenta que en su escuela había una gran diversidad, recuerda que en su salón había niñas y niños mexicanos, coreanos, hindús, afroamericanos y anglosajones, y se llevaba bien con todos. Su mejor amiga era de origen latino, su papá era de Ecuador y su mamá mexicana, y con ella mantuvo comunicación incluso un poco después de migrar hacia México, hasta que ya no volvieron a contestarle los mensajes.

Aileen también recuerda que repitió el tercer grado, aunque no sabe qué es lo que sucedió, su mamá solo le cuenta que lo reprobó. Recuerda que a veces no hacía tarea, se define a sí misma como un poco floja y no le gustaba participar, por lo que quizá esta serie de elementos fueron los que la llevaron a repetir el año, aunque sabe que lo que más le gustaba era la caligrafía y cuenta que le gustaba ver la fecha que ponían hasta arriba en el pizarrón porque la escribían con letra cursiva, incluso menciona que a sus 23 años aun le gusta mucho la caligrafía.

Cursó hasta quinto grado en Estados Unidos, cuando sus papás decidieron que regresarían a México. Recuerda que llegó en junio y que ella no quería venir porque dejaba atrás a sus amigas y amigos, su escuela y todo lo que conocía. Lograron inscribirla para el siguiente ciclo escolar, en sexto de primaria, en una escuela que está en el centro de Tlaxcala. Cuenta que al llegar y ver su escuela el choque fue fuerte ya que venía de una escuela que tenía gimnasio, canchas, cafetería, aulas con equipo y hasta elevador dentro del edificio y al ver las instalaciones de la primaria en donde cursaría su último año, aunque era una escuela con lo necesario para funcionar a la actividad que estaba destinada, no era a lo que ella estaba acostumbrada.

El proceso de adaptación no fue complicado, de alguna forma los vínculos transnacionales que la habían llevado a visitar constantemente México le habían permitido conocer la comida, la cultura y sobre todo la forma de hablar ya que menciona que "hablaba como mexicana". Solo recuerda haber tenido problemas con la ortografía, pero sabía leer y escribir en español, así que mantuvo un ritmo de aprendizaje sin mayores contratiempos. Lo único que si perdió fue el contacto con sus amigas y amigos de Estados Unidos, recuerda que por lo menos dos años siguieron escribiendo, pero después dejaron de escribirle y el contacto se perdió.

Su formación en México se mantuvo hasta la licenciatura, donde escogió estudiar la licenciatura en Educación Especial porque alguien muy cercano presentaba una discapacidad y consideró que de esa forma ella podría apoyar a otras personas con discapacidad. El manejo del idioma inglés lo aplicó en el desarrollo de su formación y la investigación que realizó para titularse de alguna forma estuvo influida por ese conocimiento del idioma que tiene.

Y DESPUÉS DE GRADUARSE...
¿EL RETORNO A LOS ESTADOS UNIDOS?

Al finalizar sus estudios, Jocelyn decidió regresar a los Estados Unidos, bajo la idea de que allá encontraría más oportunidades y solo regresó a México por seis meses para su proceso de titulación. Sin embargo, al momento en que se realizó esta entrevista, está en proceso de arreglar la situación de sus papeles escolares, ya que después de pasar casi 10 años en México, donde estudió la preparatoria y la universidad, a su retorno a Estados Unidos se encontró con un proceso administrativo necesario para que sus estudios universitarios sean reconocidos en aquel país y poder obtener una licencia profesional para poder trabajar en el ámbito de la educación.

Por ahora Jocelyn trabaja como profesora en una guardería en New Jersey, y complementa sus ingresos trabajando en una tienda de ropa los fines de semana. Fue la primera de su familia en ir a la prepa y a la universidad, lo que ya es un gran logro, sin embargo, aún está esperando lograr dedicarse completamente a su profesión, y se ha planteado la posibilidad de que, si no logra arreglar en Estados Unidos quizá buscaría regresar a México de nuevo.

En cuanto a Aileen, al momento de realizar la entrevista estaba en el proceso de su titulación, ya se había graduado y mantiene contacto con su Facultad ya que participa en un proyecto de investigación, lo que le ha despertado el interés por dedicarse de lleno a la investigación, realizar un posgrado y continuar sus estudios. En algún momento al estar realizando su tesis, un profesor de Estados Unidos le comentó que debía aprovechar el manejo del idioma inglés y que por qué no intentaba estudiar el posgrado en aquel país, algo que su asesor de tesis también le recomendó, el que a partir de esa ventaja que tiene con el idioma buscara estudiar en el extranjero. Sin embargo, ella aún está en ese proceso de decidir si regresa a los Estados Unidos o si permanece en México, donde por ahora trabaja como profesora de inglés.

CONCLUSIONES

El retorno de los jóvenes mexicoamericanos que terminan sus estudios universitarios en México es un tema de estudio que puede profundizarse aún más. En este caso la investigación se centró en dos estudiantes de la licenciatura en educación especial en la Universidad Autónoma de Tlaxcala, sin embargo, al comenzar a indagar más fue posible percatarse que hay más estudiantes mexicoamericanos en otras licenciaturas de la misma universidad, algo que se repite en otras universidades y que comienza a ser una constante ante el aumento de la edad de la segunda y la tercera generación.

También se pudo identificar que en los estudios que se realizan para conocer el nivel de escolaridad de la segunda y tercera generación, debería incluirse como una variable el lugar donde se realizan estos estudios, ya que jóvenes como Jocelyn, al ser censados en Estados Unidos mencionarán que tienen estudios universitarios, pero estos estudios no se realizaron en aquel país. Al incluir esta variable se podrá conocer con mayor profundidad el alcance e impacto que tiene el estudiar la universidad en México en el proceso educativo de las segundas y terceras generaciones de mexicanos que viven en Estados Unidos.

Otro elemento que resalta de este estudio de caso es la movilidad que tienen algunos de estos integrantes de la segunda y tercera generación como migrantes transnacionales. Algunos desarrollan ese vínculo transnacional con mayor fuerza que otros, pero el haber estado en México en diferentes momentos de su infancia puede llegar a ser determinante para facilitar su incorporación a los espacios educativos de ambos países.

También fue posible identificar que el aprender primero español puede ser una oportunidad y/o una problemática al mismo tiempo. En el caso de Jocelyn, fue una oportunidad porque al migrar a México le fue muy fácil adaptarse, sin embargo, al regresar a Estados Unidos enfrentó diferentes problemas para integrarse ya que al desconocer el idioma recibió comentarios que podrían considerarse entre la discriminación y el racismo, la exclusión por parte de sus compañeras y compañeros de clase y atraso escolar. Por su parte Aileen tuvo la oportunidad de manejar los dos idiomas sin problema, lo que se transformó en beneficios a largo plazo, llegando incluso a utilizarlos para realizar su trabajo de tesis y laborar dando clases de inglés.

Los otros retornos son también un tema pendiente en las políticas públicas y en los programas enfocados al tema de la migración, así como en las discusiones en las mesas de diálogo en torno a las políticas internacionales que se desarrollan entre México y Estados Unidos, ya que hace falta tomar en cuenta temas como el poder establecer lineamientos que le permitan a aquellos que estudian la universidad en alguno de estos dos países ejercer su profesión sin mayor problema en cualquier lugar a ambos lados de la frontera. El conocer casos como el de Jocelyn muestra la falta de estrategias que faciliten el reconocimiento de los estudios y las profesiones de aquellos que se mueven entre uno y otro espacio, entre el origen y el destino de las comunidades migrantes que se han desarrollado en estos espacios transnacionales y multiterritoriales, y que han sobrepasado la capacidad de los Estados Nación para poder atender las poblaciones que están más allá de sus territorios físicos.

Referencias

Altbatch, P. G. (1995) El TLC y la educación superior: Las dimensiones cultural y educativa del tratado, Perfiles educativos, No. 70, pp. 64-66. Recuperado de: *https://www.iisue.unam.mx/perfiles/articulo/1995-70-el-tlc-y-la-educacion-superior-las-dimensiones-cultural-y-educativa-del-tratado.pdf*

Anderson, J. (2015) "Tagged as a Criminal": Narratives of Deportation and Return Migration in a Mexico City Call Center", Latino Studies, vol. 13, pp. 8-27. Recuperado de: *https://www.academia.edu/12930901/_Tagged_as_a_criminal_Narratives_of_deportation_and_return_migration_in_a_Mexico_City_call_center*

Basch, Linda, Glick-Schiller, Nina y Blanc-Szanton, Cristina, (1994), Nations Unbound, transnational projects, postcolonial predicaments, and deterritorialized nation-states, Routledge, New York.

Bustamante de la Cruz, P. del R. (2020) Experiencias escolares de jóvenes retornados de EUA a secundarias fronterizas de México, Revista Latinoamericana de Ciencias Sociales, Niñez y Juventud, 18 (2), pp. 1-20. Recuperado de: *http://www.scielo.org.co/pdf/rlcs/v18n2/2027-7679-rlcs-18-02-00001.pdf*

Cabrera Duarte, M. A. y Valdéz Gardea G. C. (2013) La niñez migrante: un sector que demanda mayor atención pública, en: Desarrollo humano transfronterizo: retos y oportunidades en la región Sonora-Arizona, Gustavo Córdova Bojórquez, Justin Dutram Hansen, Blanca Esthela Lara Enríquez y José Guadalupe Rodríguez Gutiérrez (Coords.) México: El Colegio de Sonora, Universidad de Sonora, El Colegio de la Frontera Norte, Universidad Estatal de Sonora, pp. 349-369. Recuperado de: *https://www.researchgate.net/publication/273121571_La_ninez_migrante_un_sector_que_demanda_mayor_atencion_publica#fullTextFileContent*

Cavalcanti, L. y Parella, S. (2013) El retorno desde una perspectiva transnacional, REMHU - Revista Interdisciplinar da Mobilidade Humana, vol. 21, núm. 41, julio-diciembre, 2013, pp. 9-20. Recuperado de: *https://www.redalyc.org/pdf/4070/407042018002.pdf*

CONAPO, (2022) Índices de intensidad migratoria México-Estados Unidos 2020, México: CONAPO. Recuperado de: *https://www.gob.mx/conapo/documentos/indices-de-intensidad-migratoria-mexico-estados-unidos-2020*

Coordinación del Centro de Estudios Migratorios (2022) Diagnóstico de la Movilidad Humana en Tlaxcala, Ciudad de México: Coordinación del Centro de Estudios Migratorios/ Unidad de Política Migratoria, Registro e Identidad de Personas/Secretaría de Gobernación. Recuperado de: *https://portales.segob.gob.mx/work/models/PoliticaMigratoria/CPM/foros_regionales/estados/centro/info_diag_F_centro/diag_Tlaxcala.pdf*

Cortez-Román, Nolvia y Hamann, Edmund T. (2014). "College dreams à la Mexicana...agency and strategy among American-Mexican transnational students", Latino Studies, vol. 12, núm. 2, pp. 237-258. Recuperado de: *https://digitalcommons.unl.edu/cgi/viewcontent.cgi?article=1359&context=teachlearnfacpub*

Cortez-Román, N. A.; García Loya, A. K. y Altamirano Ruiz, A. I. (2015) Estudiantes Migrantes de Retorno en México. Estrategias emprendidas para acceder a una educación Universitaria, Revista Mexicana de

Investigación Educativa, Vol. 20, núm. 67, pp. 1187-1208. Recuperado de: *https://www.scielo.org.mx/pdf/rmie/v20n67/v20n67a8.pdf*

Diario Oficial (2021) DECRETO por el que se reforma el artículo 30 de la Constitución Política de los Estados Unidos Mexicanos, en materia de nacionalidad, en: Diario Oficial de la Federación, 17 de mayo de 2021, recuperado de: *https://www.dof.gob.mx/nota_detalle.php?codigo=5618485&fecha=17/05/2021#gsc.tab=0*

Faist, Thomas (1999). Developing Transnational Social Spaces: The Turkish-German Example. En: Pries, L. (ed). Migration and transnational social spaces. Aldershot: Ashgate.

_____ (2000). The volume and dynamics of International migration and transnacional social spaces. Oxford: Oxford University Press.

_____ (2012). Hacia una metodología transnacional: métodos para abordar el nacionalismo metodológico, el esencialismo y la posicionalidad, Revue Européenne des Migrations Internationales, 28(1), pp. 51-70.

_____ (2014). We are all transnationals now›: the relevance of transnationality for understanding social inequalities. En Fauri, F. (ed.), The history of migration in Europe: perspectives from economics, politics and sociology (pp. 69-87). Londres: Routledge. Recuperado de: *https://www.ssoar.info/ssoar/bitstream/handle/document/50962/ssoar-2014-faist-We_are_all_Transnationals_now.pdf?sequence=1&isAllowed=y&lnkname=ssoar-2014-faist-We_are_all_Transnationals_now.pdf*

_____ (2019). The transnationalized social question: migration and the politics of social inequalities in the 21st Century. Oxford: Oxford University Press.

_____ (2021). Migration and unequal social positions in a transnational perspective. Social Inclusion, 9(1). Recuperado de: *www.cogitatiopress.com/socialinclusion/issue/view/226*

_____ (2022) Métodos transfronterizos: el desafío del nacionalismo metodológico y las perspectivas de la metodología transnacional, Migración y desarrollo, Vol. 20, no. 38, primer semestre. Recuperado de: *https://estudiosdeldesarrollo.mx/migracionydesarrollo/wp-content/uploads/2022/09/38-2.pdf*

Fundación BBVA (2023) Anuario de Migración y Remesas México, México: Fundación BBVA México A.C./ Secretaría de Gobernación/CONAPO. Recuperado de: *https://www.gob.mx/cms/uploads/attachment/file/851597/Anuario_Migracion_y_Remesas_2023.pdf*

Gandini, L., Lozano, F. y Gaspar, S. (2015) El retorno en el nuevo escenario de la migración entre México y Estados Unidos, México: Consejo Nacional de Población. Recuperado de: *https://www.gob.mx/cms/uploads/attachment/file/39174/ElRetornoEnelNuevoEscenariodeMigracion.pdf*

González-Barrera, A. (2015) "More Mexicans Leaving than Coming to the U.S.", Pew Research Center. Recuperado de: *https://www.pewresearch.org/hispanic/2015/11/19/more-mexicans-leaving-than-coming-to-the-u-s/*

Jacobo, M. L. (2022) La niñez y juventud migrante de retorno en México: hallazgos, avances y pendientes (2015-2022), Norteamérica, Año 17, número 2, julio-diciembre de 2022, pp. 241-265. Recuperado de: *https://www.scielo.org.mx/pdf/namerica/v17n2/2448-7228-namerica-17-02-241.pdf*

Jensen, B., Mejía, R. y Aguilar, R. (2017) La enseñanza equitativa para Los niños retornados a México, Sinéctica. Revista electrónica de educación, no. 48. Recuperado de: *https://sinectica.iteso.mx/index.php/SINECTICA/article/view/756*

Jensen, B. y Jacobo-Suárez, M. (2019) Integrating American–Mexican Students in Mexican Classrooms, Kappa Delta Pi Record, 55:1, pp. 36-41. Recuperado de: *https://www.researchgate.net/publication/330326669_Integrating_American-Mexican_Students_in_Mexican_Classrooms*

La Opinión (2015) Viven en EEUU y... ¡estudian la universidad en México!, publicado el 16 de junio de 2015. Recuperado de: *https://laopinion.com/2015/06/16/viven-en-eeuu-y-estudian-la-universidad-en-mexico/*

Levitt, Peggy. (2001) Between God, Ethnicity, and Country: An Approach to the Study of Transnationalism and Religion, Paper presented at workshop on Transnational Migration: comparative perspectives, junio 30-julio 1, Princeton University.

Los Ángeles Times (2020) Ciudadanos americanos eligen esta escuela en México para evitar los altos costos de las universidades, publicado el 27 de febrero de 2020. Recuperado de: *https://www.latimes.com/espanol/california/articulo/2020-02-27/universitarios-estadounidenses-eligen-esta-escuela-de-baja-california-en-lugar-de-las-universidades-estatales*

Marcus, G. (1995): Ethnography in/of the world system: the emergence of multi-sited ethnography, Annual Review of Anthropology, vol. 24, pp. 95-117. Recuperado de: *https://edisciplinas.usp.br/pluginfile.php/1897105/mod_resource/content/1/George%20Marcus_Etnography%20in%20off%20world.pdf*

———— (2001): Etnografía en/del sistema mundo. El surgimiento de la etnografía multilocal, Alteridades, 11 (22): 111-127. (California) vol. 24, octubre. Consultado en: *https://www.redalyc.org/pdf/747/74702209.pdf*

Martínez, Y. (2012). Estudiantes migrantes binacionales en Sonora. Algunas reflexiones sobre la atención educativa, en Gloria Ciria Valdéz Gardea Movilización, migración y retorno de la niñez migrante, Hermosillo: El Colegio de Sonora.

Minjárez, M. P. (2012). La influencia de la aculturación en las estrategias de integración sociocultural y académica de los estudiantes transnacionales de retorno en la Universidad de Sonora, tesis de maestría, Sonora, México: Universidad de Sonora. Recuperado de: *http://repositorioinstitucional.uson.mx/bitstream/20.500.12984/204/1/minjarezsozamarthapatriciam.pdf*

Montoya Zavala, E.C. y Herrera García, M. C. (2015) Retorno Educativo. Jóvenes universitarios de regreso a México, en: Migración de retorno en América Latina, Una Visión multidisciplinaria, Erika Cecilia Montoya Zavala y Miriam Nava Zazueta (coord.), México: Universidad Autónoma de Sinaloa, Juan Pablos Editor. Recuperado de: *https://www.researchgate.net/publication/325652079_Retorno_educativo_Jovenes_universitarios_de_regreso_a_Mexico#fullTextFileContent*

Montoya Zavala, E. C. y Herrera García, M. C. (2017) Retorno educativo. Jóvenes migrantes de retorno en la Universidad Autónoma de Sinaloa, Reporte en Migración. Agenda Migrante Puebla, Año 6, No. 9, julio-diciembre, pp. 28-40. Recuperado de: *https://www.academia.edu/37575449/Retorno_Educativo._J%C3%B3venes_migrantes_de_retorno_en_la_Universidad_Autonoma_de_Sinaloa_2017*

Montoya Zavala, E. C., Herrera García, M. C. y Jiménez Díaz, I. D. (2020) Retorno de jóvenes transnacionales. Experiencias migratorias y fondos de identidad, Relaciones. Estudios de Historia y Sociedad, vol. 41, no. 160, pp. 66-90. Recuperado de: *https://www.scielo.org.mx/pdf/rz/v41n161/2448-7554-rz-41-161-66.pdf*

Montoya Zavala, E.C., y Herrera García (2022) Los jóvenes en México: estadísticas, problemáticas y retos, en: Juventudes mexicanas, participación, intervención y perspectiva de los jóvenes en distintos entornos, Érika Cecilia Montoya Nava y Martha Cecilia Montoya Nava, México: Tirant Humanidades. Recuperado de: *https://www.researchgate.net/publication/367117665_Capitulo_1_Los_Jovenes_en_Mexico_estadisticas_problematicas_y_retos*

Ortiz Domínguez, L. C. (2018) De "Dreamers" a "Doers". Ejercicio de ciudadanías de migrantes mexicanos de la generación 1.5 en Estados Unidos y en México. Tesis de Doctorado, El Colegio de la Frontera Norte. Recuperado de: *https://www.colef.mx/posgrado/wp-content/uploads/2018/10/TESIS-Ortiz-Dom%C3%ADnguez-Luc%C3%ADa-Cristina-.pdf.*

Osuna García, J. C. y Rabelo Ramírez, J. (2019) Estudiantes transnacionales y calidad de los sistemas educativos en la región Tijuana- San Diego, Revista Universidad en Diálogo, Vol. 9, No. 1, Enero-Junio, pp. 63-85. Recuperado de: *https://www.researchgate.net/publication/334225134_Estudiantes_transnacionales_y_calidad_de_los_sistemas_educativos_en_la_region_Tijuana-San_Diego*

Rivero, Patricia J. (2017) La investigación multilocalizada en los estudios migratorios transnacionales. Aportes Teóricos y prácticos, Trabajo y Sociedad, núm. 28, 2017, pp. 327-342. Recuperado de: *https://ri.conicet.gov.ar/bitstream/handle/11336/98117/CONICET_Digital_Nro.c215861a-0c73-464e-a1a8-b90bcae9cf65_A.pdf?sequence=2&isAllowed=y*

Rocha D. y Ocegueda, M. (2014) La educación no cruza la frontera. Universitarios de la UABC, Tijuana y su relación académica con universidades de California, Frontera Norte, Vol. 26, Núm. 52, pp. 25-53. Recuperado de: *https://www.scielo.org.mx/pdf/fn/v26n52/v26n52a2.pdf*

Rocha Romero, D. y Orraca Romano, P.P. (2018) Estudiantes de educación superior transfronterizos: Residir en México y estudiar en Estados Unidos, Frontera Norte, Vol. 30, Núm. 59, Enero-Junio de 2018, pp. 103-128. Recuperado de: *https://www.scielo.org.mx/pdf/fn/v30n59/0187-7372-fn-30-59-00103.pdf*

Román González, B. y Valcéz Gardea, D. C. (2021) Exclusión de alumnos migrantes del retorno a Sonora: "Así como vienen, se van", Estudios Sociológicos, XL, 118, enero-abril, pp. 109-138. Recuperado de: *https://www.scielo.org.mx/pdf/es/v40n118/2448-6442-es-40-118-123.pdf*

Ruiz Peralta, L. F. y Valdez Gardea, G. C. (2015) El presente educativo en la frontera norte: menores migrantes de retorno y su educación, en: Migración y violencia: dos caras del dolor social, José Donicio Vázquez Vázquez (Coordinador), México: El Colegio de Tlaxcala A.C.

Sánchez García, J., Zúñiga, V., Hamann, E. T., Dorantes Bollain y Goytia, I. y Castellanos Soto, M. (2010) Guía Didáctica: Alumnos transnacionales. Escuelas Mexicanas frente a la Globalización, Faculty Publications: Department of Teaching, Learning and Teacher Education, 317. Recuperado de: *https://core.ac.uk/download/pdf/215161907.pdf*

Sánchez García, J. y Zúñiga, V. (2010) Trayectorias de los alumnos transnacionales en México. Propuesta intercultural de atención educativa, Trayectorias, Vol. 12, no. 30, enero-junio, pp. 5-23. Recuperado de: *https://www.redalyc.org/pdf/607/60713488002.pdf*

Tessman, D. (2016). Narrations from the U.S.-Mexico Border: Transfronterizo Student and Parent Experiences with American Schools. Tesis de Doctorado, University of Arizona, Tucson.

Torre Cantalapiedra, E. y Calva Sánchez, L. E. (2021) Criminalización, separación familiar y reemigración a Estados Unidos de varones mexicanos deportados, Estudios Demográficos y Urbanos vol. 36, núm. 2 (107), mayo-agosto, 2021, pp. 637-672. Recuperado de: *https://www.scielo.org.mx/pdf/educm/v36n2/2448-6515-educm-36-02-637.pdf*

UNAM (2023) Extranjero: estudia en la UNAM, actualizado el 28 de octubre de 2023. Recuperado de: *https://www.unam.mx/comunidad/estudiantes/estudiantes-extranjeros*

Universia MX (2015) Por qué estudiar en México es una excelente opción para los estadounidenses, publicado el 25 de noviembre de 2015. Recuperado de: *https://www.universia.net/mx/actualidad/orientacion-academica/que-estudiar-mexico-excelente-opcion-estadounidenses-1134095.html*

Valdez Gardea, G. C., Ruiz Peralta, L. F.; Rivera García, O. B. y López, E. A. (2018) Menores migrantes de retorno: problemática académica y proceso administrative en el sistema escolar sonorense, Región y sociedad, Año XXX, No. 72. Recuperado de: *https://www.scielo.org.mx/pdf/regsoc/v30n72/1870-3925-regsoc-30-72-00014.pdf*

Valdez, G. C., coord. (2012) Movilización, migración y retorno de la niñez migrante. Una mirada antropológica, Hermosillo: El Colegio de Sonora.

Zúñiga, V. y Giorguli, S. (2019) Niños y niñas en la migración de Estados Unidos a México: la generación 1.5., México: El Colegio de México.

Semblanzas curriculares

OFELIA WOO MORALES

Doctorado en Ciencias Sociales, Profesora-Investigadora Departamento de Estudios Socio-Urbanos, Universidad de Guadalajara, Miembro del Sistema Nacional de Investigadores Nivel II. Temas de interés: Migración Internacional, especialidad en la migración de mexicanos hacia Estados Unidos, migración femenina y familiar, migración de retorno y las reformas a la política migratoria. Autora y coordinadora de diversas publicaciones nacionales e internacionales sobre estos temas. Proyectos de investigación en proceso: "La migración mexicana hacia Estados Unidos, entre la permanencia y el retorno" (Universidad de Guadalajara): Colaboradora en el Proyecto "Las fronteras del siglo XXI: La reconfiguración y nuevas funciones de las fronteras del siglo XXI", El Colegio de la Frontera Norte. Convocatoria Ciencia de Frontera 2019. Responsable del Cuerpo Académico 218 Estudios Laborales y Desigualdad Social de la Universidad de Guadalajara.

Correo institucional ofelia.woo@academicos.udg.mx

ALMA LETICIA FLORES ÁVILA

Doctora en Ciencias Sociales, profesora investigadora de tiempo completo, docente titular en el Centro Universitario de Ciencias Sociales y Humanidades de la Universidad de Guadalajara; miembro del Sistema Nacional de Investigadores Nivel II. Líneas de investigación: Migración Internacional en contextos urbanos, migración y educación. Autora y coordinadora de diversas publicaciones nacionales e internacionales sobre estos temas. Responsable del Cuerpo Académico 906 Procesos Sociales, Migratorios, Espaciales y Demográficos en contextos urbanos y rurales.

ABIGAIL VANESSA ROJAS HUERTA

Departamento de Estudios de Población,
El Colegio de la Frontera Norte, Tijuana

Doctora en estudios de población y maestra en demografía por el Colegio de México. Estudió la licenciatura de Actuaría en la Facultad de Ciencias de la Universidad Nacional Autónoma de México (UNAM). Actualmente es investigadora titular A de tiempo completo en el Departamento de Estudios de Población en El Colegio de la Frontera Norte Unidad Tijuana. Ha impartido clases de licenciatura en la Facultad Ciencias y de Filosofía y Letras de la UNAM y de posgrado en El Colegio de México. Su línea de investigación se enfoca en el envejecimiento poblacional y su relación con los procesos demográficos, sociales, económicos y de salud. Ha colaborado en proyectos relacionados con el tema del envejecimiento para diversas dependencias nacionales como el Instituto Nacional de Geriatría, el Consejo Nacional de Población, e internacionales en la Organización Panamericana de Salud. Cuenta con publicaciones sobre el tema de envejecimiento y ha sido revisora de artículos en diversos congresos y revistas indexadas. Es integrante del SNI con nivel de candidata.

PAULA ALETHIA GONZÁLEZ ARELLANO

Doctora y maestra en sociología por el Instituto de Ciencias Sociales y Humanidades "Alfonso Vélez Pliego" de la Benemérita Universidad Autónoma de Puebla; licenciada en Antropología Social por la misma institución educativa. Desde el 2021 colabora activamente como becaria investigadora en el Centro Universitario para la Prevención de Desastres Regionales

(CUPREDER-BUAP), en la planeación estratégica de la construcción de ordenamientos ecológicos locales participativos en la Sierra Norte de Puebla. Forma parte del Seminario de Fronteras, Migraciones y Subjetividades en el Capitalismo Contemporáneo (ICSyH-BUAP) y en el Seminario de Sociología de las Emociones (IIS-UNAM). Ha sido docente en la Universidad del Valle de Puebla. Sus líneas de investigación son: migración, retorno, generación 1.5, emocionalidades, exilio y territorio.

Email: pau.alethia@outlook.com. https://orcid.org/0000-0003-2027-4634

MARTHA JOSEFINA FRANCO GARCÍA

Doctora en Pedagogía por la Facultad de Filosofía y Letras de la Universidad Nacional Autónoma de México. Realizó una estancia posdoctoral CONAHCYT en la Universidad Iberoamericana Ciudad de México sobre Derecho a la Educación. Es profesora tiempo completo en la Universidad Pedagógica Nacional Unidad 211. Pertenece al Sistema Nacional de Investigadores Nivel 1. Es perfil deseable PRODEP, integrante del Cuerpo Académico "Modelos Educativos en Contextos de Diversidad", miembro del Consejo Mexicano de Investigación Educativa e integrante del Programa Alternativas Pedagógicas y Prospectivas Educativas en América Latina. Sus líneas de investigación son: Educación en contextos migratorios y Derecho a la educación.

marthafrancog@hotmail.com

LUZ INÉS PÉREZ SANTACRUZ

Licenciada en Educación primaria para el medio indígena por la Universidad Pedagógica Nacional Unidad 211 Puebla, maestrante en el posgrado en Didáctica de Lenguas y Culturas Indoamericanas de la misma universidad. Ha ejercido la docencia en primarias educación indígena. *inesperez8484@gmail.com*

CRISTINA CRUZ CARVAJAL

Es doctora en Sociología por la Benemérita Universidad Autónoma de Puebla, con la tesis titulada *Redes rurales y urbanas. Un estudio de su dinámica en el circuito migratorio Puebla-Nueva York*. Es maestra y licenciada en Historia por la misma universidad. Actualmente se desempeña como profesora en la Licenciatura en Relaciones Internacionales en las asignaturas de Política Exterior e Historia de México, y en la Maestría en Relaciones Internacionales y Derechos Humanos de la BUAP en las asignaturas de Métodos Cualitativos de Investigación y Derechos Humanos, Desarrollo y Migración. Es miembro del Sistema Nacional de Investigadores de CONAHCYT, Nivel I. Ha sido autora de diversos artículos sobre temática migratoria, procesos transnacionales, género y migración, y circuito migratorio Puebla-Nueva York. Su última publicación es "El circuito Puebla-Nueva York. Transformaciones de una diáspora en movimiento" en el libro Migración, diásporas y desarrollo sostenible: perspectivas desde las Américas, coordinado por Camelia Tigau, 2023. Ha sido participante en varios proyectos de investigación auspiciados por la Vicerrectoría y Estudios de Posgrado, BUAP, y ha sido participante ponencias y talleres sobre Estudios Migratorios, la cual es su línea de investigación.

JOSEFINA PEDRAZA LÓPEZ

Doctora en Economía Política para el Desarrollo por parte de la BUAP, maestra en estrategias para el Desarrollo Regional del COLPOS, campus Puebla, ingeniera agrónoma especialista en sociología rural de la universidad Autónoma Chapingo. Se ha desempeñado como consultora en el Programa de las Naciones Unidas, ONU-MUJERES y en la agencia de GIZ-Alemania, destacando el análisis del discurso político de México frente a la agenda 2030, elaboración de estrategias y planes de resiliencia para 17 municipios de Puebla. Actualmente es Investigadora por México adscrita al Instituto de Ecología. *antigona.03@hotmail.com, ORCID://orcid.org/0000-0002-8905-603X.*

JOSÉ DIONICIO VÁZQUEZ VÁZQUEZ

Es Doctor en Desarrollo Regional por el Colegio de Tlaxcala, donde impartió cursos a nivel de posgrado. Las líneas de investigación que trabaja son: Migración, uso y destino de remesas y transnacionalismo escolar. Desarrolló el proyecto en 2023 *Los rasgos del capital cultural, movilidad social y calidad de vida en niños y niñas migrantes de retorno en edad escolar básica en Tlaxcala.* Ha formado recursos humanos (5) de nivel de doctorado, 3 de ellos con mención honorífica y maestría (6); cuenta con 31 publicaciones (incluyendo libros, capítulos, reseñas y artículos en revistas indizadas); 1 proyecto financiado por el CONACYT, 2012. Participa como evaluador de proyectos del CONAHCYT y dictaminador en varias revistas académicas. Fue coordinador de la Maestría en Desarrollo Regional durante varios períodos en el COLTLAX, y participó en su reingreso al PNPC (2016), ahora SNP. Es integrante del Sistema Nacional de Investigadores Nivel 1. Actualmente adscrito a la UPN 291.

J. ANTONIO MORFIN LIÑAN

Licenciado en Sociología por la UAM-Xochimilco, Maestro en la misma disciplina por el Instituto de Ciencias Sociales y Humanidades "Alfonso Vélez Pliego" de la BUAP y Doctor en Ciencias Sociales en el área de Relaciones de Poder y Cultura Política de la Universidad Autónoma Metropolitana, Unidad Xochimilco. Un tema recurrente en sus trabajos es la vinculación de la crítica de la economía política con las formas cotidianas de las relaciones sociales, las formas en que el capital existe cotidianamente y la formación de las nuevas clases trabajadoras. Realiza una estancia de investigación posdoctoral en la Maestría en Antropología Sociocultural del Instituto de Ciencias Sociales y Humanidades (ICSyH) de la Benemérita Universidad Autónoma de Puebla (BUAP).

JAIME LARA LARA

Maestro y Doctor en Economía por El Colegio de México. Su formación inicial como economista en la licenciatura la realizó en la Universidad Autónoma de San Luis Potosí. Actualmente está adscrito al Departamento de Economía de la Universidad de Monterrey. Sus campos de investigación son la Economía Laboral y el Desarrollo. La mayor parte de su investigación es sobre el efecto de la migración internacional en las comunidades de origen, incluida la migración de retorno. Otras líneas de investigación de interés incluyen la migración interna, el pronóstico de la pobreza, la informalidad y la economía del crecimiento. Ha publicado sobre estos temas de investigación en diversas revistas nacionales e internacionales. Es miembro del Sistema Nacional de Investigadores Nivel I.

JUAN SÁNCHEZ GARCÍA

Profesor normalista y profesional universitario con estudios de licenciatura y maestría en: pedagogía, ciencias de la comunicación y tecnología educativa. Doctor en Ciencias Sociales con Orientación en Desarrollo Sustentable, Instituto de Investigaciones Sociales (IINSO) de la Universidad Autónoma de Nuevo León (UANL). Actualmente es investigador de la UANL y consultor educativo. Junto con los doctores Víctor Zúñiga y Edmund T. Hamann fue acreedor del Premio “Henry Trueba” por la Asociación Americana de Investigación Educativa en 2018. En 2021 recibió, por parte del Gobierno Federal, la Condecoración “Maestro Altamirano”. Ha escrito artículos, capítulos de libros, libros, reseñas y entrevistas sobre temas educativos. En 2022 fue coeditor del libro *Lo que los maestros mexicanos conviene que conozcan sobre la educación en Estados Unidos* (UANL y Universidad de Nebraska-Lincoln) y editor de *Experiencias de innovación e investigación educativa en la formación inicial de docentes* (ENMFM y Fondo Editorial de Nuevo León). Cuenta con dos líneas de investigación: Migración escolar transnacional y atención a la diversidad en la formación docente. Maestro con perfil deseable PRODEP. Miembro del Sistema Nacional de Investigadores Nivel I.

Correo electrónico: juan.sanchez@enmfm.edu.mx
ORCID: https://orcid.org/0000-0002-5521-3850
Websites: https://juansanchezgarcia.academia.edu/research
https://www.uanl.mx/investigadores/juan-sanchez-garcia/

RICARDO NAVA OLIVARES

Doctor en Desarrollo Regional por El Colegio de Tlaxcala. Actualmente es académico de carrera titular "A" de tiempo completo en la Universidad Autónoma de Tlaxcala (UATx). Es miembro del SNI, líder del Cuerpo Académico: Democracia y procesos políticos territoriales, UATLX-CA-242, con perfil PRODEP. Es autor del libro *AMLO Camino a Palacio Nacional 2015-2019 (2022),* es coautor del capítulo de libro "Elecciones, comportamiento electoral y pandemia 2021, El caso Tlaxcala" (2022) en *Balance de las elecciones en México 2021.* Ed Tirant lo blach y la Universidad Autónoma de Guerrero, coautor del artículo "Reconfiguración del Sistemas de Partidos en Tlaxcala. El caso de las elecciones de 2021" (2022) en la Revista El Cotidiano, Coordinador y autor del libro *Cultura Democrática y Comportamiento Electoral en Tlaxcala (2020).* Es profesor del Doctorado en Estudios Territoriales y de la Maestría en Análisis Regional del Centro de Investigaciones Interdisciplinarias sobre Desarrollo Regional (CIISDER), ambos pertenecen al Sistema Nacional de Posgrado de Conahcyt. *ricardonavaolivares@yahoo.com.mx ORCID://orcid.org/0000-0003-4315-40573.*

EMILIO MACEDA RODRÍGUEZ

Es originario de Puebla, México y nació un 16 de septiembre de 1984. Actualmente es profesor de tiempo completo en la Facultad de Ciencias para el Desarrollo Humano de la Universidad Autónoma de Tlaxcala. Estudió la Licenciatura en Historia y la maestría en Historia en la Benemérita Universidad Autónoma de Puebla y el Doctorado en Desarrollo Regional en El Colegio de Tlaxcala. Es integrante del Cuerpo Académico "Vulnerabilidad, Desarrollo Humano y Políticas Públicas, UTALx-225". Dirige actualmente el proyecto: Familias y cuidado en contextos de migración. Participó en el proyecto "Redes de Co- Protagonismo Infantil "PYPU" para niñas y niños con discapacidad intelectual y auditiva" ID 1577, financiado por CONACYT y en el proyecto "Niños Cuidando niños: trabajo infantil, doméstico y de cuidados en Tlaxcala" financiado por la Fundación Avina y Dignificando el Trabajo A.C.

Integrante fundador del "Programa Pequeñas y Pequeños Universitarios", donde ha impartido talleres a niñas, niños y familias en México y en Nueva York, además de talleres a profesionales y docentes. Desde el año 2015 ha acompañado de manera cerca a la comunidad mexicana en Nueva York y en el año 2022 inició el proyecto denominado "Taller México Viene a Casa en Nueva York", a partir de la vinculación que se ha tejido con organizaciones y la comunidad migrante quienes han respaldado esta iniciativa. También se ha desempeñado como editor y creador del contenido que se ha difundido a través de redes sociales y la página web: pypu-uatx.app. Organizador y docente del "I Diplomado Binacional "Niñez y Educación Co-participativa" respaldado por la Universidad Autónoma de Tlaxcala y el el Mexican Studies Institute de la City University of New York. Ha participado en diferentes eventos en México, Estados Unidos, Francia, Inglaterra e Irlanda de manera presencial, y en Perú y Colombia de manera Virtual. Además, ha publicado diferentes artículos y capítulos de libro, así como artículos de opinión donde aborda la temática de la migración México-Nueva York. Es integrante del SNI a nivel de candidato.

EDUARDO ABEDEL GALINDO MENESES

Nació en Tlaxcala, México (1990). Es Profesor de Tiempo Completo de la Universidad Autónoma de Tlaxcala (UATx) en la Facultad de Ciencias para el Desarrollo Humano. Licenciado en Ciencias de la Familia, Maestro en Análisis Regional y Doctor en Desarrollo Regional. Ha sido becario de la Academia Mexicana de Ciencias; del Consejo Nacional de Ciencia y Tecnología y del Consejo Latinoamericano de Ciencias Sociales para el desarrollo de estudios de posgrado y/o estancias de investigación. Miembro del Sistema Nacional de Investigadores Nivel I. Cuenta con más de 10 artículos de investigación científica publicados en revistas arbitras e indizadas sobre temas de familia, paternidades, maternidades, cuidados, economías social y solidaria y ontologías otras. Autor de cinco capítulos de libro sobre masculinidades, feminismos, así como en el tema de paternidades y maternidades de académicos y académicas. Co-coordinador del libro colectivo "Familias en contextos vulnerables: transformaciones, continuidades y dilemas". Autor del libro "Pantalones mojados" (2015). Integrante fundador del programa Pequeñas y Pequeños Universitarios de la UATx y del Cuerpo Académico "Niñez, Educación Coparticipativa y Desarrollo Humano". Ha compartido conferencias, ponencias, cursos, talleres módulos de diplomados en diversos estados de la República Mexicana, y a nivel internacional en países como Argentina, Bolivia, Colombia, Costa Rica, Estados Unidos y España.